天下第一衙

清代直隶总督们的那些事儿

马永祥　吴蔚 ◎ 编著

QING DAI ZHI LI ZONG DU
MEN DE NA XIE SHI ER

中国文史出版社

图书在版编目（CIP）数据

天下第一衙：清代直隶总督们的那些事儿／马永祥，
吴蔚编著．—北京：中国文史出版社，2018.10
ISBN 978 - 7 - 5205 - 1096 - 7

Ⅰ.①天… Ⅱ.①马… ②吴… Ⅲ.①总督 - 生平事
迹 - 中国 - 清代 Ⅳ.①K827 =49

中国版本图书馆 CIP 数据核字（2019）第 083635 号

责任编辑：殷旭

出版发行：中国文史出版社
社　　址：北京市海淀区西八里庄 69 号院　　邮编：100142
电　　话：010 - 81136606　81136602　81136603（发行部）
传　　真：010 - 81136655
印　　装：廊坊市海涛印刷有限公司
经　　销：全国新华书店
开　　本：787mm×1092mm　1/16
印　　张：15.25
字　　数：203 千字
版　　次：2019 年 9 月第 1 版
印　　次：2019 年 9 月第 1 次印刷
定　　价：45.00 元

前言

　　直隶总督署是我国目前保存最完好的清代省级衙署。多年来，我馆在深挖衙署文化内涵、弘扬衙署文化中积累了许多研究成果和经验，发挥了不可替代的作用。2015 年，为响应市委、市政府"弘扬历史文化，讲好保定故事"的号召，我馆除了加强古建修复、陈列展览等工作外，还本着"突出亮点、谋求创新"的原则，编辑出版"天下第一衙"丛书。第一批书目分别是：

1. 《清代直隶总督家风、官德故事选》
2. 《清代直隶总督们的那些事儿》
3. 《清代直隶总督改革史话》
4. 《清代直隶总督军政史话》
5. 《清代直隶总督文化生活史话》
6. 《直隶巡抚 清官于成龙》

　　直隶总督，正式官衔为"总督直隶等处地方、提督军务粮饷、管理河道兼巡抚事"，是清朝最高级的封疆大臣之一，总管直隶、河南和山东的军民政务。而由于直隶省地处京畿要地，因此直隶总督被称为疆臣之首。直隶总督是掌管数省军民要政的清代地方最高长官，成为定制后，其在清代地方审判制度中拥有最高的审判权，对所辖省区的大案、要案进行亲自审理，将最后判案结果报刑部，遵旨而行。

　　为了稳定社会，缓和尖锐复杂的阶级矛盾和民族矛盾，加强中央集权，清政府十分重视法律在地方的作用。因为是秉承皇帝的旨意，同是清代直隶省，每一时期的案情都呈现出不同的特点。比如，雍正朝的案件多带着打击皇族和朋党、稳定社会秩序的色彩；乾隆朝则以文字狱案为主，以肃贪惩贪为辅；嘉庆朝案件则多有惩治贪污、维护社会稳定；道光朝以后涉外案件增多，民事案件只有曾国藩、李鸿章审理较多等。数百年间，直隶总督在地方执法行政过程中，涌现了一大批清廉朴实，办案公正的能员，积累了很多宝贵的经验；也有部分官员攀附权贵，媚外求和，甚至朝服紫衣，暮着囚服，留下了深刻的历史教训。

长期以来，对直隶总督有关的涉案判案故事、史料没有予以整理，缺乏研究，形成一段空白。这里我们从大量的清代文献中搜集整理出与李维钧、李绂、宜兆熊、唐执玉、李卫、孙嘉淦、方观承、刘墉、周元理、英廉、刘峨、胡季堂、颜检、裘行简、温成惠、那彦成、琦善、刘长佑、曾国藩、李鸿章、张树声、荣禄、廷雍、袁世凯等二十余位直督有关处理各种案件的故事、史料以及部分广为流传的民间故事，结为《清代直隶总督们的那些事儿》予以出版。

选取清代直隶总督案情故事，我们遵循史料第一，辅以野史稗闻，扣守法理，文笔、案情相结合，依据史料而有所渲染，即严肃性、知识性、趣味性的原则。我们之所以将这些涉案判案故事冠以《清代直隶总督们的那些事儿》之名，一是它通过历史现象，遵循法理，环环相扣，丝毫不乱，而又能绝处逢生，常出意料不到之结论；二是多数故事以文史相间的笔法，为读者提供喜闻乐见的珍闻逸事，同时适当为史学界的朋友们提供研究清史、清律的些许启示。

在书末我们还整理了直隶总督《李鸿章判牍》。李鸿章在中国近代史上的地位，至今仍是一个有争议的话题。晚清中国社会发生的所有重大事件，几乎都与他有关。人们对李鸿章的评价也是功过皆存，毁誉参半。从47岁第一次任直隶总督起，李鸿章先后三次出任这一职务，时间长达近25年，是历任总督中任期最长的一位。我们之所以全文收录这份文献，是因为这些判牍以骈散相间的笔法，自"审得""据禀"语领起，开门见山，点明当事人、案件由来，夹叙夹议，条分缕析，前呼后应，章法谨严，语无留滞，字无虚用，一气呵成，且辞藻纷披，妙语连珠，颇能代表清代直隶总督整体的判案风格。

值得指出的是，由于历史的局限，古人的经验、做法，特别是他们据以办案的法律本身，很多已经不合于今日民主法制时代，我们必须批判地吸收。所引历史文献其中有个别带侮辱性的字词，为保持历史原貌，这次整理时，视其为过去那个时代的印记而没有更改。

此书之成，实赖众力，不当之处，敬请读者指正。

编　者

2015 年 4 月

目　录

直隶总督李维钧与"年羹尧"案

清朝的第一任定制直隶总督是雍正朝的李维钧。李维钧（？—1727），浙江嘉兴人。康熙三十五年（1696）由贡生选授江西都昌县知县。曾任刑部员外郎、直隶守道等职。雍正元年（1723）升任直隶巡抚，雍正二年十月（1724年11月）被授为直隶总督，不久，加兵部尚书衔，自此直隶总督成为定制。前些年，曾有一部电视剧《雍正王朝》热播。在这部电视剧中，戏份最多的有三件大事：九王夺嫡、年羹尧案和摊丁入亩、火耗归公的税制改革。而在真实的历史上，李维钧与这三件大事都有所关联。

攀附年羹尧，守道升巡抚

时间刚刚进入雍正元年（1723）时，贡生出身的李维钧还是直隶守道（相当于布政使），主管直隶的民政。他的顶头上司是功臣之后、名将赵良栋的孙子、署理直隶巡抚赵之垣。

但在一个多月后，李维钧便成功实现了"屌丝的逆袭"，赶走了赵之垣，成为新的直隶巡抚。李维钧之所以能够在官场上迅速获得提升，是因为他攀附上了一个人——雍正皇帝在夺嫡战中的亲信、川陕总督年羹尧。

1

李维钧有一名小妾,是年羹尧的心腹管家魏之耀的干女儿。在正室夫人去世后,李维钧便将这名小妾扶正为正室。从这层关系说,李维钧无异于向年羹尧表白,身为朝廷命官的自己甘愿以年羹尧的"下人"自居。虽然手段不太光彩,但效果却非常不错。通过魏之耀的介绍,李维钧终于进入了年羹尧的小圈子,也得到了升为直隶巡抚的机会。

雍正即位后,对于雍正帝来说,在九王夺嫡尚存余波的时候,在拱卫京畿的直隶安排一个放心的人是必须的。于是年羹尧向雍正参奏赵之垣"庸劣纨绔",不堪委以直隶巡抚重任。一个月后再参赵之垣贪婪成性,同时举荐李维钧取而代之。雍正元年二月,李维钧走马上任成为直隶巡抚。

首倡"摊丁入亩",巡抚升总督

李维钧助年羹尧的力量才得以升为巡抚,但李维钧并不是一个只知道攀附权贵的人。李维钧当上直隶巡抚之后,在办理具体事项上的勤慎、干练,给雍正留下较深刻的印象。特别是李维钧在涉及重大改革时思路上与雍正不谋而合。在诸多廷臣疆吏尚且不得要领时,李维钧的率先领会和响应,深得雍正青睐。

李维钧在直隶巡抚任上最重要的一件事便是"摊丁入亩"。清朝初期,刚刚进关的旗人大肆跑马圈地。离北京最近的直隶首当其冲,被圈地最多,造成很多百姓失去土地,生活无着。但这些穷苦百姓却还需要缴纳按人算的丁税。而另一方面,圈占了大量土地的旗人却只需要缴纳很少的税,甚至是不缴税。这种情况在康熙朝不断积聚,已经严重影响了清朝政府的财政收入。

雍正元年七月,李维钧上疏奏请"直隶丁银,请摊入田粮"。九月,户部经过讨论,同意李维钧的奏请。十月,李维钧上疏将在直隶实行"摊丁入亩"的规划做了详细说明,提出土地按质量分为三等,丁银按地亩等级摊入的原则，还按户部要求，将如何摊征收成做成图册上陈。直隶巡抚李维钧充分估计到摊丁入亩会引起朝野极其强烈的反响，有田之家会起而反对，朝臣之中会意见不一，因此他疏请皇帝对此事乾纲独断。他担心雍正发生动摇，改变决心。十一月，李维钧再上奏章，称自己遭到"权势嫌怨"，感到孤立和有压力。雍正明白他是在寻求朝廷的保证。他对李维钧说："朕当年即是孤臣，你若信不过自己，便是信不过朕。难道朕那么缺乏主见，那么容易被人言所摇动吗？"足见在这一改革政策上雍正帝对他的支持。李维钧免除了后顾之忧，这才放开手脚将摊丁入亩在雍正二年起自直隶推行开来，这一改革逐渐在全国推广。

"摊丁入亩"是中国封建赋税制度的一次重大改革，中国历史上几千年的户税、人头税基本被废除。而李维钧在这场改革中充当了先锋的角色并发挥了独特的作用。雍正二年（1724）十月李维钧升授直隶总督。雍正帝的谕旨是这样说的："前因李维钧办事勤慎，且能训练士卒，整饬营伍，故授为直隶总督，并令提督、总兵官听其节制，此系特旨，不为定例，将来李维钧或升任后，直隶仍用巡抚，一切俱照巡抚旧例，既有授为总督者，不得援李维钧之例。"虽然雍正帝的初衷不是将直隶总督作为常设官职，但李维钧去职后，皇帝又命李绂继任直督，直隶总督仍然最终成为定制，驻节保定，常置不更，成就了"半部清史"的写照。

年羹尧倒台，总督斩监候

俗话说"礼不下庶人，刑不上大夫"，满清一代的75位直隶总督多以善终，或获谥赠爵，荫庇后人；或独善其身，清史留名。而在雍正朝却有一位直隶总督因结党营私、贪污工帑而被清廷判处斩监候，虽"旋而病死"，却成为众多直隶总督中第一个被清朝判处死刑的直隶总督，他就是直隶总督李维钧。

　　李维钧，字余山，浙江嘉兴人。因《清史稿》等正史中未见记载，只能从零散史籍中略窥其生平。据《永宪录》中记载，李维钧以康熙三十五年丙子（1696）举人官至直隶守道，由年羹尧推荐升任直隶巡抚。李维钧容貌甚怪，俗呼"正面蟒"，因其"面长麻而以劓也……维钧阴奉权贵，阳为倔强，上优待日深，乃持两端，……诸多丑行，仍以党恶营私致败"。《永宪录》中的记载，基本概括了李维钧的性格及一生。李维钧攀附权贵，因结党营私起，由年羹尧推荐升任封疆大吏，又因结党营私败，获罪斩监候，可谓"成也萧何，败也萧何"。

　　李维钧在任直隶巡抚期间，还是有一定的建树的，尤其在全国首次成功地推行"摊丁入亩"的赋税改革，具有重要的历史意义，他也因此得到了雍正的重用，升任直隶总督，加兵部尚书衔，节制提督、总兵以下官员。直隶总督之定制也是由他而始。

　　然而李维钧在升任直隶巡抚乃至直隶总督前后，却攀附权臣年羹尧，并结为朋党。年羹尧是雍正执政初年的政治核心人物，为雍正政权的巩固立下了汗马功劳，深受雍正的宠信，权倾一时，攀附、巴结之官员不在少数。李维钧更是使尽浑身解数，极尽巴结之媚态。其一，送厚礼给年羹尧，甚至觅二女子相赠；其二，他的妻子死后，将年羹尧的管家兼死党魏之耀的干女儿由妾扶正，堂堂封疆大吏心甘情愿地成了年羹尧的"下人"，同时，李为表示对年羹尧的忠心，自愿将自己的亲侄子李宗渭送到年羹尧的幕中做事，名义上是军前效力，实际上是联络感情，巴结依附；其三，李维钧任直隶总督后，竟违背清廷礼规，跪迎年羹尧，极献谄媚之状。李维钧的种种努力终于奏效，最终成了年羹尧的亲信，二人交往过密，直隶总督驻地保定离年羹尧的西安将军署有千里之遥，而"西安官厅内，未有隔五日不见李之介使者"。并且由于交往过多，李维钧的"一切奏章，文情口气，甚与年羹尧相仿"。

　　与年羹尧结党后，李维钧积极为年羹尧做事：首先，李维钧协助年羹尧将清理的康熙年间直隶巡抚赵弘燮亏欠银40万两据为己有;其次,与年羹尧合谋捏造诬陷李绂巧取漕米变价盈余银5000两;最后,为年羹尧隐藏资财,年羹尧被罢免陕甘总督后四处转移家财,据岳钟琪奏报,年羹尧转移家产用骡车233辆,其中运往保定者就有134辆,每辆载重1300斤,以此可见李维钧处成了年羹尧的赃物窝藏点。而直隶总督李维钧获罪的最主要原因却是与年羹尧结党营私,朋比为奸,身陷其中,不可自拔。

雍正在政权初步巩固之后,开始对恃权放纵的年羹尧集团进行打击,雍正对"年党"的处置是从网罗年羹尧的罪状开始的,他根据朝臣与年羹尧的亲疏远近,采取不同的方式方法,对年羹尧的亲信威胁利诱迫使其与年羹尧划清界限,揭发其罪状。

李维钧作为年羹尧的亲信,大概是最早接到雍正的暗示的,雍正二年(1724)十一月十三日在李维钧的奏折上透露了对年羹尧的态度,"近日年羹尧陈奏数事,朕甚疑其居心不纯,大有舞智弄巧潜蓄揽权之意",同时告诉李维钧,你同他的关系是奉旨形成的不必恐惧,但要与他逐渐疏远,划清界限。在以后的奏折批复中,几次提到李维钧与年羹尧的交往过于亲密,提醒他远离年羹尧,李维钧却巧言分辩,以与年羹尧的交谊不深为由,希图蒙混过关。雍正怒斥李维钧,"殊属狡辩",你与他的来往"众目昭彰,何能掩盖"?同时告诫李维钧:"如果奋然易辙,不少依回,犹可勇于自新者。若以此巧言粉饰,以狡狯为得计,以隐蔽为深谋,恐一旦发觉,最无可逭",并鼓励他揭发年羹尧,"如欲尽释朕疑,须挺身与年羹尧作对,尽情攻讦,暴其奸迹与天下人尽知,使年羹尧恨尔如仇,则不辩自明矣"。李维钧觉出雍正欲兴年羹尧之狱,他三次上奏,揭发年羹尧的罪行,揭发他"挟威势而作威福,招权纳贿,排异同党,冒滥军功,侵吞国帑,杀戮无辜,残害良民"。又揭发他在雍正二年(1724)十一月赴陕路过保定时,曾对李讲,"明年三四月朝内必然有事,你是汉人,不知道"等语。同时揭发年羹尧在保定置大房一座,住家百余口,并于定州、沧

州、房山、深泽等处广置田产及在西安种种狂悖不臣行径。雍正帝指斥李维钧阳为参劾，实为开脱。雍正三年（1725），年羹尧被贬为杭州将军赴任，雍正令严查年羹尧在各地隐藏的家产，李维钧大概藏匿年羹尧的家产过多，身陷其中，已不可自拔，在上奏年羹尧的奏折中避重就轻，奏报了年羹尧的骡马车数，又奏年羹尧在保定财物有锁子甲28副、箭头4000根、盔4副、现银51000两，以及纱缎、古董等价值白银10万两，并无贵重之物。这些希图过关的奏折使雍正非常生气，他在李的奏折上朱批道："为年羹尧尔将来恐仍不能保全首领也。"当年羹尧下狱论罪，雍正此时已对李维钧完全丧失了信心，他给李维钧发下谕旨，"直隶总督李维钧居心险谲，竟敢阳顺阴违，对保定城内年羹尧私置家产、藏留财物并不参奏，迨朕将旨令查，尚具折故做犹豫之状，希图延挨，俾得隐匿"，又谕"朕本欲开一面之网，保全尔之生命，无如尔自执迷，亦未之如之何矣"，派马尔赛、年羹尧的对立面蔡珽等赴保定详查，告知二人"若果得奸欺党恶实情，即将李维钧拿问请旨"。最后果然查出李维钧包庇年羹尧的种种罪状，雍正五年（1727）三月，天津仓廒修竣，刑部根据李维钧侵吞库帑，与年羹尧朋比为奸，又挟私借改兑小滩为名，阻挠国事，列出十二大罪状：

（一）对雍正的警告和训诫阳奉阴违，拒不揭发年羹尧的"反逆不道""欺罔贪残"的罪行；

（二）为年羹尧藏匿在保定私置的家业财产，致使直隶总督李维钧驻节之处成为年的窝点；

（三）将家中魏之耀之书信尽行藏匿，拒不上交；

（四）馈送年羹尧美女重金厚礼，交结势要，依傍门户，以朝廷封疆大吏为奴隶；

（五）年羹尧将清理赵弘燮亏欠银四十万两侵欺入己，李维钧与之合谋，朋比为奸；

（六）按照年羹尧之意，强令陆篆接受劣员王允猷之亏空钱粮；

（七）将亲侄李宗渭自愿送至年羹尧军中幕府效力；

（八）年羹尧进京途中并未带大将军印信，李维钧作为平级官员，竟违制跪地迎送，殊失大臣身份；

（九）李维钧与年羹尧合伙捏造诬陷李绂巧取漕米变价盈余银五千两；

（十）盖造天津仓廒时不相度高燥地方，草率营建，致使运抵保定的平粜赈济仓米霉烂变质十万石，谕令李维钧包赔；

（十一）任内奏称直省仓谷已补足七八成，及发仓赈济亏空甚多，其中清苑仓库竟颗粒皆无，是直隶总督李维钧前奏不实；

（十二）户部议复直隶总督李维钧侵蚀俸工银十四万八千余两，限五年追完。

以上十二条罪状中，后三条属李维钧任直隶总督时的失职之处，而这三条在诸多罪状中显得轻而又轻，可见他的获罪确由结党营私所致。按清律"若在朝官员，交结朋党，紊乱朝政者，皆斩"。李维钧最终因"年之逆党私人"、与年羹尧合伙侵吞亏欠银（40万两）、捏造诬陷他人、盖造仓厂渎职、瞒报赈济亏空、侵蚀奉工银（14.8万两），埋隐寄顿家财（查出不法银30余万两）等罪行被判处斩监候。雍正四年（1726）三月，雍正帝令李卫抄其家产，其妻妾子女入内务府为奴。判决后不久，李维钧病死狱中。蔡珽也因此署理直隶总督一个月，成了第二任直隶总督。

在两年多的时间内，李维钧从直隶守道，迅速崛起成为天下督抚之首的直隶总督，又迅速地从人生的顶峰跌落低谷，成为狱中待死的罪囚。他处在雍正改元的重要时期，得以际遇一系列重大的历史事件并跻身其中，但在《清史稿》等史书中却并未为其立传。他曾是雍正帝欣赏的能臣，却又迅速地滑落到了贪官的行列。朋党是雍正整顿吏治的最大障碍。雍正即位后，为了加强中央集权，清除各种分裂势力，因而把打击朋党作为他施政纲领中的首要任务。我们不难看出，说李维钧追随、攀附年羹尧是实，说他参与年谋"逆"并没有充分的证据，其实就连年羹尧本人也未必真反

对雍正。综观李维钧在直隶的仕宦生涯，他在年羹尧得宠时靠年的力量升迁发迹，得任直隶巡抚；但后来确是主要靠自己的努力和雍正的赏识升任直隶总督。直隶总督李维钧作为一名封疆大吏，因与权臣年羹尧结党营私，却反而触怒了皇帝，最后不但在年羹尧倒台时终被牵连罢职成了阶下囚，甚至被清王朝判处死刑，可以引用《永宪录》中的一句话："诸多丑行，仍以党恶营私败，可不为行险侥幸者戒哉？"李维钧一案是封建专制制度下以皇帝个人意志为中心而造成臣僚朝服紫衣、暮着罪服，一荣俱荣、一损俱损无数事例中的一例，其结局可谓咎由自取。

直督李绂囚禁"塞斯黑"

　　清康熙皇帝玄烨雄才大略，很有作为，他在位六十一载，生子三十五个，成年的便有二十人。在康熙去世前后，清朝最高统治集团内部进行了一场异常激烈的夺权斗争，出现了诸皇子纷争的严重局面，年长的有可能继承帝位的十五个皇子，互相结党拉帮，争了个你死我活，立储风波持续数十年。其中皇八子胤禩、皇九子胤禟集团实力雄厚，其成员和同情者人数众多，在清朝中央机构中处于举足轻重的地位。1722 年冬康熙驾崩于畅春园。最后四子胤禛登上了皇帝的宝座。胤禛即位后，"胤"字成了圣讳，雍正公然下诏，强令其兄弟一律将"胤"改成音近的"允"，这在清代历史上算是独一无二的。胤禛为维护本身的统治地位，将权力最大限度地集中起来，采取一切手段清除允禩、允禟集团，和他争夺帝位的对手都受到严厉的惩处。雍正四年（1726），康熙九子允禟受尽折磨，"病死保定幽所"，就是这一案件，引出了一个将皇子幽禁致死的直隶总督。

　　允禟（1683—1726）康熙第九子，宜妃郭络罗氏所生。在康熙诸皇子中间，允禟是个"糊涂不堪，无才无识"的人，后来雍正评价他"乃系痴肥臃肿，矫揉妄作，粗率狂谬，卑污无耻之人。皇考从前不比之于人数，弟兄辈亦将伊戏谑轻视，即阿其那亦知伊庸昧无能，特引诱愚弄，使出奴

力"(《清世宗实录》·卷四十四)。康熙也不喜欢允禵，长时间不予晋封爵位，从康熙四十八年（1709）封允禵为固山贝子之后，终康熙之世，允禵都没有受到重用。允禵虽然才疏识浅，但对争夺储位却雄心勃勃，他贪婪无厌，拼命敛财，不断为允禩提供活动经费，使他成为该集团的核心人物之一。雍正上台之后，对允禩、允禵集团采取各个击破的策略，首先就从允禵下手，雍正元年（1723）二月，雍正派允禵往西北军前效力，允禵知道这是雍正开始整自己，因此不肯起程，以各种借口滞留北京。后在雍正的强行勒令下，1723年三月允禵才不得不前往西宁。允禵到达西大通（今青海大通县东南）后，"擅自遣人往河州买草，踏看牧地，抗违军法，肆行边地"；允禵拥有巨额财富，夺位野心很大，公然跟雍正对立。被迫充军西宁后，招军买马，扩张势力，纵使侍卫殴打生员，本人封爵只是贝子，却花了数万两银子收买人心，鼓动当地人称他"九王爷"，并赢得了"好客"的名声。尽管如此，允禵仍通过秘密方式同允禩等人保持联系，传递消息。他的门下亲信毛太、佟保将书信缝于骡夫衣袜之内，被京城九门捕投查获，这种联络方式，被雍正指责为"敌国奸细之行"。雍正三年（1725）正月，雍正以允禵纵容家人骚扰民间为由，再次降旨切责，并派都统楚宗前往允禵驻地进行监督和约束。当楚宗带着雍正的谕旨到达西大通时，允禵对圣旨极为不满，楚宗见他"气概强盛，形色如前，并无忧惧之容"，不但毫无悔意，反而公开对抗。雍正闻讯，斥责他"肆行傲慢，全无人臣事君之礼"。下令夺其爵，撤去他的旗人仆从，在西宁就地幽禁。允禵的党羽、葡萄牙传教士穆敬远和他一同充军西宁，住在相连的宅院，两人相见从不走大门。而从窗口出入。允禵从穆处学会西洋字母，用它或拼写汉字，或作为密码，与其子通信，传递京师消息，以图东山再起。不料，其子所写密信被截获，在信中允禵擅用朱笔，其子则对他的书信称为"旨"，雍正勃然大怒，下长谕历数允禵行为"叛逆"。雍正四年（1726）五月，雍正清除允禩、允禵集团的斗争进入最后阶段，先是将允禩、允禵革去皇室标志黄带子，从宗人府玉牒中除名；雍正恶毒地下令将允禩改名叫阿其那（满语，狗），允禟改名叫塞思黑（满语，猪），以便用庶民的身分惩罚他们。随后允禩被"圈禁高墙"，允禟从青海押解来京。雍正生性严苛，又不愿承担杀弟之名，经权衡，雍正四年（1726）四月，雍正命令宗人府派都统楚宗及侍卫胡什礼将允禟用三条铁链锁拿，从西安押送北京，五月，在押送途中又命侍卫那苏图到直隶省会保定，向直隶总督李绂传达口谕，令李绂"将允禟留住保定"。六月，雍正颁示允禩罪状 40 款，允禟罪状 28 款。以康亲王崇安为首的诸王大臣同词参奏，请皇上将他们明正典刑。

李绂（1675—1750），江西临川（今江西抚州）人。字巨来，号穆堂、小山，幼时贫穷，聪敏好学，成了著名学者和诗人。康熙己丑（1709）中进士，选翰林院庶吉士，累迁侍学士。1720 年升内阁学士，不久迁左副都御史，仍兼学士衔。1721 年充任会试副考官，因舞弊被革职，命赴永定河工效力，以待罪图功。雍正即位不久，李绂奉召还京署吏部侍郎，被派往山东、江苏督促漕运，保证漕运畅通，因而获赏，声名大噪。1724 年，出任广西巡抚，于雍正三年（1725）八月擢升直隶总督，但因交接等事宜，李绂直到次年四五月间方到任。不久，就接受了监管"塞思黑"这个棘手的差使。李绂在任直隶总督期间政绩一般，但却因虐待皇子允禟致死而在历史上留下了重重一笔。

直隶总督李绂在接到雍正的口谕以后，为给允禟在直隶省会保定预备住处，在雍正四年（1726）五月十一日，向雍正上一奏折，内云："现在于臣衙门前预备小房三间，四面加砌墙垣，前门坚固，俟允禟至日，立即送人居住（《文献丛编》第 1 辑《允禩允禟案》·《李绂奏报为允禟在保定预备住处折》）。"李绂奏折中的"衙门"即直隶总督衙门，允禟幽禁的筑有高墙的三间小屋，就在总督衙门前处，最远也不离其附近。但雍正四年（1726）时的直隶总督衙门并非雍正七年（1729）杨鲲、唐执玉修建

的，当时总督衙门尚在直隶省会保定城内西北角，大体上就是今天保定经济管理干部学校的位置（保定文物保护单位"直隶审判厅"），是一个地势低洼，房舍狭小简陋，有些影响观瞻的官署建筑。

允禵在西宁时，虽然精神上有些压力，但物质生活还是优裕的，所以都统楚宗给雍正的汇报说允禵"气概强盛，形色如前，并无忧惧之容"，雍正四年（1726）允禵从青海押解北京途中，虽然被三条锁链锁拿，但他"一路毫无改悔戒谨之心，谈笑如常"，这些情况足以说明，允禵在到直隶省会保定之前一切都是正常的。雍正将允禵从西宁押解回京，原来的目的是要将允禵"回京治罪"，但雍正又担心允禵回到北京以后，与已在北京的允禟再发生串通，所以下决心将允禵圈住直隶省会保定，小心防范。

允禵抵保后，胡什礼要直隶总督李绂对允禵暂时监管。雍正是否暗示或者授意直隶总督李绂在保定杀害允禵？这需要从直隶总督李绂的言行及雍正与李绂的关系来探究。雍正即位后，起用李绂，先是提拔为侍郎，又授为广西巡抚，再署直隶总督。毫无疑问，雍正对李绂是破格重用的，因而李绂对雍正感恩戴德，雍正将允禵交与直隶总督李绂不能说与此没有一点关系。应该说雍正此举正是相信李绂对他的"忠心"，才断然将允禵留在直隶省会保定，当那苏图向直隶总督李绂传达雍正的口谕，将允禵留住保定时，直隶总督李绂受宠若惊，对主子的意图立即心领神会，急于邀宠立功，当即说出了"俟塞思黑一到，我便宜行事"之言。或许是过于露骨，直隶总督李绂这句话并没有让雍正满意，雍正一方面派胡什礼连夜赶往直隶省会保定传达口谕斥责直隶总督李绂，一方面在直隶总督李绂的奏折上御批："万万使不得！岂有如此大事令你悬揣而行！"直隶总督李绂又赶忙上折："至于便宜行事，臣并无此话。"矢口否认了自己说过这样的话。但直隶总督李绂并不死心，总想在允禵身上立一大功。他在七月给雍正的奏章上一直在摸雍正对允禵态度的底。他先是猜测雍正的心思，是否"止欲严行圈住，锢其终身，俾与圣世之草木鸟兽同尽天年，亦未可知"，雍正在此处批："即此，朕意尚未定尔，乃大臣何必悬揣？"直隶总督李绂继而又用自己的意见试探，允禩"断不可容于圣世，虽皇上更有宽大之恩，并非臣民所愿，岂敢失去宽纵"。雍正在此处批："凡有形迹，有意之举，万万使不得。但严待，听其自为，朕自有道理，至嘱，至嘱，必奉朕谕而行，干系甚巨。"主子与奴才相互遮遮掩掩，欲盖弥彰。

在保定民间，关于李绂圈死允禩的传说更加丰富。据传说，保定的撒珠胡同原名杀猪胡同，便是由此事得来的名字。允禩被圈住的地方是火神庙的东跨院。李绂为了让允禩生活环境恶劣，下令保定杀猪必须到火神庙东跨院的墙根下宰杀，来这里可以免税，不来则以私屠论处。于是，不仅保定城内，就连城周乡村的屠户们也全赶着猪往这里来杀。东墙根短，只能同时杀一两头猪。这样一来，允禩的住所外面一天到晚，总是猪叫人喊，不绝于耳。同时，杀猪场上猪屎遍地，臭气熏天，苍蝇蚊子乱飞。此外，李绂还立下规矩：每杀一口猪，必须把猪打五十鞭子，每打一鞭，在场的人们必须喊一声"杀个猪大逆"。后来，人们就把火神庙一带叫成"杀猪胡同"了，民国初年净化街名时才用谐音改为"撒珠胡同"。

在传说中，除了外部环境，李绂特别关照了允禩的饮食——少送饭食，多送瓜果。卫生环境恶劣的允禩吃多了瓜果便开始腹泻，李绂又命人以保定民间的"霹雳丸"当药给允禩吃。这种"霹雳丸"身强力壮的人吃了大补，但体虚的人则往往难以承受，引发腹泻。本就腹泻的允禩吃了这药，自然更是加重了病情。传说中的故事与史料有很多暗合的地方。

客观地讲，雍正在对待允禩的问题上是谨慎而冷静的，作为政敌，雍正对允禩恨之入骨，必须将允禩、允禩集团彻底打垮，让其永世不得翻身；但作为兄弟，雍正又不愿授人以柄，落个"凌逼弟辈"的骂名。所以，尽管朝臣中多人奏请将允禩、允禩等人正法，可雍正躲躲闪闪不明确表态。雍正还针对直隶总督李绂那句"便宜行事"反复强调，"万万使不得"。因此，说允禩是雍正指使人杀害是不符合历史事实的。

直隶总督李绂之所以敢如此虐待允禵，关键是得到了雍正的默许。老奸巨猾的李绂为揣摩雍正心理，在允禵来直隶省会保定拘押的一百多天里，先后报给雍正有关允禵的奏折共有9件之多，平均约十来天一件，其中详细报告允禵在保定的一切情况，件件都有雍正的朱批。在《直隶总督李绂奏报塞思黑晕死复苏折》一折中，仅雍正的夹批就有十四处之多——由此可见，雍正对允禵在保定的情况一清二楚，完全知道允禵在保定所受到的非人待遇，但却一直未管。这些奏折，一方面是直隶总督李绂的请示汇报，一方面是雍正的亲笔批示，完全是正常的公文往来，无论从时间的衔接上，用词上，语气上都看不出丝毫伪造的痕迹，因而应该是可信的。

正是雍正皇帝的这种态度，李绂对允禵的虐待日益升级，使其在保定的三个多月中历经种种非人待遇。让我们看一看允禵在直隶省会保定三个多月的情况。被中外史学家誉为"在清史研究中具有较高学术价值"的美国人恒慕义主编的《清代名人传略》写得明白"在保定，允禵囚禁于一狭小之三间屋内，四周围以高墙，大门严加封锁，食物以吊车吊进。初，尚有四名仆从准予留其身边，但在七月二十五日，仆从等亦被监禁他处"。可见"监管"何等严密。允禵居住小房三间，四面加砌墙垣，只有一个非常坚固的前门，还加上了封条，墙外四面另有小房，将允禵所居之处团团围住，形成了一个全封闭的小院，任何人不能随意出入。允禵所居之小院只留下一加封严密的前门，为了不让其与任何人接触，直隶总督李绂煞费苦心，在门上特设转桶一个，由转桶传进饮食，开始时对允禵"一切饮食日用俱照罪人之例给予养赡"，后来升级为"塞思黑饮食与牢狱重囚丝毫无异"。可以想象，允禵吃的是猪狗之食。在对允禵行李物品进行全面检查之时，将其刀刃锋利之物拿走，既防其逃走，又防止其自杀。允禵整日身绑铁索，而且铁索捆绑其手足不能伸直，行走就像猪狗一样近乎爬行。此外还设"同知二员，守备二员，各带兵役轮班密守"。房小墙高，加之允禵在直隶省会保定的三个多月正是暑气酷烈之时，小院内大小便溺遍地，臭气熏天，与猪圈无异，正好符合雍正朱批谕旨给允禩预备"圈住之处"的要求。对于四十多年来一直养尊处优的皇子，如此恶劣的物质条件以及巨大的精神压力，像允禩这样的人无论如何是受不了的。雍正这"圈住之处"四个字，就是告诉直隶总督李绂对允禩不要以人相待，李绂对此贯彻得十分彻底，因此允禩在保定就厄运难逃了。《清代名人传略·李绂》明载，雍正四年（1726）"6月14日（公历）允被幽禁于保定，8月12日，他因痢疾病倒，未及一月，即已奄奄一息。9月20日，他昏迷不醒；两日后，即死去"。历时三月有余。保定的七月，正是酷暑难挨之季，允禩的居住和饮食条件又十分恶劣，所以吃了不干净的东西之后开始跑肚。从七月十五日（此为农历）允禩开始泄泻以后，因为没有医治，病一天天加重，直隶总督李绂在七月中已观察出允禩"难以久存"，但并未采取任何抢救措施，更没给允禩请过医生治病，在缺医少药的条件下，允禩的"泄泻"愈发严重，而雍正非但未命直隶总督李绂抢救，还表扬他"料理无过"。对其行径采取熟视无睹的态度。

在痛苦和绝望中挣扎了一个多月，允禩终于熬得灯尽油干，在雍正四年农历八月二十七日（1726年9月22日）死在直隶省会保定。同年九月初十日，雍正的另一政敌允禵亦死在北京。允禩死后，雍正不赐谥号，不赐葬银，由其子草草葬于北京东便门外，直到乾隆四十三年（1778）才奉旨恢复允禩的原名，收入宗室玉牒，这已经是允禩死了五十二年以后的事了。

雍正尽管在朝政上延续了康熙采取的各项措施，但因关心他的历史地位，不仅在编纂《康熙实录》时大量删改不利于己的官方记录，而且对掌握其为政内情的有功之臣，都找借口加以治罪，或杀或禁（如对年羹尧、隆科多等）绝不手软。镣解允禩的侍卫胡什礼、楚宗都被加罪"逮治"，直隶总督李绂自然也不例外。除掉"塞思黑"不到几个月，大概因知道其中隐私，便被雍正以荐举失当和诬告皇帝宠臣田文镜的"罪名"，降调工

部右侍郎。刚过两月，又被雍正以在广西巡抚任内错判案件为由，责令回广西受处理。后由刑部以 21 条罪状定罪当斩，即所谓"科甲案"。还是雍正最终"看中"李绂的才干，令他编纂《八旗通志》效力，才保住了脑袋。辛辛苦苦干了八年，终于被新皇乾隆恢复了官职。兔死狗烹，是封建专制主义的必然。

封建皇权制度是皇子间争夺帝位斗争的决定因素。因皇位之争失势被囚禁在保定直隶总督署 102 天的皇子允禵突然病故，引起朝内外许多猜测……从允禵病死至今已有 280 多年，但对其死因仍有种种说法。一些研究清史的专家学者认为，允禵之死并非雍正派人杀害，而是被直隶总督李绂虐待而死，雍正难逃幕后指使之咎。

李绂参劾雍正宠臣田文镜案

雍正朝在官员任用方面，打破以往在种族、出身方面的限制，任用一批非科甲出身的督抚。由于出身、教育背景的不同，非科甲出身与科甲出身的督抚之间矛盾重重、摩擦不断，于是，直隶总督李绂与河南巡抚田文镜之间就爆发了轰动朝野的督抚互参案。

雍正五年（1727）春，李绂被夺官下狱，定了二十一条大罪，判了死刑。对于曾任直隶总督李绂的死刑，有人认为是雍正帝想要杀人灭口，但这充其量只能算其中一个原因。与雍正宠臣、河南巡抚田文镜的互相攻讦，是李绂失去皇帝信任的重要原因。

雍正元年，田文镜奉命告祭华山，回京复命时，将山西通省荒歉情形，激切敷陈，备极周详，深得雍正帝欣赏。不久又命其前往山西赈灾，因田文镜在山西尽心竭力，办理甚妥，九月，被任命为山西布政使。在山西，田文镜积极协助巡抚诺岷清理钱粮亏空，整顿吏治，充分展示了自己的政治才能。恰好此时河南诸务废弛，急需治理整顿，于是，雍正二年（1724）正月，田文镜又被授为河南布政使，八月署理河南巡抚。任河南巡抚后，其整饬河工、筑堤防汛，颇有成效。在他的治理下，该省地方安宁，乡绅畏法。但他是位驭下严厉的大吏，上任不久，就疏参信阳知州黄

振国"狂悖贪劣，实出异常"，又有息县知县邵言纶、固始县知县汪诚、陈州知州蔡维翰或任柜书银匠朦官作弊，重等收粮或向盐商借贷致用十四两小称发卖食盐，或怠惰偷安并不清查保甲，盗案累累亦不比缉等等。遭田文镜弹劾的，大部分是科甲出身的官员，如信阳知州黄振国、息县知县邵言纶等，以致当时有不少人认为田氏，不容读书之人在豫省做官。

田文镜在河南巡抚任上大肆参劾地方官员最终导致了其与新任直隶总督李绂之间督抚互参案的发生。田文镜身为雍正皇帝宠臣，积极推进皇帝的一系列改革措施。但他并不是科举出身，作风比较粗暴，一向有酷吏的名声，对下属科举出身的文人官员也多有侮辱。李绂自诩为"文坛领袖"，自然看不惯田文镜的做法，于是与田文镜互相攻讦，参奏对方。曾任直隶总督的李绂在由广西来京朝觐途中，路过河南，竟然当面斥责皇帝宠臣田文镜参劾其属员是"躁践读书人"，因此与田文镜当面争吵。在这个参劾案中，且不论李绂是否与蔡珽、黄振国结成党羽，其偏袒科甲中人却是不争的事实。李绂进京陛见，只是路过河南，一听说田文镜弹劾科甲出身之黄振国、汪诚、邵言纶等人，就越出自己的职权范围，诘文镜"胡为有意躁践士人"。也许是出于同类相怜的缘故，表明了理学名臣李绂对科甲出身之人特别偏爱和维护。

入觐时，李绂又向雍正帝面参田文镜负国殃民。田文镜则据情反驳，指出这是科甲出身的官员互相徇私袒护。李绂则不厌其烦地多次参奏雍正宠臣田文镜，说他"祸国殃民"。其实这等于变相地在指斥雍正皇帝。

雍正对李绂参劾田文镜的一些条款似乎有点相信，他把李绂的弹劾奏章转发给田文镜，并在上面批道："有人如此奏你，但朕只保得你居心不肯负朕欺朕，保不得你属员尽皆不负。保你不愚，你用人再不可护短，择人不可偏执。如张球，今此参劾更有，留心察访，或被其欺未可知也。"

田文镜感到形势对自己极其不利，于是，他老谋深算，准确把握雍正的爱憎，把雍正视线引向科举党援方面。雍正极其痛恨朋党，田文镜正是看准了雍正痛恨朋党这一点，于是，在雍正四年（1726）四月二十七日上折申辩时，为了扭转自己所处的不利形势，就把李绂对其的弹劾强说成是袒护同年，有科甲朋党之嫌。为了让雍正帝相信这是一件科甲朋党案，田文镜进一步说道："屡蒙谕旨解散朋党，谆切垂诚，至再至三，若瞻顾同年，徇私捏奏，并非出于至公，实皆由于私党，伏祈皇上详察。臣思我皇上求贤若渴，捐例久停，将来捐纳愈少，科甲愈多，似此怀私挟诈，朋比为奸，则嗣后科甲之员万一贪污苟且，督抚诸臣断不敢再为题参矣。"为了表明自己的无辜，田文镜不但请求派钦差大臣前往河南调查审查案件，而且于五月十一日再次上奏说明自己对一系列科甲人员的参劾实出于偶然，并非出于敌意。

田文镜投雍正所好的奏辩，让雍正也隐隐约约感到李绂似有袒护同年之嫌，于是他把田文镜的奏折发给李绂阅览，并让其明白回奏。李绂回奏虽多方辩解，无奈雍正已有成见在胸，朱批道："今日有此，在李绂而不在田文镜，何也？"（引文均见台北国立故宫博物院《宫中档雍正朝奏折》第七辑）字里行间已充满了对李绂的不满。

在遭到皇帝训斥后，李绂上奏折说："臣以葵藿微诚驽骀下质，受恩至为深重，图报乃益迁疏，既惭补过之恩，止据一偏之见，冒昧陈请思虑不周，自今以后，唯有凛遵圣训。"面对李绂的"酸文假醋"，雍正骂他也就骂得狠："你见识实平常，看人眼目亦甚不及朕，但取你良心与直性。若实倾心感服朕之训谕，将来自然开阔增长。若仍固执几句文章浅见，不但为朕之弃，诚恐成一千古笑谈人物矣。你实不及朕远矣，何也？朕经历处多动心忍性者非止数年几载。若与朕一心一德，心悦诚服，朕再无不教导玉成你的理。若自以谓（为）记载数篇腐丈，念诵几句史册，以怀轻朕之心，恐将来悔之不及。"既然你李绂总摆儒林领袖的架子，皇帝我就告诉你，你仰仗的那几本圣书、几句腐文根本不算什么，真人才要从"经历"中来，要"动心忍性非止数年几载"。雍正朝的著名文臣李绂，最终

19

没有因文章取悦于皇帝。

在李绂和田文镜双方争辩之时，应田文镜的请求，雍正特遣海寿、史贻直为钦差，前往河南予以调查。此次钦差调查的结果是田文镜所参各款属实，其所重用之上蔡知县张球也被查出赃迹累累。至此，从表面看，案件似乎告一段落，李绂和田文镜的互参打了一个平手，双方各有对错。其实，案件远没有结束，并且随着雍正朝政治形势的发展变化和人员的升降调动，督抚互参案件终于变成一个大规模的所谓的"科甲朋党案"。

雍正四年四月以后，形势的发展对李绂越来越不利。首先是李绂因允禟之死见疑于雍正。康熙晚年，诸皇子之间的争储斗争相当激烈，允禩、允禟为一派，雍正与十三阿哥允祥一派，结果雍正胜出。雍正绍统后，即着手摧毁允禩、允禟党羽。雍正四年八月，允禟被从西宁招回京师治罪，暂禁保定。不久，李绂报其病故。雍正认为李绂没有向众人说明塞思黑是病死的，而让自己背上杀弟之罪名，实在是罪不可赦。其次，因不党附年羹尧而受到重用的蔡珽，此时仕途走向没落。蔡珽，汉军正白旗人。经日讲起居注官、四川巡抚、直隶总督。蔡珽的仕途没落对李绂影响很大，因为蔡珽是李绂步入仕途的保荐者，一荣俱荣、一损俱损。对于蔡珽与李绂的关系，雍正上谕中说："朕在藩邸时，懒于交接，人所共知，并不知蔡珽、李绂姓名。蔡珽以身属外员，远行在即，向年熙转求欲到朕园中一见。朕相见时，则极称李绂才品操守，为满、汉中所少见。是时朕方知李绂姓名也。朕御极之初，延访人才，以资治理，因起复李绂原官，旋授侍郎，又命办理漕务，旋授为广西巡抚。"（中华书局《清史列传》卷十五）

实际上，在雍正眼中，李绂是蔡珽党羽。雍正四年十月，蔡珽因前包庇直隶昌平营参将杨云栋被降职。紧接着蔡珽诬陷雍正宠臣岳钟琪事发。先是，岳钟琪代年羹尧为川陕总督时，蔡珽在雍正面前，言钟琪叵测，及其署理直隶总督时，岳钟琪入觐，路过保定，又造谣言飞语中伤。事觉，严旨诘询，珽讳不吐实。蔡珽在雍正心目中的形象一跌千丈。因蔡珽与李绂关系亲近，十一月，雍正对李绂提出警告，要其与蔡珽绝交，以免受其拖累。但是，雍正的警告并没有引起李绂重视，其在雍正面前奏称："蔡珽为人，粗疏卤莽则有之，若贪婪不法之事，臣可保其必无。"五年三月，蔡珽受夔州知州程如丝贿赂事发，被解任候审。雍正愈加相信李绂是蔡珽党羽，此时李绂已完全失宠于雍正，其政治上厄运的到来是必然的。

雍正四年冬，御史谢济世疏劾田文镜"十罪"不实，被革职，令往阿尔泰军前效力。但雍正对此案并没有罢手，而是继续深究，直到揪出他猜想中的幕后主使人。刑部等衙门遵旨审奏谢济世后，他在对大学士、九卿、科道等的上谕中又说："李绂自广西来京陛见时，即奏田文镜参劾黄振国、张球、汪诚、邵言纶，甚是为冤拟……朕不知李绂受何人意指，而捏造此不稽之言，敢于冒昧陈奏也。"雍正心目中的指使者为蔡珽。因为黄振国为蔡珽故吏，缘事被革职之后，经蔡珽保荐，起用为河南信阳州知州。而广西巡抚李绂党于珽，当田文镜参劾黄振国之时，李绂又竭力为黄振国明冤。按照雍正的思维方式，同为科目中人的蔡珽、李绂、黄振国已固结成朋党，不但合谋协力，陷害田文镜，又蛊惑谢济世弹劾之，用心相当险恶。

为了证实自己的猜测，同时也为了取得足够的证据，雍正五年二月，雍正帝命再次提审黄振国。黄振国最终招认其与李绂、蔡珽、谢济世是一党。于是，雍正帝就在上谕中指出："黄振国被参之后，蔡珽为之党护，李绂为之陈奏，谢济世又为之翻案，勾结党援，造作飞语。"这样一来，一桩普通的参劾案就变成了科甲朋党案。作为李绂参劾田文镜一案核心人物的黄振国、汪诚、邵言纶等则成了科甲朋党案的牺牲品。黄振国被处斩立决，汪诚处斩监候，邵言纶发边外充军。而蔡珽、李绂在此后不久，也分别因他事被处以斩监候和革职的处分。

雍正帝以济世的奏折言语和直隶总督李绂的完全相同，认为李绂与进士出身的官员相互勾结，搞朋党政治，在谕旨中指斥李绂："尔自被擢用

以来，识见实属平常，观人目力亦甚不及，朕但取尔秉彝之良，直率之性而已……若砼砼固执鄙见，妄自矜高，不但终见弃于朕，恐将来噬脐莫及!”十二月十五日，召李绂回京，补为工部右侍郎。

继李绂任直隶总督的宜兆熊早从李绂调任揣摸出雍正的真实心意。本来银钱仓储耗损，是司空见惯的大小官员自肥之道，为打击曾任直隶总督的李绂与进士出身的官员勾结形成的朋党，与雍正帝大兴“科甲案”相呼应，宜兆熊就任后，曾与刘师恕疏参前任直督李绂弥补亏空，在交代案内将亏缺社仓谷批准豁免，将耗羡银批准免解等种种欺混情节，抓住李绂卸任时交代文案的把柄大做文章，乘机落井下石，受到雍正帝的赞誉和勉励。雍正五年（1727）闰三月，宜兆熊被任命为吏部尚书，仍署直隶总督。同年春，李绂因在广西巡抚任内错判两起土著居民案受到雍正帝诘责。八月，直隶总督宜兆熊再次疏奏弹劾前任直督李绂举荐不当，所提拔大城县知县李先技贪婪成性，不念民瘼，将地亩丁银于额征之外加派私收，以致苦累百姓，请求将其革职拿问。雍正帝借机将李绂夺官下狱，十二月，刑部定了二十一条大罪，判了死刑。李绂被判处死刑后，在京师菜市口刑场等待开刀问斩，雍正命人把刀架在李绂脖子上，却派官员问他：“现在知道田文镜的好了吗?”李绂则全然不为所动，答道：“我就是死，也说不出田文镜哪好来。”雍正皇帝实在没办法，只能无可奈何地把李绂押了回来。

在此案中，田文镜对科甲出身之人的成见也是相当明显的。虽然其在奏折中声称自己对一系列科甲之人的弹劾，实出于无心，但这并不能掩饰其对科甲士人集团的敌意。实际上，雍正朝直隶总督李绂和河南巡抚田文镜的互参案从开始那一天起，就是田文镜处于优势。何以雍正要如此宠信田文镜？有的学者认为，田文镜为政尚严，在官僚群体中处于孤立境地，反受雍正宠信。首先，田文镜是雍正政策的忠实执行者。雍正即位之后，励精图治、锐意改革，决心清除康熙末年的各种社会积弊，为此，必须建立一支振奋有为的官僚队伍。而雍正认为科甲出身的官员，多有"夤缘党庇之恶习"。因此其大力提拔、重用非科甲之员，李卫、田文镜就是其中之一。李卫、田文镜雷厉风行的作风、大刀阔斧清除积弊的魄力，施政为严的方针，都忠实贯彻了雍正改革的意图。雍正对其的盖棺定论是："田文镜老成历练，才守兼优。自简任督抚以来，府库不亏，仓储充足，察吏安民，惩贪锄暴，不避嫌怨，庶务具举。"对雍正来说，别人对田文镜的参劾，就是否定自己的施政方针，维护田文镜就是维护自己推行的各项方针政策。为使自己的政策得以顺利进行，故雍正在各种政事活动中不但充分信任田文镜，让其放手大干，而且当其受到攻击时还处处维护。

田文镜虽是雍正的宠臣，也是一名干吏，但能把李绂扳倒，甚至判了死刑，却不完全是他自己的功劳，更多的是李绂自己犯了雍正的忌讳——雍正最重实务，李绂却仰仗自己"文坛领袖"的身份，总抱着儒家典籍高谈阔论，甚至攻击到雍正年间由皇帝主导的改革。在最后时刻，雍正帝念其"既知悔过，情词恳切，且其学问尚优"，免去一死。后来刑部查抄李绂的家产，发现李绂家里非常简陋，甚至连夫人的首饰都是铜制品，根本不像达官显宦的家属。雍正于是将其赦免，去修《八旗通志》。但李绂在"田文镜案"之后，始终未担任过掌握实权的重要职位，没有再获得雍正皇帝的眷顾。

雍正七年（1729），谢济世在阿尔泰军前供出参劾田文镜为李绂暗中授意指使，于是李绂被刑部下狱再次定罪，此时雍正帝利用惩治李绂打击朋党的目的已经达到，李绂被雍正帝赦免。

糊涂断案的"不识字"总督

　　曾任直隶总督的李绂，在雍正密旨授意下，将其争位对手允禵谋害于保定，因其知隐私，更为打击李与进士出身的官员勾结形成的"科甲案"，雍正将其先被调职，后下狱，竟有二十一款大罪，差点掉了脑袋。自从雍正二年（1724）十月，定制直隶设立总督后，两年多点的时间里，走马灯似的换了四任总督，正是在这种时代背景下，雍正居然重用一个"大字不识"的官员署理位重事繁的直隶总督，他就是宜兆熊。

　　宜兆熊（？—1731），汉军正白旗人。曾祖宜永贵，先任佐领兼参领，随皇太极围锦州，战松山，克塔山，效命疆场，后"从龙"入关，征河南，攻江南，屡立战功。前后任南赣、福建、安徽巡抚，尤其在福建巡抚任上，郑成功率军围城，他竭力拒守，还乘间出城，"斩算无数"，一月围解，叙功赐爵三等男。其父宜廷辅又因功晋升二等男。宜兆熊是生于勋臣之家的公子哥儿，恐因其祖、父都是军功出身，自幼不屑读书，故大字不识，当归于纨绔子弟之流。尽管大字不识，并不影响宜兆熊袭爵、做官。他先后出任过镶白旗汉军副都统，正蓝旗、镶白旗汉军都统，福州将军，署理浙闽总督。雍正三年（1725）九月，授湖广总督，雍正帝在谕旨中说："宜兆熊精神力量甚觉勉强，楚督节制两省文武，任巨事繁，统辖非易，且又一字不识，但操守尚优，心术亦正，蔼然有忠爱之诚。"雍正四年（1726）十二月二十五日，被调往直隶署理总督一职。因宜兆熊识字不多，不通文墨，难以正常供职，清廷又调翰林出身的工部右侍郎刘师恕（？—1756，字艾堂）为礼部右侍郎"协办直隶总督"。协办总督这一官职，在直隶是空前的。

这个被雍正认为"操守尚优，心术亦正"的文盲直隶总督宜兆熊，老于官场，对雍正可说是忠心耿耿。为迎合雍正帝"打击朋党"的"上意"，直隶总督宜兆熊与刘师恕合议奏请改革学政陋规，拟从公费中拨解学政俸银，却因为直隶学政孙嘉淦在雍正眼中是一个贤良方正之人，故这项议奏未被雍正帝批准，着仍按旧例执行。雍正六年（1728）三月，良乡县旗人乌云珠因撞轿受到知县冉裕薜杖责。宜兆熊与刘师恕据情参奏，为了袒护旗人，请将冉解任。雍正帝降谕："昨良乡县知县冉裕擅责乌云珠一案，即按定例，亦不至于解任质审。而宜兆熊、刘师恕将该县特参前来，并解任质审，甚属不合。宜兆熊、刘师恕所参直隶官员往往过于苛刻，似此类者甚多。封疆大臣不为国家爱护人才，辄将可服之员，因细故微瑕而致于摈弃，岂不可惜！"对直隶总督宜兆熊借"打击朋党"而邀功，手段过苛提出警告。

在办案中，宜兆熊与刘师恕更多的是存心袒护属官，官官相护，终因处理吴桥县生员窦相可一案不当而受到纠查。大名知府曾逢圣因亏缺库帑被人弹劾。雍正帝认为他在直隶任职多年，贪赃必多，命直隶总督及藩、臬二司传谕所属被屈受害者据实控告。吴桥县生员窦相可遂控告曾逢圣任吴桥知县时有贪劣行为。直隶布政使张适偏袒曾逢圣，将窦相可杖毙，并与按察使魏定国合谋，谎称窦相可死于狱中。宜兆熊及刘师恕存心袒护张适和魏定国等，未将此案据实参奏。雍正帝得知此事后，命尚书福敏、侍郎史贻直前往保定，将曾逢圣各案及杖毙秀才情由秉公严审，并将实情全部查出，不得有丝毫徇隐。查清之后，雍正帝在上谕中指出："君臣之间，

必须至诚相待，才不愧于堂廉一体之谊。朕对待内外大小臣工推心置腹，事事至诚，从没一丝虚假。而为臣者，尚忍以伪妄欺诈之意对朕，实令人寒心，罪不可恕。宜兆熊乃旗下平常无能之人，因其尚且忠厚谨慎，并且荷蒙圣祖仁皇帝深思，提拔为福州将军。伊在任并无出力报效之处，及至朕即位后，伊也不过平常供职。因直隶总督缺员，一时不得其人，令其署理，委以节制畿辅的重任，并教导训诲，至再至三，但免其不及，宥其过愆。刘师恕向来过失多端，近年屡经败露，朕见其人尚且谨慎小心，且年力精壮，深有悔过迁善之念，所以格外加恩，令其协办直隶总督事务，以观后效。张适原为年羹尧案内获罪之人，众所周知，并且又有亏欠钱粮等案，法难宽贷。朕念伊祖张玉书在圣祖仁皇帝时效力多年，而且伊之过犯，大约由于不能自主，受年羹尧挟制，于是赦其过愆，恢复其官职。谆切训谕，冀其成人，伊亦感激愧悔，奏称情愿竭力报效，朕任命为布政使。魏定国由知州擢用知府，朕初见时，伊装作醇谨之状。朕认为他为人诚实可用，又经福敏、法海极力保举推荐，任命他为直隶按察使。伊去年来京陛见，朕观其心术，知为沽名邀誉之流。魏定国由微末之员，于数年之内擢升为大僚，并且因其服官效力，朕推恩及于其父，更加格外优待。曾逢圣实系市井光棍，由钻营而升至知府，实属狡诈。被参奏亏空之时，朕考虑其在畿辅任职多年，自有贪赃作弊款项，令直隶总督、藩、臬等晓谕地方，如有被屈受害之人，准其据实控告审理，以惩治贪墨。昨日听到老秀才呈告曾逢圣任知县时贪劣罪款，而张适将秀才严刑夹讯，旋即杖死，并谎称在狱中病故，且因此人平素积恶，不思辩冤。既奉谕旨，诬告自有国法，即使此秀才果真有应得之罪，也应审实奏闻，按律置之于法，方足以使众人之心顺服，岂能有狱讼尚未定、曾逢圣之案未结，而将首告之人先以棍棒结其性命之道理？这不过是有意祖护曾逢圣，唯恐控告者众多，所以先杀一人以钳制众人之口。类似如此惨酷的行为，世所罕见。宜兆熊、刘师恕身为总督，于曾逢圣一案若罔闻知，负朕任用之恩，甘蹈徇隐之咎。魏定国专管一省刑名，却任由张适恣意妄行，全不置问，等到朕当面诘责，则将是非颠倒，把草菅人命的罪责全都推到张适身上，而置己于事外。像这种奸险巧诈之存心，朕深恶之。若像这样，直隶设立臬司衙门何用？朕简用魏定国又何取乎？"结果，清廷将曾逢圣定为绞监候，张适、魏定国被定为斩监候，刘师恕降三级调用（后被宽免），宜兆熊降调仍暂署直隶总督。

宜兆熊和刘师恕在直隶互有矛盾，二人"分署而居，相距三里余，事多耽误"。雍正才深感宜兆熊实在庸碌无能，决心把他降为吏部侍郎，调离直隶，雍正六年（1728）五月，雍正帝降旨："今直隶总督宜兆熊、刘师恕意见不合，诸事参差。朕屡加训饬，不能悛改，若仍令同办总督事务，必致贻误。宜兆熊原系庸碌之人，朕因其操守一节尚有可取，故试用之。自福建、直隶两任观之，全不晓事，着回京交部议，所降之级补用吏部侍郎。何世璂署理直隶总督事务，仍着刘师恕照前一同办理。"五月十六日（1728年6月23日）宜兆熊召回京降为吏部侍郎，署期一年零五个月。后来，宜兆熊又因在署理直督任内断案有误被革职，于雍正九年（1731）病卒。

唐执玉判案趣闻

　　唐执玉（1669—1733），字益功，江南武进人。康熙四十二年进士，1729—1731年任直隶总督。唐执玉是深得雍正赏识的总督。他不仅治理地方很有成绩，而且与皇帝保持着非常融洽的关系，他所上的奏折，几乎未受到驳回。因此即使在他病重期间，雍正仍坚持让他出任直隶总督。唐执玉最被人称道的是他的"勤"和"廉"，他亲自手书"将勤补拙，以俭养廉"作为座右铭挂在墙上。唐执玉平时布衣粗食，他病逝之后，继任总督带人整理他的遗物时，发现"箧无一物"，都没有钱为他装殓。后来雍正下令拨发银两，加上其他官员出资帮助，才得以将遗体装殓运回原籍。直隶总督任上，唐执玉留下了《唐公判狱》这个小故事，出自袁枚《续子不语》，十分生动，我们先来看据此演绎出的故事：

　　直隶总督署大院，春寒料峭、万籁俱寂。几声更梆声传来，更给空旷的督署大院增添了一丝神秘，一丝庄严。

　　已是三更天了，三堂签押房内的灯还亮着。直隶总督唐执玉紧锁双眉，认真地伏在桌案上看着案卷，正为一个人命案的判决而为难。案头的茶已经凉了，贪睡的仆从缩在椅子上打着瞌睡。

　　总督是掌管一省军民要政的清代地方最高长官。在清代地方审判制度中拥有最高的审判权,对所辖省区的大案、要案进行审理,将最后结果报复刑部。今天,唐执玉遇到的便是一件杀人案。案子很蹊跷,府、道等官员对其结果众说纷纭,一向勤于民政的唐执玉更要亲自审核了。唐执玉任直隶总督,兢兢业业,克勤克俭,以"将勤补拙,以俭养廉"作为座右铭,"厚民生、澄吏治",使直隶地方百姓安居乐业,官员恪公守法。为此,雍正九年(1731)皇帝御赐"恪恭首牧"匾一块,以示嘉奖。唐执玉受宠若惊,将其悬挂在大堂,朝朝暮暮,引以为戒,时时提醒自己恪守官规,做好全国督抚的领袖。

正因为他勤谨的为官态度,本来就不好的身体更是每况愈下,昨天竟吐出一丝血来。这时又是一口痰上来,一阵剧烈的咳嗽,咳嗽后便是一身虚汗。仆从被声音惊醒,慌忙随手倒过一杯茶来,劝道:"老爷,您快回去休息吧,您已经十几天没好好吃饭了,又这么熬夜,怎能受得了。"唐执玉摆摆手,示意仆从不要再说下去,继续埋头看起那件棘手的案子来。突然,几声抽泣声从寂静的空中传过来,越来越近,越来越大,来到窗下了。唐执玉浑身一震,心想:"是谁?是谁能半夜三更进入督署院?是人还是鬼?"几秒钟过去了,唐执玉稳了稳情绪,说:"去外边看看,发生了什么事?"仆从口里虽答应着,可是腿已开始哆嗦,他掀开门帘,"噗"的一声,外边的风夹杂着雨滴立即将他手中的蜡烛吹灭了,昏暗之中,仆从"妈呀"一声,吓倒在地,不省人事。

唐执玉心中纳闷,他掀开门帘,一阵冷风吹来,他浑身一哆嗦。只见从台阶上跌跌撞撞地爬上来一个满身是血的人来,左腿有些跛,一点一点地,"总督大人,小人有冤情向您禀明"。声音嘶哑,见到唐执玉,慌忙跪下说道:"总督大人,小人是阴间的冤鬼。给我报仇呀,我是北村的李老四打死的,而不是南村的王会山,府县里的官员都收受了李老四的贿赂,才用心谋害王会山的。大人,您一定要杀掉李老四为我报仇,不然,我死不瞑目,死不瞑目!"抽泣声变成了"呜呜"的哭声,哭声凄惨,令人不

寒而栗。唐执玉忙极力控制住自己，平声静气地说了声："下去吧，本官定会为你做主，你安心去吧！"说完放下门帘，那鬼飘然翻墙而去。

唐执玉回到太师椅上，脑子里全然是那个冤鬼的影子，冤鬼的哭泣。几天来的疑点终于给解决了，明白了为什么此次府、县各官都说王会山是杀人犯，原来是都收受了李老四的贿赂了。这时，仆从已苏醒过来了，还没有忘掉刚才那一幕，恐惧地掀开门帘，望着黑漆漆的风雨夜空，一阵寒噤，再无睡意，陪着唐执玉一直坐到天亮。

第二天早晨，其他官员还没有来到。唐执玉已迫不及待了，他传来证人，细问死者生前的衣帽，说话声音及特征。众人证实："死者生前穿一件黑棉袍，说话声音嘶哑，左腿有些跛。"这完全与昨晚冤鬼情形相似。唐执玉听罢长长舒了一口气，更加坚定了自己要翻案的信心。这时，直隶省的按察使、保定府知府等官员已纷纷来到。看到唐执玉心情舒畅，一扫昨日的萎靡不振的神态。知道这件棘手的案子有了着落。果然，唐执玉坐到二堂桌案后马上说："众位，我已将上次没有审决的人命案件弄清，杀人犯是李老四，而不是王会山。"众官一惊，怎么昨日还拿不定主意的总督大人一夜便来了个急转弯？带着疑虑，百般申辩。唐执玉不讲缘由，不摆证据，只是一口咬定是北村的李老四，而不是南村的王会山。众官无奈，悻悻地离开总督署。

在二堂议事厅等候的帮着总督处理刑名事务的王师爷也被结果惊呆了。这与唐执玉的为人处世大不相同。平时办案最起码也跟自己商量商量，而且一般都要把自己的理由、证据都讲清，令众官心服口服才定案的，绝不独断专行，这曾经赢得直隶官场的一片喝彩。今天这是怎么了？王师爷匆匆赶到三堂的签押房。签押房内，唐执玉正手捂胸口，脸色憋得通红，肯定又咳嗽了一通，王师爷停了停，询问起事情缘由。

唐执玉开始只是敷敷衍衍，不想讲出自己的证据只是冤鬼的话语。但经不住师爷的追问，他不得不将昨天晚上的事情细细地讲了一遍。王师爷听后思谋良久，问道："大帅，那鬼从何处来？到何处去？"唐执玉立刻回答："从台阶上来，翻墙而去。""对呀，"王师爷的兴奋溢于言表，"大帅，古人云'鬼有形而无质'，既然无质，那就应隐然而去，为何会翻墙而走？其中必然有诈。"这一席话，像给唐执玉泼了一头凉水，惊得他说不出话来。二人立即走到墙角，只见一场细雨过后的泥地上，明显有两只布鞋脚印，再看墙头上、屋檐上随处可见脚印，直到外墙脚下。王师爷暗视唐执玉，唐执玉如梦初醒，不再言语。片刻，王师爷走到唐执玉面前："大帅，明天我派人出去打探一下，看究竟是哪个毛贼如此大胆，来欺骗大帅的。"唐执玉摆摆手，苦楚地叹了口气，亢奋的情绪一下落入低谷。头部及胸部疼得厉害，想自己为官一生勤政爱民，不想到头来险些上了一蟊贼的当。莫非真是自己太老了，可自己仅仅65岁啊！心乱如麻的唐执玉在屋内踱来踱去。王师爷说了声"大帅保重"便知趣地走开了。

第二天，众官一到。唐执玉升堂就座，声明恢复原案，罪犯是南村的李老四。众官吃了一惊，其中缘由当然他们不知。其实，他们只是随着唐执玉总督在梦里转了一个圈子又回到了原地。

《唐公判狱》出自袁枚《续子不语》，原文如下：

制府唐公执玉尝勘一杀人案，狱具矣。一夜秉烛独坐，忽微闻泣声，似渐近窗。命小婢出视，蹶然而仆。公自启帘，则一鬼浴血跪阶下，厉声叱之。稽颡曰："杀我者某，县官乃误坐某，仇不雪，目不瞑也。"公曰："知之矣。"鬼乃去。

翌日自提讯，众供死者衣履与所见合，信益坚，竟如鬼言，改坐某。问官申辩百端，终以为南山可移，此案不动。其幕友疑有他故，叩公，始具言始末，亦无如之何。

一夕，幕友见曰："鬼从何来？"曰："自至阶下。""鬼从何去？"曰："忽然越墙去。"幕友曰："凡鬼有形而无质，去当奄然而隐，不当越墙。"因即越墙处寻视，虽甃瓦不裂，而新雨之后，数重屋上皆隐隐有泥迹，直

至外垣而下。指以示公曰："此必因贿捷盗所为也。"公沉思恍然，仍从原谳，讳其事，亦不复深求。

译文为：

制府唐执玉执法公正，曾经审问一个杀人案，案件已经定案了。唐执玉一天夜里拿着灯烛单独坐着，忽然听见轻微的哭泣声，好像渐渐临近窗户。唐执玉命令小女仆出去查看，小女仆哭喊着晕倒了。唐执玉自己打开窗帘，就是一个鬼全身是血跪在台阶下。唐执玉大声呵斥他，那鬼叩头说："杀我的人是某个人，县官却误判另一个人坐牢，仇恨不能洗清，我不能瞑目呀。"唐公说："知道这事了。"鬼于是离开。

唐执玉第二天自己提起此案审问。众人提供的死者的衣服鞋子和他昨晚所看见的完全符合，唐执玉更加坚信，竟然按照鬼的话，改让那人坐牢。下级负责审问的官员百般地申辩，唐执玉最终认为即使南山可以移动，但此案不能更改。他的幕友怀疑有其他的原因，询问唐公，唐公才陈述事情的起因结果，也没有别的办法。

一天晚上，幕友请求见唐公，说："鬼从哪里来?"唐公回答说："自己到台阶下面。""鬼从哪里离开?"唐公说："忽然越过墙离开。"幕友说："凡是鬼有形状却没有实质，离开应当突然隐去，不应该越过墙。"唐公于是马上到翻墙的地方察看，虽然砖瓦没有裂开，但刚下雨之后，几座房顶人都隐约有泥迹，直到外围墙下。幕友指着泥迹给唐公看说："这一定是囚徒贿赂身手敏捷的强盗所干的。"唐公沉思一下子明白了，仍然按照原来所定的罪，隐讳这件事，也不再追究。

迷信鬼神，或许也算是唐执玉的一点小毛病吧。

雍正宠臣李卫狠抓直隶治安

　　直隶与京城近在咫尺，社会的稳定对京畿的安定有着直接而重大的影响。然而李卫初到直隶时，直隶省旗民杂居、边界辽阔不清且山多路险，经常成为贼匪潜藏的窝点。直隶省内饷马被盗、调包迷拐行李、夜间偷夺路人等事时有发生，再加上直隶吏治腐败，百姓民不聊生，各种煽动蛊惑民众、骗取钱财的民间秘密宗教组织渐猖狂。严重干扰了人民的日常生活，直接影响了社会的稳定，被委以重任的直督李卫对此更是深恶痛绝。

　　早在任浙江总督时李卫便以善于捕盗闻名于世，他在总结自己为官经验的时候就曾说："害民莫如盗贼，而大伙抢劫，皆由小窃即惯，遂致胆大手滑。"（田文镜，李卫撰《钦颁州县事宜》，参见《官箴书集成》（第三册），第686页）为消除直隶盗匪，李卫一方面从行政上划定疆界、完善行政区划；一方面从军事上加强防范。

　　在清人陈康祺的《郎潜纪闻二笔》中也提到李卫治盗方法："李敏达卫长于治盗，所辖地方，不逐娼妓，不禁樗蒲，不扰茶坊酒肆，曰'此盗线也，绝之，则盗难踪迹矣！'"（陈康祺《郎潜纪闻二笔》卷二，北京：中华书局，1997年，第338页）李卫自己在总结治盗经验时称："故定律于窃贼，无论赃之多少，每次必行刺字，三犯即当拟绞，正使畏法警戒，

不至轻陷刑辟也"〔田文镜，李卫撰《钦颁州县事宜》，参见《官箴书集成》（第三册），第 686 页〕，可见其治盗宽严相济。

从行政上看，清代直隶省作为一个独立的省份，它的疆域及省内行政区划设置经历了一个模糊到清晰的变化过程。从疆域来看，直隶省幅员辽阔，东接盛京、西邻山西、北抵长城、南接河南，东西 1200 多里，南北 1600 多里。雍正时期的直隶省与京师、山东济南府的德州、山西平定州、河南漳州府武安县等州县边界交错不清，又多山路偏僻，很少设置专官管理，每当遇到雨天道路被阻、盗贼潜藏到此突发事件时，则应急不灵，双方管事多彼此影射、相互推诿。从直隶省内行政区划设置来看，李卫任直督前，直隶省内管辖 8 个府、5 个直隶州，140 多个州县，州县多，事务繁杂，却只设有口北道、霸昌道两处巡守，并且辅佐官员又少，很难保证直隶地方社会的稳定与发展。从以上直隶省两方面的现状出发，李卫一方面主张树立界牌、分化管理，另一方面又增加了辅佐的官员。雍正十二年李卫奏请将对直隶省、山东省运河交接各州县边界进行勘定，竖立界牌，并将零星交错的地方，就近拨换，用以明晰责任。

雍正十三年李卫又奏请张家口所辖地方，以新平路远头分界，以西归山西，以东归直隶，并由地方督抚饬令地方官查明地亩、钱粮，树立界碑，用以分别管理。经过李卫的详加治理，直隶省外沿边界变得明晰，内外文武官员各司其责，遇事不至于相互混淆推诿，对于边界安定、巡查缉捕事务更为有益。雍正十一年李卫还奏请将易州升为直隶州，管辖原保定府的涞水及山西省的广昌县等地，并添设中军千总一员，马兵十名，守兵四十名来保卫陵寝之地。除了上述完善行政区域设置，明晰各州县权责外，为了更好的铲除畿辅南边的各路贼窝聚点，雍正十一年，李卫还奏请添设顺天府四路捕盗同知衙门和经制外委把总各一员，专门负责顺天府附近的捕盗一事，这些行政上的部署为直隶省匪患的治理进一步扫除了障碍。

　　李卫尤其重视对直隶省盗匪的防范，常常严饬文武官员查拿，并派营兵在偏僻的路径巡逻，随时防范可疑人员，还沿用了在浙江时捕盗所用的密访办法。李卫常派可靠人员在盗匪容易出没的地方潜伏，等待时机潜入对方内部，顺藤摸瓜，一网打尽。例如，李卫通过在畿南一带长时间的密访布置，于雍正十一年九月，在东鹿、衡水两县抓获了潜藏多年的要犯谢大歪及其团伙7人。同月，李卫又派新营守备千总韩景琦率领十多勇士，将被发配后逃逸的大盗李自洪等人抓捕归案。李自洪乃是陕西省人，李卫将人犯押解回陕西省审理。从雍正帝给李卫写的朱批上可以看出其满意之情，朱批道："可嘉之至，朕实欣奖焉，从此直隶盗风可望减息矣！"（中国第一历史档案馆编《雍正朝汉文朱批奏折汇编》第二十五册，第145页）

　　雍正十年十一月，李卫得知，直隶省内存在大成教、衣法教两个秘密宗教组织，便召集地方官前来，亲自交代。其选派可信之人，佯装入教以了解对方的具体情况。经探访得之，大成、衣法二教由来已久，由旗人王姓、董姓发起，有教首、次掌教、小教首等众多分支，专门宣传生死轮回、因果报应等，以蛊惑百姓，骗取钱财。其分布也很广，在直隶的饶阳县、深州、易州、衡水等县都有组织。李卫认为依附二教的信徒众多，分布广，时间久了，必定会影响到直隶省的稳定和百姓的自身利益，所以坚持给予严厉打击，同时李卫也认识到，打击不法宗教不同于打击盗贼，会涉及很多无知的百姓，他说："若目前一是举动，即止于查拿首犯，而入教人众，警惶疑惧，皆不自安，轻生逃窜事所必有，现在将届岁暮，倘使无知愚民流离失业，亦所不忍。"（中国第一历史档案馆编《雍正朝汉文朱批奏折汇编》第二十三册，第709页）所以李卫建议一面张贴告示，向百姓揭露秘密宗教的本质，讲清利害关系，劝导教育被骗的百姓，并承诺只要百姓退出宗教，烧毁经书，改过自新，概不追究责任。同时，又一面派人分头行动，缉拿各处教首。李卫这一办法将国法与人情紧密的联系在一

起，这样一来既避免了连累无辜受骗的百姓，也避免了引起大的社会波动，同时又惩治了要犯。雍正帝也非常赞同，朱批："甚是，应如此办理。"（中国第一历史档案馆编《雍正朝汉文朱批奏折汇编》第二十三册，第710页）

雍正十三年六月，游巡的把总蔡广斗带领兵丁巡逻时抓获了一名抢劫犯，山西平定县人，名尚发，李卫立即派人秘密审理，顺藤摸瓜，得知尚发曾被其邻居即山西人李福及其子弟创立的名为皇天教的秘密组织所骗，李卫称："此等匪类，自应飞速严拿，惩其首恶，散其被诱乡愚，以除民害"（《雍正朝汉文朱批奏折汇编》第二十八册，第944页），但是，李卫并没有直接咨文山西平定县缉拿，一是怕走漏风声，打草惊蛇；二是怕地方官员害怕因失职获罪而开脱掩饰，以致盗贼仍贻害地方。所以李卫先是将尚发关禁在保定，然后派人秘密行文给山西省督抚及藩司，使其共同前往抓捕，以保证万无一失。

乾隆二年十二月，李卫又于直隶所属任县与山东邱县接界处，破获了张卿、苏泽等创立秘密宗教一案。并会同山东省文武官员将张卿等三犯缉拿归案，得到了清高宗的赞许（庆桂等撰《清高宗实录》卷五十九，乾隆二年十二月癸丑日条，第962页）。通过以上措施，直隶省的疆界进一步得到明晰，内部各州县的改化、官员驻地的变迁、佐官的酌量增加，使得事权统一、权责分明，很大程度上杜绝了以前相互推诿的弊端，对维护直隶社会的治安及处理应急事务都起到了很大作用。从以上例子也不难看出李卫策无遗算的治盗策略，使直隶省盗贼横行的问题得以解决，这对于直隶省社会稳定有着十分重要的意义，对李卫本人，也是他政绩和他本身树立人格魅力的一部分。

此外，针对直隶省盐枭盛行所引起的社会骚乱，李卫于乾隆元年，奏请在直隶实行老少牌盐制："老少盐癖，定义年岁，给予腰牌"（庆桂等撰《清高宗实录》卷一千零六十，乾隆四十三年闰六月辛酉日条，第164

页），经商议，清廷规定，贫难老幼残疾之人，发给腰牌，不分年月，每天可以背盐四十斤。但是，有不少盐商私雇差役，混入其中。乾隆元年，长芦盐区又出现了扒抢盐斤的风潮："滩沱产盐之处，竟有不法奸徒盗扒兴贩，肆行无忌……长芦之沧州、静海、天津等处滩广盐丰，泉贩更甚"，严重影响了当地的社会治安，总督李卫则发给兵丁一个月的盘费，命其协助盐政三保平息风潮，并命令兵丁"不许丝毫短价病民"。在严惩盐商的同时，李卫还主张对参与抢盐的百姓要区别对待，先张贴告示，对于主动认罪之人一概不深究罪责。这样一来不仅扩大了追缴失盐的线索，也避免了引起不必要的社会恐慌，加重流民人数。清高宗对此也极为欣赏，他批评顾琮查拿私盐一事，称"此事汝等办理殊属不济，较之李卫不及远矣"（庆桂等撰《清高宗实录》卷十七，乾隆元年四月癸巳日条，第451页），又称"天津一带盐枭，纠合众人，肆行无忌，若非总督李卫明晓政体，参奏查拏，其为地方之害，正非浅鲜"（庆桂等撰《清高宗实录》卷十四，乾隆元年三月乙巳日条，第404页），"李卫之严密查拏，鄂弥达之据实参奏，此二人乃深知朕心，而洞悉政体者，若天下督抚皆似此居心，而不存观望执念，秉公执法，则凶暴咸知敛跡，必无长奸贻患之虑矣"（庆桂等撰《清高宗实录》卷十八，乾隆元年五月戊戌日条，第456页）。

李卫督直期间，基本上做到了雍正帝对直隶督抚"实心任事、整饬官民、不避嫌怨"的要求，他有勇有谋、勤政务实，在清代直隶总督中也很有特色，他铁面无私、不畏权贵至今是一段佳话。李卫督直近六年时间，兼总督、巡抚于一身，采取有力的措施较好的解决了直隶省的各种问题与矛盾，促进了京畿社会经济的发展和繁荣，推动了直隶省社会的良性变迁，为清代康、乾盛世的形成做出了重要的贡献。

直隶总督李卫捕盗趣事

李卫在雍正朝始终能够得到皇帝的信任，与田文镜、鄂尔泰一起并称为三大"模范督抚"。这一切，与李卫的能力和政绩是分不开的。在直隶总督任上，李卫主要做了这样几件事：调整了直隶一些已经不合时宜的行政区划，尽量做到事权统一，因事设官，避免推诿；调整了绿营的营制，使绿营更有战斗力；治河，修建了直隶故城县与山东武城县交界地的运河河堤，厘清了直隶与山东交界的运河区的权责。全是影响深远的大事。不过，即便做过很多事关政务与民生的大事，但李卫最为人称道的能力，还是捕盗。

李卫捕盗的诀窍

李卫自雍正十年由浙江总督调任直隶总督，其六年任内以长于捕盗、整顿社会秩序著称。直隶地处京畿，以善捕"盗"闻名的李卫，更"改定营汛，增置将吏"，从京师五城及巡捕京营所管地方，与附近州县及外营交错地方，"俱改正归并，分晰界限"，对下属要求到了"苛刻"地步。《清史稿》说："盗匿山泽间，详得其踪迹，（李卫）遣将吏捕治，必尽得乃止，以是，所部乃无盗。"史籍说他"旌麾所驻，盗贼为之潜踪"，又说："所辖地方不远娼妓，不禁樗蒲，不扰茶坊酒肆，曰此'盗线'也。绝之则盗难踪迹……"据说，李卫身高近两米，力气过人；两个鼻孔中间相通，麻子脸，且麻点有铜钱大小，十分吓人。每当捕盗之时，李卫都要身披金甲，亲自登台指挥。其实，李卫捕盗成功，一方面是因为他有一批精明干练、技艺超群的兵丁仆役，更重要的是他对属下知之甚悉，使用时能够扬长避短，各得其所。因而每个人的能力都可得到充分发挥。

李卫属下督标营兵马，其中"勇健营"有一军士名叫傅魁，号卓园。长得身高体壮，而且武功超群。当时涿州地界有一大盗李自洪，专门打家劫舍，危害一方。一日有人密报他正藏身于涿州大邵村牛四家中。李卫于是命令傅卓园前去将他擒拿归案。李自洪凶悍异常，号称"力敌千人"。傅卓园担心自己一人不能取胜，请求李卫派标下李昌明、韩景琦二人同往协助。李卫听罢笑着说："我看捉拿李自洪有你一人就足够了。若派李昌明去，不是他杀贼。便是贼杀他。至于韩景琦，一去准会耽误公事。不信你就试试看。"

于是傅卓园带了李昌明、韩景琦当天夜里赶到大邵村牛四住处。李自洪正与同伙密谋定劫乡绅冉贡生家财。还未来得及动手，傅卓园等人便突然破门而入。李昌明挥舞双槌先自登堂入室，不提防李自洪躲在暗处用刀将其砍伤，昌明大叫一声，扑倒在地。傅卓园随即跟进，因房门太小，兵器施展不开，他只好把手中画戟抛开，用手狠狠掐住贼人阴囊用力外拽，因为用力过猛，竟将小肠拽出。李自洪双臂紧抱住傅卓园不放，一面用手中钢刀在他背部乱砍乱刺，幸亏傅卓园暗着护身甲胄，虽得不死，也伤入皮肉深达寸许。傅卓园把李自洪小肠缠在自己臂上绕成三匝，李自洪竟然仍能挥刀搏击。此时韩景琦急忙过来助战，昏暗中不辨敌我，抓住傅卓园双脚就用绳索捆缚。傅卓园暗想：我受贼两人攻击，恐难取胜。不得已抽身外撤，由于用力猛蹬，足间三重绳索竟被蹬断。韩景琦追仆数步，天色

渐明，方才看清各自面目。

三人共将李自洪捆缚停当，送至涿州献于大堂。待返回保定直隶总督署向李卫复命时，一一述及前情。李卫大笑不止说："怎么样？我事先估计的一点不错吧？"

李自洪被判斩决，临刑前对刽子手说："我为盗三十余年，杀人如草芥。官兵虽然多次抓捕，无人敢与我格斗交手。这次擒我的是何许人也？"有人手指傅卓园，李自洪看了好一会儿，叹口气说："我久当死，死于足下也就值了。我所遗宝刀知足下来，曾经哀鸣三日。我死之后就赠给你佩带吧。我死不后悔为盗，悔不知天下之尚有人也。"

从清代笔记中记载的这件事，足可看出直隶总督李卫对属下能知人、善驱使，这才是他"旌麾所驻，盗贼为之潜踪"的真正原因。

镇压邪教

清朝历代对于民间邪教组织，都采取严厉镇压的态度，直隶总督李卫也不例外。

《清稗类钞》有一则记述福建建宁徐时伯雍正十年（1732）任邢台县令时的逸事，对直隶总督李卫有所描述。邢台有百姓韩德，"以符水治病有验，人多信之"。其母死，葬于西山，随行出殡者甚众。有个武官"素喜事，以邪教聚众密白李，李令郡守（按即贵州人陈法）调兵急捕之。郡守陈法告知邢台县令徐时伯，时伯却说：'西山民颇谨愿，可力保无他，请单骑验之。'郡守陈法说：'李公（指直督李卫）意严切，君一身能任其咎乎？'时伯对曰：'果尔，愿以亲属百口同坐。'郡守陈法同意了他的做法。邢台县令徐时伯遂到了那个地方，亲自毁其墓庐，以德归，郡守陈法向李卫作了汇报，仅仅给予韩德杖责而已。不久后，其他县民以被诬邪教而逮相牵入狱者三百余人，多自毙，郡守陈法叹曰：'吾今乃知民命之悬于令也。微徐令，西山之民殆矣！'"可见李卫捕"盗"，既惩办了真正害民的贼匪，又枉杀了不少无辜的百姓，这在封建社会可以说屡见不鲜。

不畏权贵，秉公执法

李卫不畏权贵，敢于秉公执法，正如美国人衡慕义《清代名人传略》所说："他对贪官和残忍的地主却毫不留情，不管他们的地位和政治背景如何。因而，他受百姓爱戴。"乾隆二年（1737）他参劾直隶河道总督朱藻挟诈误公贪劣各款，以及朱藻胞弟、革职广宁知县朱蘅以私书挟制地方官干预赈案，皇帝派兵部尚书讷亲、刑部尚书孙嘉淦审理核实，将朱藻革职与其弟按律治罪。这之前，他上疏弹劾户部尚书署步军统领（即九门提督）鄂尔奇坏法营私、紊制扰民，哪怕他是大学士兼首席军机大臣鄂尔泰之弟，也毫无瞻顾。雍正派果亲王允礼、侍郎莽鹄立、海望等讯明治罪。这之后，诚亲王允祉府护卫库克于安州（今安新西部）和百姓争控淤池，库克竟然亲自到安州拉关系走后门。李卫对此毫不留情，坚决依法办事，惩办了库克，受到皇帝嘉奖，库克案件审理完毕后，皇帝特赠李卫四团龙服。

直督李卫与师爷田芳

李卫来到直隶总督任上，因是雍正帝宠臣，自己趾高气扬，踌躇满志。一天，他在大堂上叫身旁的一位师爷给他起草奏折，请求皇上把祖上五代都追封为官，这师爷叫田芳。田芳一听，忙向李卫解释说："国家封典上有明文规定，追封只限三代，没有五代之说。"李卫不耐烦地说："我叫你怎么写，你就怎样写嘛，啰唆什么！"田芳回答说："回禀大人，这是国家的定制，越制小人不敢奉命！"

李卫见一个小小的师爷敢当众顶撞总督大人，立刻火冒三丈，破口大

骂："你这狗娘养的，竟敢顶撞我。我叫你写，你就给我写，什么定制，什么规章，老子就是规章定制！"田芳一听总督大人当堂骂他是狗娘养的，一时激情难控，把笔往桌子上一扔，颇有士可杀不可辱的劲头，站起身来冲着李卫也大声吼叫道："大人你错了，你仰仗皇上一时的恩宠，竟置王法于不顾，小人田芳，身为下吏，有责任向大人谏言，大人不但不领会小人之意，反辱没小人高堂，骂小人是狗娘养的。请问大人，你为人子孙，为了光庭耀祖，请封三代尚且不足，还命小人越制为你请五代封。小人也为人子孙日夜兢兢业业以礼奉大人，反被大人骂小人是狗娘养的，小人心里实实不服！"田芳这一"抗上"举动，把其他官吏全吓坏了，心想，李大人一向是任性骂街，盛气凌人的人，这田芳一个小小下吏，竟敢当堂抗上，只要大人一声命下，田芳立毙杖下无疑。所以人人提心吊胆，而李卫被田芳这一派义正词严的数落给镇住了，一时困窘无词，强装盛怒说："就算我错，我是大人，你是下吏，你敢不服吗！"田芳说："你是大人，田芳是下吏，即便大人把小人杖毙堂下，小人也无处诉冤。小人懂得侍奉大人是本分，小人所惜的不是自己，而是大人，为什么大人理屈尚可强加于小人，而小人理直却谏悟不了大人呢？难道说，只有小人服从大人之威是本分，而大人尊重皇上之法，就不是本分了吗？"

田芳说完，一跺脚拂袖而去，可他的侃侃陈词把这个八面威风的李卫听得犹如木呆泥塑，坐在大堂上，呆了好半天才醒过劲来。他环视周围大小官吏，一个个仍呆若木鸡地站在那里。李卫把惊堂木一拍，"还都在这里干什么，还不给我下去"。李卫在一场无趣中自找台阶下了。

田芳回到家后，脑门上的火下去了，可心头上的火却上来了。坐立不安，食水不下，后悔莫及，深知自己捅了大祸，李卫对他不会轻饶的。正当田芳在家中愁肠百结之际，总督大人派人来，命田芳立即进署。田芳一听，知道一场杀身之祸临身了，只好把生死置之度外，随差人进署候命。不料，刚进署院，李卫早已迎出二门之外，向前握着田芳的手，一同进了花厅。李卫叫田芳坐下说话。田芳一见大人如此礼遇，感动得一再赔罪。李卫安慰再三并说："先生在堂上一片高论，使我茅塞顿开，我署有先生，可以说满署生辉，也是我李卫的光彩，你走后，我思之再三，像先生如此才华，如此胆识，如此高行，而屈为下吏，是我李某之过，我想为先生出银一千二百两，捐一县丞，但愿先生他日当上官，也要如此直行！"田芳一听，喜出望外，感激得泣不成声。

李卫用一千二百两为田芳捐得富平县县丞，后来又升为陕西凤翔县知县，为官颇有贤闻。直隶总督李卫这种礼贤服理的言行，在当时的古城保定传为佳话。

"孙嘉淦太憨，然不爱钱"

孙嘉淦在直隶总督任内官声不错，有一个极为重要的原因是，他能认真调查，平反冤狱。在清朝的诉讼审判制度中，诉讼以州县为第一审，道府为第二审，按察使司和布政使司为第三审，督抚为第四审。在最后的把关中，孙嘉淦体恤民间疾苦，认真平反错案，昭雪冤狱，曾为不少百姓伸冤。

据《清史稿》记载，有一个名叫焦韬的人被诬告为"邪教首领"，被官府锁拿。清廷对于民间宗教镇压一直极其残酷，焦在严刑逼供之下屈打成招，不但本人被判凌迟处死，而且株连数百名无辜平民。这类人命重案照例须经总督复审。孙嘉淦认真查阅案卷，听取一干人证口供，终于从中发现破绽将此案推翻重审，不但为焦韬澄清了冤枉，还解救了数百名无辜的百姓。

晋州（今河北晋县）一名村民名叫纪怀让，吃饭时不小心把小豆汁洒在自己身上，衣服染上一大片红色。正巧村里发生了一桩小儿被杀的人命案，捕役硬说他是杀人凶手，不由分说抓到县衙。纪怀让熬刑不过，被迫招认，于是错判极刑。真定（今正定）知府陈浩来报告时，勾决旨意已下，孙嘉淦亲自审理之后沉冤才得昭雪，错案才得纠正。

有刁民王宰企图侵吞生员马承宗财产，他贿赂太监刘金玉投献贝勒允祐门下，允祐是康熙帝第七子，雍正的弟弟，时封淳亲王。孙嘉淦请将此案交刑部究审，允祐交宗人府察议，孙嘉淦不畏权势，得到雍正的褒奖。

孙嘉淦执法无情，自然会触动某些权贵的利益并因而遭到嫉恨。曾经有一位亲王向乾隆皇帝诬告他贪财受贿，徇情枉法。乾隆听到后半信半疑，询问大臣鄂尔泰，鄂尔泰回答说："孙嘉淦性或偏执，若论操守，臣敢以百口担保之。"乾隆仍觉没有把握，派鄂尔泰之弟鄂尔奇调查询问，终于真相大白。诬告者没有得逞，反而受到制裁。

难怪连乾隆皇帝都承认："孙嘉淦太憨，然不爱钱。"

孙嘉淦取消"酒禁"

　　中国封建时代关于酒的酿造、征税、专卖或禁酿法令主要有三种类型：其一，由官府垄断酒的生产和销售，禁止百姓私酿和私卖，称榷酒；其二，允许民间私酿和私卖，由官府征税；其三，每逢灾荒之年或战乱时期粮食不足，政府则下令禁止民间酿酒，以防止粮食的浪费，称酒禁，亦称禁酒，早在商朝灭亡后，周朝统治者以商君酗酒亡国为戒，便有禁酒之令。这三种酒法，在历代皇朝呈现着错综复杂的交替重叠状态。

　　明朝不实行榷酤，而对酒曲征税，折收金、银、钱、钞，凡人户出售酒曲不纳税者，笞五十，没收所有酒曲，其中以十分之三支付告发者充赏。整个清朝沿袭明制，也不实行榷酤，但在灾年或缺粮区实行酒禁，造酿酒者须处以刑罚。

　　清朝定鼎之初，为满足民众口粮之需，曾颁布过极严格的法令禁止民间酿酒。康熙末年，京师米价昂贵，当时的学士方苞以米贵为由，指出烧锅酿酒耗费粟米，应当严禁，此议达于朝廷，康熙帝决定下旨特为申禁，违法者加重其科罚，对酒则不再征税。在灾年或缺粮区实行酒禁，对人民的正常生产和生活，还是起到了一些积极作用。

　　雍正二年（1724）八月，直督李维钧针对宣化所产高粱，味涩性燥，用以养畜又很可惜，如用来烧酒则每年可卖不下六七十万金的情况，上疏建议松弛禁酒令，部议如所请。然禁酒令在此后仍未解除，各地百姓以私酿而获罪犯法者甚多。雍正五年（1727）以后，清廷鉴于国情，下令对京畿通州酒铺每月试征营业税，规定上户征银一钱五分，中户一钱，下户八分。因清前期主要是控制酿酒，不在增税，故此时酒税较轻。乾隆二年六月（1737 年 7 月）乾隆帝还亲自下谕，再次严申近京州县烧锅之禁。

乾隆三年十月十八日（1738 年 11 月 29 日），孙嘉淦由吏部尚书先署后授直隶总督，乾隆六年八月十七日（1741 年 9 月 24 日）改任湖广总督，任期二年另十个月。孙嘉淦（1683—1753），字锡公，号懿斋，康熙五十二年进士，山西兴县人，曾任提督安徽学政、顺天府尹、直隶总督、吏部尚书、协办大学士等职。他早在刑部任职时，便有《请开酒禁》一疏。孙嘉淦抵任后，当时直隶等地仍执行着极为严苛的禁酒令，因触犯酒禁而犯法的老百姓很多。孙嘉淦经过调查了解之后上再次上密疏于朝廷，即后世著名的《请开酒禁疏》，奏疏中说：

"……前督李卫任内，一年中获私酿三百六十四案，犯者千四百余名。臣抵任一月，获私酿七十八案，犯者三百五十余名。此特申报者耳，府、州、县自结之案，尚复不知凡几。吏役兵丁已获而贿纵者，更不知凡几。此特犯者之正身耳，其乡保邻甲、沿途店肆、负贩之属牵连受累者，又复不知凡几。一省如是，他省可知。皇上好生恤刑，命盗案自罹重辟，尚再三酌议，求一线可原之路。今以日用饮食之故，官吏兵役以私酿为利薮，百姓弱者失业，强者犯令，盐枭未靖，酒枭复起，天下骚然，殊非政体。臣前言酒禁宜于歉岁，不宜于丰年，犹属书生谬论。躬莅其事，乃知夺民之资财而狼藉之，毁民之肌肤而敲扑之，取民之生计而禁锢之。饥馑之馀，民无固志，失业既重，何事不为？歉岁之不可禁，乃更甚于丰穰。周礼荒政，舍禁去讥，有由然也。且也酒禁之行，无论适以扰民，而实终不能禁。借令禁之不扰，且能永禁，而于贫民生计，米谷盖藏，不惟无益，

抑且有损。夫作酒以糜谷，此为黄酒言也，其曲必用小麦，其米则需睟
粳，皆五谷之最精。若烧酒则用高粱，佐以豆皮、黍壳、谷糠，曲以大麦
为之，本非朝夕所食，而豆皮、黍壳、谷糠之属，原属弃物，杂而成酒，
可以得价，其糟可饲六畜。化无用为有用，非作无益害有益也。今欲禁烧
酒而并禁黄酒，则无以供祭祀、宾客、养老之用。若不禁黄酒止禁烧酒，
省大麦、高粱之粗且贱者，而倍费小麦、睟粳之精且贵者，臣所谓无益于
盖藏也。百工所为，皆需易之以粟，太贵则病末，太贱则伤农，得其中而
后农末俱利。故农有歉荒，亦有熟荒，十年以内，歉岁三而丰岁七，则粟
宜有所泄，非但积之不用而已。今北地不种高粱，则无以为薪、席、屋墙
之用，种之而用秸秆，则其颗粒宜有所售。烧锅既禁，富民不买高粱，贫
民获高粱，虽贱价而不售。高粱不售，而酒又为必需之物，则必卖米谷以
买黄酒。向者一岁之内，八口之家，卖高粱之价，可得七八两，今止二三
两矣；而买黄酒之价，则需费七八两。所入少而所出多，又加以粃糠等物
堆积而不能易钱，自然之利皆失。日用所需，惟枭米麦。枭而售，则家无
盖藏；枭而不售，则百用皆绌。臣所谓有损于生计者此也。小民趋利，如
水就下。利所不在，虽赏不为。利之所在，虽禁弥甚。烧锅禁则酒必少，
酒少则价必贵，价贵而私烧之利什倍于昔。什倍之利所在，民必性命争
焉。孟子曰'君子不以所养人者害人'，本为民生计，而滋扰乃至此，则
立法不可不慎也。……"

孙嘉淦在奏疏中指出：酿造烧酒只用高粱、谷糠、豆皮等作为原料，
并不影响民生，不仅不与百姓争食，且于民生有利。若一味禁酿，是"夺
民之资财而狼藉之，毁民之肌肤而敲扑之，取民之生计而禁锢之"，他还
从实际出发提醒朝廷，由于酿酒有利可图，"利之所在，虽禁弥甚"。疏
上，清廷接受了他的建议，解除了酿酒禁令。

自孙嘉淦在乾隆朝正式取消"酒禁"之后，清代直隶酿酒业有了很大
发展，酒的生产在各州县都很普遍。有些地方开设的酿酒作坊数量相当可

观，据乾隆时直隶总督方观承疏报，直隶宣化府所属十一州县，"现在额设缸户共五百二十一座"。平均每州县有四十七座之多。这仅是"经给有牙帖"的统计数字，此外在直隶保定、延庆、蔚州、保安、宣化、怀安、赤城、怀来等府县内，"尚有无帖烧缸五百六十一座"。据此，每个府、州、县即有酿酒作坊一百余座。作坊的规模也很大，"缸户一座，小者数缸，多者三五十缸"。而所费粮食，大作坊"分锅累烧，每年耗谷至二三千石"。以此推算，宣化一府每年用来酿酒的商品粮食，耗费即达二三百万石。各地也都有一些独具特色的名酒，如丰润县之緾酒，酿酒用还乡河水，味清冽；保定易州的涞雪酒、味甘和，无烈性。此外衡水之衡酒，顺德之南和酒，天津之西沽市酒，沧州之麻姑酒，都享有很高的声誉。直隶沧州麻姑酒酿以麻姑泉水（泉在沧州城外运河中）而得名，酿用黍米，曲用麦曲，味醇而冽，陈者更佳。据说，当时沧州麻姑酒之著名，尚在绍兴酒之前。清郎廷极在《胜饮编》中说："予最爱沧酒，色清而味冽。在杭州时有诗云：两年席少麻姑酒，三日程遥邓尉花。"

解除酒禁后，乾隆二十二年（1757），清廷下令地方官发给酿酒执照，并开征酤税。由于起初税额较轻，故清廷决定税收不上交国库，可作地方官署的办公费用。酒禁的彻底解除，对于清代直隶农产品的综合利用，以及活跃民间手工业生产和改善民众生活都有很大益处。

文字狱"吓死"孙嘉淦

　　乾隆时期第一个文字狱高峰是从"伪造孙嘉淦奏稿案"开始。孙嘉淦（1683—1753），字锡公，号懿斋，山西兴县人。曾任提督安徽学政、顺天府尹、直隶总督、吏部尚书、协办大学士等职。孙嘉淦为政清廉尤其是以敢于直言极谏著称；在社会上享有很高声望。乾隆十五年（1750）七月江西千总卢鲁生与守备刘时达合谋，借孙嘉淦之名编造了一个指责乾隆帝的奏稿，其中以"五不解十大过"为主要内容，意图借名耸听、制造舆论，以阻止乾隆帝的首次南巡。伪稿一传十，十传百，很快在全国各地暗中流播开来。

　　经云贵总督硕色密奏，乾隆始知有传抄伪稿一事，遂命直隶等省密加缉访，严行追查。圣旨首先到达直隶，当时直隶总督方观承不敢怠慢。方观承起于寒士、勤于政事，谨慎小心而且富于洞察力。他曾是文字狱的受害者，因戴名世"《南山集》案"受到牵连，全家被遣戍黑龙江，因此方观承深知文字狱的厉害和统治者雷厉风行的统治手段。同时，他发现乾隆帝此举异乎寻常，必有其故，为使直隶不生事端，下令严加盘查。方观承命令凡是市井书画摊店，一律严格检查，对于藏书者，读书人家，甚至一般百姓也要搜寻，对于要路行人进行搜身。为使此案不秧及无辜，方观承还鼓励自首者，规定有伪稿献出者，减其罪状，如私自窝藏，罪加一等株连九族。在这些措施下，直隶全省缴获不少伪稿，藏伪稿者有各阶层人士。方观承将案犯严加看守，伪稿上呈京师，并将直隶搜查伪稿情况奏报给朝廷，使这场文字狱在直隶没有掀起太大风浪。

各地奏稿纷纷呈递北京，乾隆皇帝看后不禁大吃一惊。在历时一年半的时间里，发现全国各省以至西南土司境内，到处都有人抄阅伪稿，传抄者多为知识阶层自不待论，严重的是统治集团以及依附他们的各色人物也多参与其中。在追查过程中，"情伪百出，有挟仇诬扳者，有受嘱开脱者，有畏刑妄承者，甚至教供串供、附会迁就，株连扰累"，暴露出吏治的种种弊端，以至于乾隆帝也认识到，"伪稿流言，扰民风者尚小，而上下相蒙，官吏治甚大"，对吏治的"遽至废弛"，他感到迷惘不解。在追查伪稿撰造者茫如入海之沙的情况下，乾隆帝只得考虑草率结案，以免因伪稿案给清政权带来过大的震动。乾隆十八年二月经军机大臣会同刑部审奏，传下谕旨，谕旨写道："卢鲁生起意捏造，实为此案罪首，已经先行正法。刘时达者从宽免其凌迟处死，改为应斩。卢鲁生之子卢锡龄、卢锡荣亦着改为应斩，俱监候秋后处决。"至此，历时一年又八个月之久的伪造孙嘉淦奏稿案方告结束。

虽然乾隆皇帝一直表示，自己相信孙嘉淦的操守，也确实没有因为这件案子而降罪给孙嘉淦。但在调查这件案子前后长达15年，作为牵扯进案子的当事人之一，孙嘉淦却仿佛被忘记了一般，没有任何人向他询问、调查或通报关于奏疏案的情况。这让孙嘉淦更加惶恐不安。孙嘉淦的性格也由此发生了巨大的转变，变得谨言慎行起来。事实上，在奏疏案发生后的十几年时间当中，孙嘉淦无论地位高低，担任何种职务，但对朝政几乎都是不置一词。这与早年以性格刚直，敢说敢做著称的"孙大胆"相比，简直就是换了一个人。

乾隆十八年十二月，不知道是不是随着案件的完结，而担心乾隆帝

"算总账"的心思越来越重,"食不甘,寝不瞑"的孙嘉淦背疽发作,带着惴惴不安和抑郁的心情辞世。曾经赫赫有名的诤臣竟然以这样的方式离开了人世,不知是否会让后世的人们思考、叹息。

尹嘉铨文字狱案的故事

　　文字狱从字面理解，就是因文字缘故所构成的罪案。清朝以前，文字罪人这样的字眼早已见诸史籍，只不过不冠以文字狱而已。清朝是以满族统治者为主体建立起来的中国历史上最后一个封建王朝。从汉族传统观念来看这叫"乾坤反复，中原陆沉"，"天昏地暗，日月无光"。在一部分汉族知识分子中间有着强烈的民族抵触情绪。在大规模有组织的抗清武装斗争失败以后，反清思想仍通过文字作品的形式在民间流传，并与以恢复明朝为目的的反清起事结合在一起，使清朝统治者坐卧不安。为维护自己的统治，打击各种反清思想，强化文化思想领域的专制统治，清朝统治者大兴文字狱，包括"字祸""史狱""书祸""逆书案"等。这是中国古代文字狱数量最多，规模最大，持续时间最长的王朝。难怪清人龚自珍曾发出"避席畏闻文字狱，著书都为稻粮谋"的感叹。

　　清朝统治中国 268 年，康熙、雍正、乾龙三朝占了整整一半时间，文字狱的猖獗肆虐、延绵不绝，恰在这 130 余年的所谓的"康乾盛世"达到顶峰。但这三个皇帝对待文字狱的态度各有不同。从文字狱的次数、规模来看，雍正甚于康熙，乾隆又甚于雍正，总的趋势是逐步升级，愈演愈烈。从文字狱所谓的罪状来看，康雍时期清朝在全国的统治已不可动摇，

中下层知识分子对清政府的思想文化控制也采取认同的思想态度，但随着历史的发展，清朝文禁越来越严，文网越来越密。从文字狱的罹祸者来看，范围越来越广，康雍时期多为官僚、乡绅及有名气的文人，而乾隆时则波及粗通文墨的社会下层。从统治者对文字狱的运用来看，则越来越具有自觉的意识，手段也越来越缜密而毒辣。尤其是乾隆帝统治中国的六十三年间，文网之密，文祸之多，远远超过了顺康雍三朝，这在中国历史上是空前的。

乾隆统治时期，文字狱起落张弛很不平衡。统治初期的乾隆，对于雍正朝竣急的统治方针带来的弊病有比较清醒的认识，为缓和官场中的紧张关系和知识分子的不满情绪，稍有缓解，特别采取了一系列措施，放松了对文化思想的严密禁锢，所以这一时期基本没有文字狱。乾隆十六年文字狱高峰突兀，以后陡然上升，持续二十五年，见于记载的文字狱就有七十起上下，形成了乾隆期第一个文字狱高峰。乾隆文字狱的第二个高峰出现在乾隆四十二年至四十八年（1777—1783）。在这短短的七年间，见于记载的文字狱多达五十起，这是清代文字狱乃至中国古代文字狱的空前最高峰。乾隆四十八年后，文字狱稀稀落落，明显减少。

尹嘉铨文字狱的故事

乾隆朝文字狱的第二个高峰出现在乾隆四十二年至四十八年（1777—1783），这一时期文字狱激增的直接原因是在全国雷厉风行开展的查办禁书运动。查办、销毁某一种或几种所谓禁书从清初就时有发生，但开动整个国家机器，历时近二十年之久，欲将一切旧刻新编的禁书搜缴销毁净尽，则是乾隆帝的独创。从现有的记载来看，乾隆对危及清统治的禁书的注意从二十二年彭家屏家藏明末野史就开始了，而从乾隆四十六年（1781）尹嘉铨著书狂悖案可以窥见一斑。

1781年三月间，乾隆帝巡视五台山，在回京的路上，驻跸保定莲池行宫。这时直隶博野县退休家居的原任大理寺卿尹嘉铨趁机递折为他的父亲尹会一请谥。尹嘉铨的意思是，为父请谥，成则博孝子之名，即或不准也不会因此而有罪。这点私心岂能瞒得过乾隆帝，况且他平素对道学家的好名就颇不以为然。乾隆帝还记得尹嘉铨当山东藩司时曾当面讨赏孔雀花翎。乾隆帝对此十分厌恶，最终还是没有赏给他孔雀翎。乾隆帝就以他妄求谥典来兴师问罪。古代大臣死后是否赐谥，赐什么字为谥，是一件十分郑重的大事，因为它关乎死去大臣一生作何评价，因此一般特由内阁议定撰拟、皇帝亲自圈定。为维护封建统治秩序，乾隆认为如果都学尹嘉铨为博取孝名而请谥，那还成何政体？乾隆帝在尹嘉铨奏折折尾批谕："与谥乃国家定典，岂可妄求？此奏本当交部治罪，念汝为父私情，姑免之，苦再不安分家居，汝罪不可逭矣！"

尹嘉铨第二个折子先从本朝陆陇其一人从祀文庙说起，乞请将汤斌、范文程、李光地、顾八代、张伯行及其父尹会一从祀孔庙。乾隆帝勃然大怒，命革去尹嘉铨顶戴，拿交刑部治罪，并派员查抄其寓所。曾任广西按察使、顺天府尹、河东河道总督的直隶总督袁守侗接到传谕后立即派出桑臬司郎若伊等前往博野逮捕尹嘉铨，办理查抄事宜。但不久袁守侗丁父忧离职。军机大臣拟写两通上谕：其一通过内阁传谕中外将尹嘉铨治罪的缘由；其二命令大学士英廉署理直隶总督"即速亲往严密查抄"尹嘉铨在京家产。两件旨稿经乾隆帝亲自核准发放。

三月二十日天还未亮，英廉便奉谕旨查抄书籍信件。从二十日到二十二日用了两天时间在尹家各屋中共查出书三百十一套、散书一千五百三十九本，未装订书籍一柜，书版一千二百块以及书信一包共一百一十三封。将如此多的书信集中到一间大室之中，专派两名"曾查办过书籍之事"的翰林仔细搜查其中的"狂妄字迹"。结果从中找出许多不敬之语，令乾隆皇帝大为震怒。于是乾隆帝为尹嘉铨编织许多莫须有的罪名，并授意署理

直隶总督英廉按旨上奏。

乾隆四十六年（1781）四月十七日，署理直督英廉与诸大臣反复审讯后奏请将尹嘉铨照大逆律凌迟处死，亲属照律缘坐。理由是他"妄比大贤，托名讲学，谬多著述，以图欺世盗名，又复妄列名臣，颠倒是非，隐启朋党之渐，甚至僭妄称'古稀老人'，种种狂悖不法，实堪切齿"。乾隆帝命加恩免其凌迟，改为绞刑立即执行，亲属一并加恩免其缘坐。同时各省查缴销毁尹嘉铨著述或疏辑的著作共82种，他在各地的碑崖石刻及拓本也一律铲削磨毁。各省查缴尹嘉铨文字作品的工作，从乾隆四十六年三月起，到当年十二月才基本结束。

直隶其他文字狱的小故事

乾隆时期直隶省在上述文字狱高峰之间，仍有许多中小型文字狱的案件。1756年，刘德照逆帖案。刘德照，原籍直隶，后流落到山东濮洲，因年景荒欠，家中又遭火烧，穷困不堪。与人推小车谋生，又因害眼病断了生计。刘德照平日爱读子平书，故写了一张字帖，惧是五行生克，因寅为春，申为秋，故取名"春秋建论词"，原想到京师献上，或赏二三十两银子；行至德州，被捕役拿获，搜出所写字帖。署理山东巡抚白钟山以其"类似疯狂"奏闻。乾隆帝命令直隶总督方观承立即查办。方观承立即派差役到刘德照家中仔细搜查，最后在刘德照家中查出许多字帖，上面分别写有"兴明兴汉""削发拧绳"等反清语言。方观承立即向皇帝上奏此情。乾隆决定严办此案，于是下旨："近来督抚往往以迹类疯癫奏请杖毙完结，不思此等匪类，其不过词语不经，妄言灾祸，诓诱乡愚，或生事地方，訾议官长，杖毙已足蔽辜，如其讪谤本朝，诋毁干犯，则是大逆不道，律有正条，即当按法定拟，明正典型，妻子缘坐，不得坐以疯癫，曲为原解，仅予杖毙"，命立即将刘德照严审定拟具奏。五月，刘德照凌迟处死，其侄刘海、刘马从宽改斩监候，秋后处决，其弟刘德明讯不知情，奉旨免死，发黑龙江给披甲人为奴。刘德照年未及岁之子刘小斗、刘二小，侄刘鸭子，德照之妻及女俱给付功臣之家为奴。

1769年，安能敬试卷诗案。直隶南宫县生员安能敬试卷诗内有"思荣已千日，驱驰只一时。知主多宿忧，能排难者谁?"等句。本年六月顺天学政倪承宽折奏安能敬诗卷诗"语涉讥汕"并审拟经过。据称已将该生衣顶斥革，并饬冀州知州将安能敬密拿到案严审。安能敬供："卷内诗意极要颂扬，苦于词不能达，又因不能诗学，随意填写，以致字句多不妥协，并无他意"。随后将安能敬移交到直隶总督杨廷璋处。当时81岁的杨廷璋立即派人到直隶南宫安能敬家中搜查，并亲自审问安能敬。差役在安敬家中没有查出任何可疑的文章词句，经杨廷璋多次审问安能敬发现他确无反意，只是想夸耀皇帝而文采才思不够而已。杨廷璋据实上奏，乾隆皇帝下旨、"安能敬诗卷诗是不通，尚无别故、不必斥革"。

1774年王询进献书帖案。直隶盐山县童生王询年已58岁，仍未考中秀才。如何出人头地，他费尽心思。恰巧家中藏有乩仙所写"神书""神联"，于是作了几篇文章，叙述"神书""神联"的来历，又著书四本，欲明正"四书大义"。因《四书》内有"夷狄之有君不如诸夏之王也"王询心想如今皇上是仁义之君，这'夷狄'二字应当避讳"，所以将"夷狄"改为"义帝"，借此表白自己并无"悖逆谤毁"之心。书成后，王询曾呈献名翰林原籍直隶献县的纪昀及本县知县陈洪书，俱未受。本年九月王询遣兄王琦至京在户部侍郎金简家投递字帖，其帖上有神书、神联字样。王琦随被访获，金简奏闻。乾隆帝命直隶总督周元理查办此案。为邀功请赏，周元理立即派员日夜兼程突击搜查玉询家，在他家中搜出许多"神书""神联"及王询自己写的书，并将王询押往保定进行审理。王询反复申辩自己没有反皇帝之意。周元理将有关情形上奏给皇帝。乾隆帝下旨提解王询至京严讯。十一月大学士于敏中等定拟具奏，以王询"读书不

就，遂捏造乩仙对联字幅，希图哄骗银钱甚至敢于编造悖逆字迹，妄肆论毁本朝，尤为丧心病狂，情实可恶，应照'造作妖书律'拟请旨即行正法"。乾隆下旨给直隶总督周元理等大臣，王询立即处斩；王琦发往乌鲁木齐给兵丁为奴；陈洪书以失察，照例革职；干总张成德，外委张仁德曾接书，应杖八十。狂悖书词四本烧毁。

1776年直隶张毅书词悖逆案。直隶乐亭县县民张毅，向来以算命卖卜糊口。曾经周鹏举荐在包衣拜唐阿庞保恩家教读，原因张毅疯癫之病被辞去。本年九月张毅身带自编"狂悖"书词被拿获。乾隆帝下旨仍由直隶总督周元理办理此案。周元理一看直隶又出了文字狱的案子，且仍是疯痴所为，深怕皇帝怪罪。他马上派人搜查张毅家中，果然查出许多自编的对皇帝不满的言辞。并把张毅的儿子押往保定进行审问，以获取更多的罪证。在审问中发现张毅之子也有"狂悖"之语。周元理将所得情况上奏给朝廷。此案由三法司审拟速奏，经乾隆帝批准由直隶总督周元理照大逆律将张毅凌迟处死，其子张智明原拟斩立决，奉旨改斩监候，后减发黑龙江给索伦、达呼尔为奴，其余缘坐。

乾隆时期直隶的文字狱只是全国文字狱的一部分，但从中仍可分析出文字狱的主要特征。清朝最高统治者根据统治需要，在不同时期发动文字狱，其目的是想通过文字狱钳制部分汉族士大夫的反满思想和民族气节，打击对皇权构成威胁的朋党集团，以便强化文化思想领域的专制统治，提高皇权，稳固大清的江山社稷。

乾隆初期，伪造孙嘉淦奏稿案是乾隆帝登基后直隶首例文字狱大案。该案范围广，涉及各阶层人士，对清王朝统治基础冲击较大。所以查办此案颇为严厉。乾隆帝对于尹嘉铨著书狂悖案的态度表现出清统治阶级对于知识阶层又打又拉，既利用又排斥的手段。刘德照逆帖案、张毅书词悖逆案实际上是某些官员邀功请赏迫害下层民众的表现。乾隆朝立案追究这些人物，并非他们真的有什么反清思想，而往往是捕风捉影，吹毛求疵。王询进献书帖案，安能静试卷诗案表明清朝最高统治者对于中下层知识分子的迫害，尽管他们对清统治已经认可。

乾隆时期文字狱与直隶有很大关系。直隶为京畿重地，有环卫京师之责，而且经济、文化相对比较发达。当时省府保定号称都南屏翰、冀北干城，地理位置、军事位置相当重要。直隶总督一级非皇帝重臣、权臣莫属。乾隆发动文字狱时，许多直隶总督出于对皇帝的忠诚或邀功请赏或公报私仇等不同目的，禀承皇帝意旨，上下呼应。从某种意义来讲，乾隆时期的直隶总督也是文字狱的制造者，执行者，直接参与这些文字狱案件。

乾隆以后，由于内忧外患，清统治者力不从心，文字狱基本销声匿迹，但它给中国社会投下浓重的阴影。文字狱的对象是读书人，以文字之故，竟至杀身灭族，这个教训太惨痛了。许多当事人临祸之际，发誓与文字绝缘。有心治史者慑于文字狱的淫威，纷纷把精力转向古代的历史，以考证史事、订讹正谬为职志。与史学相仿，学术界的其他领域如经学、地理等，学者们也潜心古籍的考订和辨正，都向避免接触实际的路子走下去。就是到了清末，许多知识分子对文字狱仍心存余悸。

直隶总督方观承断案逸事

方观承一言救村民

清乾隆朝，方观承从十四年七月至三十三年八月（1749 年 8 月—1768 年 9 月），除有半年时间赴陕甘军营，察阅哈密和巴里坤两地战备外，任直隶总督长达十八年多。他致力于水利建设，延聘著名学者赵一清、戴震等编纂《直隶河渠水利书》，精心研究海河各大水渠，兴利除弊，勤加治理，在此期间，全省基本上没有发生大的水患。他重视兴农，扩大棉花种植，编绘《棉花图》16 幅，系统地总结了棉花种植、管理、收获乃至纺织、染色等一整套生产加工经验，有力地促进了农村经济的发展。他以丰补欠，兴办义仓，在全省建起 1005 处，贮备各地捐谷 28.5 万多石，遗惠于后世，嘉庆、道光时赈济灾荒仍受其利。有人评论他"为上为德，为下为民"，看来并非完全是溢美之词。《清稗类钞》中，有一则《方观承谏止诛犯跸者》的逸闻，由小见大，可见他心底无私，是装着老百姓的。

这件事发生在乾隆三十年（1765）后的某个春天，在皇宫里待腻了的皇帝，照例要到京城附近地区巡视。看过《宰相刘罗锅》电视剧的朋友，都会记得皇帝出巡那套豪奢的排场和森严的律条。凡是他所经的道路，官、民等都须回避，谁侵犯了就叫"犯跸"，在当时算是"大不敬"的罪名。碰巧有个村民，手拿兵器，走在路上，便被扈从的侍卫捉住了，一问，是直隶人。乾隆不禁勃然大怒："朕历年春秋两巡，累及近畿百姓，固应怨我。然朕两次所免钱粮，累计也达数十年，难道还不足使百姓感激朕吗？这后面一定有人主使！"看来，这位无辜的村民，经过严刑逼供之后，轻者杀头，重者凌迟，算是死定了。

这时，身为直隶总督的方观承正赶到险隘处所设防卫兼收税的卡伦门外，等待接驾，听说此事，飞身上马，追了上去。乾隆乘舆已经前行，他不惜冒犯龙颜，连忙跪伏路旁，大声喊道："臣方观承奏明，此人是保定附近村中一疯子也！"乾隆听到这话，回头一看，然此间他的乘舆已进了行宫宫门。皇帝进宫后，立即传军机大臣入对，说："刚才犯跸之人，据直隶总督方观承奏为'疯子'，不知究竟如何？"军机大臣们悄悄碰了一下头，齐声回奏："方观承久在直隶，据所奏之疯子，自必不假。"

乾隆也就消了气，说："既然如此，就交给你们会同刑部，严加审问，作疯子处理吧！"军机大臣们叩头谢出，当日就在行帐中定案了。就这样，由于方观承的一句话，从九死中救下了无辜村民的一条命。

方观承胆识不及张巡检

直督方观承虽以兴农治水、政绩斐然而跻身名臣之列，但他同时也是一名熟谙官场、老于世故、历练圆滑的封建官吏。在近二十年直隶总督任内，他因缺乏胆识魄力而周旋规避、曲意逢迎的事，史籍也有记闻，不但为世人谈论，且曾受到皇帝的责备。

乾隆年间，一次皇帝出巡驾幸滦阳（今河北唐山）。天子为万乘之尊，一路前呼后拥，场面铺排，自不待言。包括总督方观承在内的直隶通省大小官员随驾护卫，战战兢兢，不敢有半点疏漏。就是这样，仍有一名随侍

太监借故滋事，斥骂地方准备不周。当时有一位名叫张若瀛的巡检负责维持沿途治安。他见太监大呼小叫，吵骂不休，走上前去好言劝其息怒。不料那太监自恃是宫中近侍，有皇帝做后台，什么人都不放在眼里。不但丝毫没有收敛，反而越发暴跳如雷。众人深恐把事情闹大，惊了圣驾，吃罪不起，一时慌恐万状，不知如何是好。但张若瀛却异常镇定自若。他见劝说不能奏效，果断地吩咐手下差役，将太监用绳索捆绑起来，按倒在地，用大杖狠狠地教训了他一顿。那太监本是骄横惯了的，被打得连声讨饶。众人虽然拍手称快，心里却为张巡检捏了一把汗。

直督方观承听闻此事，大惊失色，连呼："张某疯矣！"认为这下闯下了塌天大祸。皇帝一旦动怒怪罪下来，不但张巡检凶多吉少，更重要的是会殃及自己的仕宦前程。于是他急忙上了一道奏折：指斥张若瀛胆大妄为，责备自己对属下疏于管教，表示对张一定从严惩处，决不宽贷。不料乾隆皇帝见到奏折后，对方观承所言却大不以为然，认为"想必是太监恣行不法，否则张若瀛断不敢杖之"。特别是当他了解到张若瀛原籍安徽桐城，是雍正朝做过大学士的张廷玉家族子弟时，更加称赞他"其人殊有家风，朕甚嘉之"。不但没有怪罪张若瀛，反而降下特旨，将张越七级擢为同知，并把那名恣事太监遣戍畿辅。

据《清史稿·职官志三·外官》记载："巡检司巡检，从九品，掌捕盗贼，诘奸宄。凡州县关、津、险要则置。"可知巡检一职属最微末的下级官弁。维持治安虽是张若瀛职分以内之事，但他在执行公务中铁面无私：敢于在帝辇之下，天威咫尺之间对皇帝身边的太监"动真格的"，应属难能。乾隆皇帝对此事的处置也赢得了人们的赞誉。据有关史籍记载，当时"畿辅民庶，欢声如雷"可能有些夸张，但顺乎民意当是无疑的。

相比之下，方观承不免黯然失色。他身为一品大员，肩负"厘治军民，综制文武，察举官吏，修饬封疆"（《清史稿》卷一百一十六〇职官志，第3336页）之重任，理应出于公心，高瞻远瞩，结果却惮于个人前程，畏葸规避。难怪时人评论说，此事中"张巡检胆识远出制军恪敏公之上矣"。

乾隆二十八年四月，皇帝曾在御史吉梦熊、朱续经参奏方观承的奏折上批示"方观承在直日久，每存息事宁人之见"，警告他不得"因循玩愒"。这段话对方观承可谓知之颇深，一语中的。不过话说回来，方观承这种一事当前、患得患失，回避矛盾，多一事不如少一事的毛病并非他一人专有，乃是绝大多数封建社会官吏的通病。说到底还是由于皇权至上的封建专制制度所造成的。皇帝一言九鼎而又喜怒无常。大小臣工生死荣辱、身家性命只有"恭凭圣裁"的份儿。谁能保证当时乾隆皇帝不会龙颜大怒，而使张巡检身首异处、方观承断送前程，沦为阶下之囚呢？从这个意义上说，张若瀛是百不一遇的幸运者。对于直隶总督方观承，我们也就不必以过高的标准去苛求了。

方观承与幕府师爷的故事

　　幕府是封建社会各级官吏聘请来帮助处理文案和日常事务的私人顾问和智囊，老百姓称之为师爷。清代幕府盛行。直隶总督署作为一省最高行政机关，不但拥有规模可观的幕府班子，而且有的总督本人就是幕府出身。做了二十年直隶总督，因治水、兴农而著称的方观承早年即在平郡王福彭藩邸做幕，因其才干受到雍正帝赏识才崭露头角。由于方观承特殊的个人经历，他在直督任内对幕府要求较严格，审案清明，衙署幕风也较端正，至今流传着一些他与幕府师爷间的有趣故事。

许师爷"成官之美"

　　乾隆二十四年，方观承任直隶总督兼管漕运，奉旨到陕西督运军粮，聘请钱塘人许乐亭入幕佐助。许乐亭长年做幕，颇负盛名。方观承让他专掌起草奏折。

　　当时平凉一带发生严重饥荒，百姓流离失所，苦不堪言。为缓解灾情，许乐亭自行起草了一个奏折，奏请乾隆皇帝批准将购买、输送军粮的帑银用作赈济饥民。方观承见许师爷自说自话地起草奏折，既不经过自己同意，也不同自己商量，心里很不高兴。他更担心的是这个奏折上去，会使乾隆皇帝"龙心不悦"，给自己带来麻烦。权衡再三方观承决定将奏折压下，不做任何表示。

两天之后，许师爷见自己起草的奏折没有被采用的意思，就直接去见方观承，请他即刻签发，否则就要辞馆。清代官员的"官戒"之中有"善待幕友"的内容。方观承一则不愿承担"慢待幕友"的名声，再则也确实舍不得失去这位得力助手，只得亲笔修改后将奏折发出。心里却十五只吊桶打水——七上八下，不得安宁。不料乾隆皇帝却对奏折大加赞赏，朱批拨库银四十万两赈济饥民，并以方观承体恤民间疾苦，特予嘉奖。方观承喜出望外，连连称道和感谢许师爷。

方观承在清代历任直隶总督中可以说政绩卓著。公平地说，许师爷见识未必尽在其上，但是因为清代官员办事多谨慎因循，遇大事常犹豫不决，有时甚至当局者迷，看不清长远的利害关系。许师爷却旁观者清，且能论理不论势，最终"成官之美"，起到良幕佐治的作用。

师爷马虎偷懒，知县一场虚惊

清代衙门中书启师爷的职责之一是起草各类禀帖。虽其位居刑名、钱谷师爷之后，但因要和各级上司打文字交道，所以必须格外谨慎，稍不注意就会惹出乱子。

乾隆年间，有位直隶巨鹿知县嘱咐书启师爷为他起草一个答复总督方观承的禀帖。这类禀帖有固定的格式，开头一般是"奉宪谕"三个字，接下来应照录总督宪谕原文。但是这位师爷起草时为图省事，在"奉宪谕"之下并未照录总督指示，而只写了"云云"两个字，打算在誊抄时再把相关内容添加进去。谁知草稿正式誊抄时，书吏却忘了旧例，只将草稿照抄不误。而巨鹿知县也未再过目检查，就将禀帖封好发出去了。直隶总督方

观承本是幕府出身，对于这一套老本行文字业务是再熟悉不过了。见到这件禀帖，他又好气又好笑，即兴提笔批示：

"吏云云，幕云云，官亦云云，速将承办书吏提解来辕，仰候本部堂当堂云云。"

巨鹿知县见了总督大人这个批文，吓得屁滚尿流，埋怨师爷偷懒，书吏粗心；后悔自己当时疏于检查，全衙上下闹了个鸡犬不宁。好在方观承只将缮写书吏训诫惩治了一番，并未过分难为那位县官。至于惹乱子的师爷，虽说因为是"编外人员"而不受上司追究，但也只能解除聘约，卷起铺盖"另谋高就"了。

这类事情若发生在直隶总督署内，那结局绝不会如此轻松。总督署内负责起草奏折的师爷称作"折奏"，因为常与皇帝打文字交道，一旦文辞、格式出现毛病或犯了忌讳，轻则会影响总督仕宦前程，重则累及身家性命，所以谁也不敢有丝毫马虎。正因为如此，折奏师爷在总督幕府中坐"头把交椅"，位居刑名、钱谷之上也就不足为怪了。

刘墉智破"双钉"案

（民间传说）

乾隆年间，直隶保定府东郊有个张家庄，张家庄有个张老汉，老两口子生了两个儿子，大儿子叫张仁，从小脑瓜快转轴多，二小子叫张义，为人憨厚老实。老俩从小就待见老大，后来，又省吃俭用，攒下钱来供他念书。老二呢，整天跟爹在地里鼓捣农活儿，养活着一大家子。

过了几年，赶上大比之年，家里东挪西借，给张仁备足了盘缠，让他到京城赶考。谁知张仁这一去，就像泥牛入海，一连三年没个音信。张老汉想儿想的一病不起，离开了人世。留下张义母子，每天吃糠咽菜，累死累活，欠了一屁股饥荒。

一天，张义赶集卖柴，碰上个远房亲戚，说他哥哥早就当上县太爷了。张义问明了详情，挑起柴火担子就往家跑，回到家中，他把这事儿向老娘一说，也不知老娘是惊是喜，一屁股蹲在地上。张义把她搀起来，气嚷嚷地说："听说我哥三年前就考中了进士，分到河间县当了县官儿，可到现在也不给个信儿，真没良心。"老娘说："老二，你先别埋怨他了，为娘给你借点盘缠，明天你就去河间找他。""哼，我要是见了也非得数落他一顿不行，娘在家里苦扒苦拽容易吗？他可倒好，当上官儿连个照面也不打，我看他是猴儿拉稀——坏了肠子了！"

"唉，你少说几句吧，见了你哥，摸个准信儿，再来接娘。"张义"嗯"了一声，第二天就辞别了老娘，直奔河间而去。

老婆儿今天盼，明天盼，整天扳着指头过日子。眼看一个来月过去了，可俩儿子谁也没个信儿，到底是怎么回事呢？她再也待不下去了，就变卖了那几间破房，雇了一辆独轮小车，顺着大道来到了河间。

张仁夫妇听说老娘来到了县衙，赶忙迎了出来。老娘问："一个月前，你兄弟来找你，见到了没有？"张仁说："见到了。""那他如今在哪儿啦？""唉，别提了，他在这儿住了几天，突然得了重病，紧瞧慢瞧没瞧好，几天前已经死了。"老婆儿一听，都不相信自己的耳朵啦："你说什么？他真的死啦？老婆儿像疯了一样，号啕大哭起来。"好哇，你兄弟出来时，活蹦乱跳的一条大汉子，没一个月的光景就死在你这里了，你要赔我的张义呀！"老婆儿哭着哭着，非要扒开坟再看一看张义的尸首。张仁说："娘，我兄弟已经死了，你见了他会更难过的，还是不要看了吧。""不行，活着我没见着人，死了还不让我见他一面，你们安的什么心呐？"可不管怎么着，张仁就是不让老娘到坟上去。

老婆儿想：他为什么不让我见张义的面呢，莫非真是他们害死的？哼，孩子大了，也难说呀。

第二天，她正要到河间府告状，恰在这时，大街正锣声响亮，走过来一顶八抬大轿。一打听，原来是直隶总督刘墉打此路过。老婆儿大喊一声，向轿子扑了过去。

刘墉见了，立即吩咐停轿，当场就带着老婆儿进了县衙，当着张仁的面问开了原因。刘墉听了张仁母子各自的诉说之后，再一看张仁脸上那奇异的变化，心里就有了个小九九儿。刘墉办案向来是干巴利落脆，他不显山不露水，派手下随从带上河间县的仵作（法医）到坟上开棺验尸。棺材打开后，那仵作顺着尸体上上下下验了个遍儿，却没发现一点儿可疑之处，只好禀报了刘墉。刘墉说："你身为仵作，在死者身上验不出伤来，这不是失职吗？限你两天之内，无论如何也要验出个结果来。"

仵作回到家里，妻子见他直劲唉声叹气，就问开了原因。当她听丈夫说在死者身上验不出伤来时，问道："你浑身上下都验到了吗？""验到了。""你验没验他的头发呢？"仵作听了一愣："难道头发里还会有伤吗？"妻子说："嘿，你可别这么说，万一要有呢？"

第二天，仵作在死者头发里一检查，嗬，真让她猜着了，在死者的头发里果然搜着颗大钉子。仵作如获至宝，赶忙告诉了刘墉。刘墉问："你昨天干什么去了？为什么今天才检查出来？"仵作说："昨天晚上回家之后，我把这事告诉了妻子，是她提醒了我，才在死者的头发里发现了暗器。"

刘墉听了，暗想：看这仵作岁数也不算小了，验尸为什么还要他老婆提醒呢？她一个妇道人家怎么会想到头发里有暗器呢？心里这么想着，嘴上却对那仵作说："哎呀，感谢你妻子帮了我们的大忙，明天你把她带到大堂上来，我要重重奖赏她哩！"仵作一听，眉开眼笑，乐得屁颠儿屁颠儿的。第二天早早地就把他老婆带到了大堂上，单等着升完了堂好领赏。

这工夫，刘墉对仵作的老婆说："你帮助我们破了案，我非常感谢你呀，可你身为一个妇道人家，怎么会想到头发里有暗器呢？"仵作的老婆光想着领赏了，做梦也想不到刘墉会提出这样的问题呀，这一问就像一闷棍，打了她个措手不及。只见她的脸上青一块、紫一块，工夫不大，满脸涨得像个紫茄包子。

"快说吧，说清了给你赏，如果说不清嘛，嘿嘿，你就甭想再回去啦！"刘墉这些不凉不热、不荤不素的话，使这个女人摸不着一点底码儿，还以为已经抓住了她的把柄呢，只好乖乖地交代了自己的罪行。原来，这女人在和仵作结婚前，已是有夫之妇，为了和仵作做长久夫妻，便瞒着仵作偷偷地害死了自己的丈夫。当时，她用酒把丈夫灌醉后，就用这种头顶搜钉子的方法，把自己的丈夫害死了。

再说张仁夫妇，他们为什么要害死张义呢？那天，张义到河间找到张仁后，见他已经结婚生子，兄嫂每天过着花天酒地的日子，早把他们母子忘到脖子后头去了，张义年轻气盛，怒气不打一处来，他连吵带闹，折腾了个满城风雨，把他们的穷家底儿和张仁的不仁一下子全兜了出去。那时候，当官的最忌讳别人说出自己的贫贱出身和短处，张义却不管三七二十一，哪壶不开提哪壶。你想，这两口子能不生气吗？后来，张仁媳妇就想出一条毒计，和张仁一商量，夫妇二人就用酒将张义灌醉，然后，使用钉子把他钉死了。

案情大白了，刘墉立刻命手下随从将张仁夫妇和仵作的妻子一起绑了起来，单等奏明圣上，再开刀问斩。

此为民间传说，并非史实。

旋风告状
（民间传说）

　　乾隆年间，刘墉在保定府当直隶总督的时候，有一次，他外出视察来到直隶高阳县地界。突然轿前卷起一阵儿旋风，遮天蔽日，尘土飞扬，把轿顶子都掀开了，那旋风刮来刮去，忽然把路旁一个上坟小妇女的衣服掀起个角，露出里面的鲜艳的大红棉袄。刘墉顿起疑心，便叫家人去看。张成、刘安一看，坟头是座新的，坟旁坐着个年轻妇女正在啼哭，哼哼唧唧的，跟唱小曲儿似的。张成、刘安觉得奇怪，便把她带到刘墉轿前。

　　刘墉问："你叫什么名字？哪里人氏？坟里埋的是你什么人？""回大老爷，小女子名叫黄爱玉，本地王家庄人氏，坟中所埋是奴家的丈夫。"刘墉一看，这妇女虽说死了丈夫，但哪有丝毫的悲伤之情？再一看，嗯，虽说有几分姿色，但眉宇间却暗藏着一股淫荡之气。刘墉问："你丈夫因何而死？"黄爱玉一听，脸色突变，吞吞吐吐地说："半……半个月前，奴家的丈夫偶得伤寒，因久治不愈而死。"刘墉听了，更觉得漏洞百出，伤寒病怎能一时致人死命？总共才半个月，就叫"久治不愈"吗？于是，就要命手下人开棺验尸。

　　黄爱玉见自己说走了嘴，又不好当面改正，便撒起泼来。"死者是我

丈夫，你凭什么随便开棺？""不管死人活人，只要有冤屈来报，老夫就要为他鸣冤昭雪。""谁人所告？""刚才那遮天蔽日的大旋风所告。"黄爱玉一听，嘴里没词了。刘墉不管她同意不同意，就让手下人挖开坟头，打开棺木，仵作把死者的里里外外、浑身上下查了个遍，竟没有发现丝毫的破绽。这下罗锅子可傻眼了，只好又把死尸装入棺木，重新埋葬了，黄爱玉可来了精神，抓住了理儿："怎么样啊，我的大老爷，没有达到目的吧！"刘墉狠狠瞪了她一眼，没有答言，心里可挺不是滋味儿。

刘墉回到住所，怎么想怎么憋气，明明有这么多疑点，怎么会验不出来呢？第二天，他扮作一个老道，来到案件所在的王家庄私访。刚要进村，就下起雨来，刘墉见村边儿有几间草房，便紧走几步，上前敲响了柴门，开门的是个老太太，她见是个老道，便说："道长是来化缘的吧？""不，贫道想借个光儿，在这儿避避雨。""那就请进来吧。"老太太是个热心肠的人，见刘墉浑身淋了个精湿，就说："天道怪冷的，你把衣裳脱下来，我给你烤烤吧。"

老太太正烤着衣裳，她儿子刘青回来了，见他妈正给老道烤衣裳，当下就问："哪里来的道士，敢到我家来找便宜。"老太太连忙劝道："孩儿不许无礼，这位道长是来咱家避雨的，我见他的衣裳全淋湿了，才让他脱下来烤烤。"

"他哪儿烤不了，干吗非到咱家来烤？"刘青说罢，就要拉着刘墉去见官，刘墉怕把事情闹大，耽误他的正事，就从兜里掏出五两银子，顺手塞给了刘青。这刘青外号"半膘子"，是村里有名的赌徒，一见那白花花的银子，能不高兴？他见刘墉有银子，眼珠儿一转，来了个主意："你光着个身子，让我妈给你烤衣裳，这要传扬出去，有多么难听？我看咱们俩干脆拜盟兄把弟吧，我妈就是你妈，你妈也是我妈，妈妈给儿子烤衣裳，说到哪儿去也不算况外，你说呢，老道？"说实话，刘墉哪愿意和他拜什么盟兄把弟呀，可如果不拜，又怕他缠住不放，咳，认门亲戚，访查起来不就更方便了吗？于是，二人摆好香案，燃香焚烛，结为金兰之好。按照年龄，刘墉为大哥，刘青为小弟。刘墉说："既然咱们成了兄弟，从今往后，有什么秘密事儿可不能随便往外说呀。"

"那当然啦。""你知道我是谁吗？""你不是来避雨的老道吗？"

"不是，我是直隶总督刘墉。"刘青一听，吓了一跳，"哎呀，闹了半天，你是总督刘大人哪！"老太太也吃了一惊："有你这么个干儿子，俺可是烧了八辈子高香啦，那你到底来俺村干什么来啦？"刘墉说："实不相瞒，是为访查你们村黄爱玉之事，你们知道她丈夫是怎么死的吗？"刘青一拍大腿："咳，这事你算问着了，她家之事我是再清楚不过。"于是，刘青便把黄爱玉如何伙同李武举谋害她丈夫的经过讲了一遍。

原来，黄爱玉的丈夫叫朴贤，别看他长得没有三块豆腐高，不像个人样，却偏偏摊上个风流妖艳的漂亮媳妇，天下事就是这么怪。从黄爱玉过门那天起，就一直和临村的李武举私通着，两个人明铺暗盖，只是瞒着朴贤一人。

这天，朴贤和刘青耍钱，刚刚耍了一会儿，朴贤就输急了眼，他一溜小跑逃回家门，妄想赖账。那刘青也不是省油灯啊，他追到朴贤家门，见大门紧闭，便翻身跳进院里，心里话：哼，你想占便宜？没门儿，等你睡着了非偷你个精光不可。刘青躲在窗外，却听到黄爱玉说："这是我的表兄，来咱家串门，你也陪着喝几盅吧。"朴贤气喘吁吁地说："好！好！"刘青用手指沾上唾沫，往窗纸上按了个窟窿，他顺着窟窿往里一瞧，哎哟，那不是李武举吗？他怎么敢公开露面了呢？时辰不大，李武举和黄爱玉就用甜言蜜语把朴贤灌了个烂醉，像头死猪似的，歪到一边去了。黄爱玉说："哎，你把那玩意儿拿出来吧，到时候了。"只见李武举从腰里抽出一个小竹筒，对准朴贤的大嘴往里便倒，可倒了半天，好像没有倒进去。黄爱玉说："怎么那毒蛇不往里钻呢？"李武举说："可能他嘴里有酒味儿，你划根取灯儿（旧时引火物，类似火柴），用火燎它。"果然这办法很灵，

黄爱玉用火一烤竹筒子，可能是蛇尾巴挨了烫，便很快钻进朴贤的嘴里。顿时，疼得朴贤左右翻滚，嗷嗷直叫。他们俩又用被子把朴贤蒙上，死死地按着不放，不到片刻，被子里就没有什么响动了。

刘青看到这里，一切全明白了，不由得出了一身冷汗，啊，原来这对狗男女这样可恶！后来，他有心想去官府告发，一来怕李武举有权有势，二来怕他的武功，弄不好，套不住狐狸，反倒惹一身臊。于是，就不声不响地把这事压下了。刘青讲完了经过，又对刘墉说："官老爷，这回你要再开棺验尸，我跟你去做证。"刘墉点了点头，便回到了住所。

第二天，刘墉又乘轿来到王家庄，工夫不大，张成、刘安就把黄爱玉带到轿前，她假装镇静地说："大老爷传来小女子不知为了何事？"刘墉说："还是为你丈夫之事，老夫今日要二次开棺验尸。"黄爱玉听了，心里"咯噔"一下，把脸一拉，立刻大哭大闹起来："你这大老爷，我与你往日无仇，近日无冤，你为何再二再三地折腾我一个民女呢？"刘墉听了她的质问，心里话：好你个泼妇，事到如今，还敢嘴硬，便说："只因你丈夫死因不明，老夫必须二次验尸。""如果再验不出来呢？"刘墉这下可火了："我宁愿弃官不做，回家为民。"说罢，就让手下人掘开坟头，打开棺木。这工夫，只见刘青上前解开朴贤的衣服，从腰里抽出一把尖刀，对着朴贤的尸首，磕了三个头，然后说："朴贤大哥，小弟刘青与你生前本来不错，今天为你开膛破肚，只是为了给你申冤雪恨，想你在天之灵能够谅解。"说罢，一刀下去，就见朴贤的肚子里果然有一条毒蛇，已经闷死了。

刘墉一见毒蛇，立时火起："大胆泼妇，事到如今，你还有什么说的？"黄爱玉狡辩说："我们这里是蛇圈地，人一入土必被蛇钻。"刘青说："不要狡辩，你们那天的举动我从头至尾看了个清楚，如果是蛇钻了尸首，为什么蛇的尾巴会被烧呢？那不是你点的火吗？"

黄爱玉见人证物证俱在，实在赖不过去了，就像一个泄了气的皮球，一下子瘫倒在地上。这时，刘墉见张成、刘安已把李武举押到轿前，便当场宣判了他们的死刑，奸夫、淫妇终于得到了应有的下场。

　　这个传说并非史实，流传非常广泛，如今已经被郭德纲先生整理改编成了单口相声。

直隶总督周元理袒护属员被罢官

在封建官场中，官官相护，上下其手，阳奉阴违，狐假虎威，腐败成风，可以说是百丑殄集。地方官吏为了盘剥百姓，自肥腰包，好事做尽，坏事做绝，连直隶总督这样的封疆大吏也往往是睁一只眼闭一只眼，只要皇帝不追究便任凭下属胡作非为。雍正朝署理直隶总督宜兆熊与协办直督刘师恕就因在办案中存心袒护属官，处理吴桥县生员窦相可被杖毙一案不当而受到纠查。在乾隆朝则有一位因袒护属员而被罢官的直隶总督，他的名字叫周元理。

周元理在当知县时曾受到总督方观承的赏识与提拔。他待下级宽容，所以当时直隶官员都把他当成长者一样地尊重。周元理出任独当一面的封疆大吏，尽管在"修水利，饬农功"诸方面取得一定政绩，但因疏于吏治，以致因袒护下属的贪官，七年内连遭挫折，这是他为政不如方观承之处。

直隶总督周元理一生两次被罢官，都是因为袒护下级所致。一次是乾隆三十七年（1772）五月，即他刚当直隶总督的第二年，在以工代赈中，直隶总督周元理给皇帝上奏说直隶有关地方官的赈灾事宜都已安排妥当，没有差错。不料保定府雄县老百姓刘书忠控告该县知县胡锡瑛私卖仓谷及因公科敛，乾隆帝派裴曰修、户部左侍郎英廉调查。查实直督周元理、布政使杨景素不是失察而是袒护，"按治得实论罪"。乾隆在谕旨中责问："直隶治赈，直隶总督周元理奏言，有司料理妥实，今有雄县事，所称妥实者，实在……下吏！"下吏部议，给直隶总督周元理革职留任处分。这事固然在于他盲目听信下属所致。

另一次是乾隆四十四年（l779）直隶总督周元理因井陉知县周尚亲一案而被罢官。井陉知县周尚亲于上一年八月采买仓谷三千石，官价每石白银九钱三分，而周尚亲却只按六钱发给百姓，余下之款即准备饱其私囊。后闻知有人要告发，周尚亲才被迫将短少的钱数退给百姓，但金柱等四庄不肯补领，且赴府呈控。同时，周尚亲以修桥修庙为由"派钱累民"，勒索百姓，终于激成民变，众百姓在秀才梁进文等纠集下将差役殴伤。事发之后，直隶总督周元理既不对"先侵后吐，已属显然"，"派累激变"的贪官周尚亲给以查办惩处，也未将其因苛派而激起民变之事据实具奏，却反诬百姓"刁恶"，"挟嫌肇衅"，只讲民众殴官，"情节甚为可恶"，要求对民众严加惩处。

乾隆帝在供词中查出破绽后，先派刑部侍郎喀宁阿、钱汝诚前往查讯，后遣兵部尚书福隆安讯明核实具奏。乾隆帝在谕旨中首先指出，直隶总督周元理"所办殊出情理之外，非寻常徇庇因公者可比"，"百姓聚众抗官，因宜亟行惩治，而该县派累激变，岂宜置之不问？周元理久任封疆，岂得诿为不知！实属糊涂错谬，不便复居总督之任，着即解任听候查办"。稍后又指出：周元理在直隶任职多年，由县令擢总督。任总督以来，办理诸事颇为尽心，但此事他袒护属员，"其平日偏徇属员诸事，弥缝之习，锢蔽已久……若周元理于科派激变之劣员置之不问，且称其并无不合，显为开脱，其于政体官方所系甚大，非寻常徇庇可比。此而不加整饬，何以服民心而肃法纪？"不能姑息纵容，以免各省官员效尤。"周元理本应革职，发往军台效力，姑念其年老，着革职，仍加恩赏给三品衔，在正定隆

兴寺同（因此案被革职的工部侍郎）刘浩管理庙工，效力赎罪"。《清史稿·列传一百十一·周元理》载："四十四年（1779），坐井陉知县周尚亲勒派累民，民上诉，元理请罪民。上命尚书福隆安按治，责元理徇护，夺官，予三品衔，令修正定隆兴寺自赎。"

不过没多久，乾隆四十四年十二月（1780年1月），周元理又被清廷重新起用，授左副都御史，仍暂署直隶总督，后调兵部左侍郎，升工部尚书。乾隆四十六年（1781）因病辞官回籍，次年病逝。《清史稿》说他"为治举大体，泛爱兼容，时以有长者行重之"，反观上述事件，真是莫大的讽刺。其实，若论周元理督直之失，问题就出在"泛爱兼容"上，周元理两次革职均为徇护属下赃官，其结局纯属咎由自取。

"捐班知县" 出身的直隶总督刘峨

　　在清代所有74任直隶总督中，由知县最终升任直隶总督者有雍正朝的李维钧、唐执玉，乾隆朝的周元理、杨景素、郑大进、刘峨、梁肯堂七人，此七人为官可谓"从基层干起"，一步一个台阶，而且他们均在雍正、乾隆二朝为官，从中可看出清前期用人制度的务实特点。在乾隆朝还出现了一位由捐纳知县最终升任直隶总督的直隶总督，在整个清王朝的督抚遴选中都是一个特例。

　　清代崇尚科举，官员经科举考试出身的谓之"科班"，是为正途；经财物捐纳的谓之"捐班"，则被看作"异途"和"偏途"，在官场中，前者较受人尊重，后者往往为人轻视，有些官还不能担当。在清代所有74任直隶总督中，多为以科举进身为主的文职"正途"官员，非正途出身官员中出身家资巨富的平民，靠捐纳进入仕途者有李卫、刘峨、长龄、袁世凯四人，其中李卫初捐纳为员外郎；刘峨初捐纳为知县；长龄初捐纳为笔帖式；袁世凯最初报捐中书科中书。另外还有一种特殊情况，即已取得监生、贡生资格，却又靠捐纳入仕的有嘉庆朝方受畴、咸丰朝桂良、光绪朝裕禄三人，其中方受畴初由监生报捐盐大使；桂良则最初由贡生捐纳为礼部主事，后又加捐升为员外郎；裕禄则初由监生报捐笔帖式。而唯一由捐

纳知县最终升任直隶总督者则是乾隆朝的刘峨。

刘峨（1723—1795）字先资，号宜轩，祖上系出山西洪洞，明中叶始徙山东单县（今山东济宁市地）人，生于豪富之家。乾隆二十三年（1758）刘峨通过"捐纳"入资当上直隶保定曲阳知县，《曲阳县志·职官》中亦有刘峨任知县的记载。

捐班知县出身的刘峨于乾隆二十八年（1763）调"天子脚下"的宛平知县，"莅任绝请托，遇事必按律惩治，豪猾敛迹"，在当时身为"京县"的特殊环境中，敢于这样做，说明他很有胆略和骨气。他以"善捕'盗'治狱"而闻名，对整饬社会治安颇有办法。作为南北交通枢纽的芦沟桥，便有"盗"匪所开名曰"尚氏旅店"的黑店，客房中设有暗道，夜静更深杀害过往行旅，劫夺钱财。刘峨了解情况后，很快将这些图财害命的匪类查获铲平，保障了过客安全。他还发现西山煤矿多藏匿作奸犯科的亡命之徒，便设法散其党羽，再一个个依法逮治，清除了京师的治安隐患，于是声名大振。

乾隆四十八年（1783）五月，刚任广西巡抚两个月的刘峨就被升迁为直隶总督了。清代龚自珍曾说"凡满洲、汉人之仕宦者，大抵由其始宦之日，凡三十五年而至一品，极速亦三十年。贤智者终不得越，而愚不肖者亦得驯而至"（《明良论三》）。而刘峨作为一名"捐班"知县，在短短二十五年中官运亨通，一跃而为天下首省的封疆大吏，在75任直隶总督中可称绝无仅有，飞黄腾达之速，连"正途"出身的官吏里也是少见的。

捐班知县出身的直隶总督刘峨，敢于忤权贵，劾官吏。乾隆四十八年（1783）到任不久，近支皇室辅国公弘，派家奴到静海冒占官地，他上奏后，弘聂被革爵，乾隆下谕他"遇王公以下私遣人，干有司，无问是非曲直，即奏实闻"。同年，又对仓场监督赵元揑唆使人殴打百姓致死，三河知县王治歧挪用旗租等案上疏参劾，使违法官员受到应有制裁。

捐班知县出身的刘峨在直隶为官基本上还是"所重民意"的，但因生于豪富之家，又为迎合上意，在直隶南部各府连年受灾、民不聊生的情况下，乾隆五十一年（1786）二月，乾隆到易县西陵拜谒泰陵及泰东陵，然后巡幸五台山。随从人员有王公大臣，蒙古王公、额驸、公主以及总督、巡抚等官员，直隶总督刘峨一直随行。乾隆在巡幸途中，经过直隶保定满城、完县（今顺平县）一带地方时，发现凡路上低洼一些的地方，都搭建了无水桥座（"陆壑驾桥"），为此乾隆曾对刘峨进行了严厉的批评："朕此次恭谒西陵，巡幸五台，昨经过满城、完县一带，地方道路，凡遇低洼旧路，并无积水处所，概行建搭桥座，甚属无谓。桥梁原为行旅而设，其本非河渠水道，不过因地势洼下，即搭盖桥座，以为平坦饰观，则跸路所临，地形高下不一，予经行本属利便，又何必为此无益之费！况现在并无大雨时行之候，明系地方官借此为开销地步，殊属非是！着总理行营、响导处及行在工部，于所过地方将无水有桥处所，逐一查明登记，将来报部时，本应全不准销，姑念尚未明降谕旨，此次桥座俱已搭就，着将此无水桥座，只准其开销一半，嗣后倘仍妄行建搭桥座，即概不准销。"刘峨因搭建了无水桥座（"陆壑驾桥"），乱搞"形象工程"成为清代所有直督中最"别出心裁"的直隶总督。在直隶和山西分界处，巡幸途中的乾隆帝御制诗颁赐给他加以批评，全文是：

今日赵郊明晋省，分疆颁赐例惟循。

軿车步辇诚安逸，后扈前驱体苦辛。

陆壑驾桥训过费，春原积雪代清尘。

载咨推食分甘侣，南府应思有馁民。

到了晚年，以善捕"盗"治狱起家的刘峨，偏偏在捕"盗"治狱上连遭挫折。以反清为己任的秘密宗教组织在直、鲁、豫三省长期存在，刘峨当然主张坚决镇压。早在他任永平知府时，就镇压了滦州的白羊教。就任直隶总督当年，又碰上南宫人魏玉凯指控本县李存仁传习"邪教"的案件，清廷忙派刘峨同刑部侍郎姜晟前往督查审讯，此案讯明后李存仁等被

屠杀。乾隆五十一年（1786）七月，八卦教首领广平（今河北省永年东南）段文经、元城（今河北省大名）徐克展暴动，率五十余名教徒夜入大名城，闯进道、县衙署，杀死到任不久的大顺广道熊恩绂及家丁、兵役，逸出城门。刘峨闻报，即同直隶按察使孙孝愉昼夜兼程赶往大名查办，率兵镇压，大名协副将舒通额以"畏葸不前"被革职拿问，捕获许三、王国柱等七人，虽然杀了一批参加暴动的老百姓，但找不到暴动领导人段文经和徐克展的下落，徐克展于同年十月被河南巡抚毕沅在亳州捕获，槛送北京，但暴动领袖段文经却最终未能找到。乾隆对此事极度重视，亲自督办指挥，仅对刘峨的具体指示部署就不下数十次，并多次对刘峨进行了极其严厉的降旨诘责，次年，还下旨罚刘峨乾隆五十二年（1787）全年廉俸。

接着山东学政刘权之迎眷属赴任途中，在直隶境内遇"盗"，追究其责，刘峨被革职留任。乾隆五十五年（1790）二月，巡城御史穆克登额等在北京捕获一名建昌籍的"盗匪"，经审讯，供认前些年曾抢劫建昌钱铺，一名同伙被捕，关押清苑狱中，竟有二年未决，乾隆闻奏大怒，下旨指责刘峨："该督近在省城，于此等要案置若罔闻，任听属员欺蔽，辗转玩延。如此无能，岂可复胜畿辅封圻之任，本应立予革职，发往新疆效力赎罪，姑念其年已衰迈，限于才识，尚非有心玩误，着加恩以侍郎用。"并派侍卫庆成将清苑知县米复松逮到北京，下刑部论罪。刘峨就这样被拔去孔雀翎，扒掉黄马褂，丢掉直隶总督之职，降调为兵部侍郎。

乾隆中叶以后，官吏腐败，横征暴敛，百姓不堪重负。秘密宗教是用迷信手段将农民团结起来的武器，成为封建社会劳动人民进行斗争的工具。作为最高统治者的乾隆皇帝对此是早有察觉并十分担心的。早在乾隆四十四年十二月（1780 年 1 月）乾隆亲自书赐给直隶总督袁守侗的一首御制诗中便可以看出，全文是："督军兼理抚民事，责重器资特简诸。中外久经勤扬历，淀河并赖善防疏。葺修行馆犹余务，保障京畿慎匪纾。幕府一年凡两易，抢材宅牧益愁予。"为了"保障京畿""防疏淀河"，乾隆帝在直隶总督的遴选上可谓"抡材宅牧益愁予"，起用捐班知县出身的刘峨为直隶总督，其实就是看中了刘峨"善捕'盗'治狱"的特长，其用人可谓不拘一格。然而乾隆帝对捐班知县出身的刘峨任直隶总督其实是颇不放心的，在刘峨就任直督之初的乾隆四十八年（1783）便以"御制诗"相赐："畿辅居官为最久，托开棨戟俾仔肩。由来吏治谁能隐，所重民艰在汝宣。莫以已知自矜也，常如不足尚勤旃。三年方伯凡三易，摘句翻因意戚然"。"畿辅居官为最久，托开蓁棨戟俾仔肩""三年方伯凡三易，摘句翻因意戚然"便明显预示着最高统治者对起用捐班知县出身的刘峨为直隶总督的某种期许和顾虑。当时华北地区社会矛盾已相当激化，迫使各地人民即将由分散的、零星的抗争，发展为有组织的起义。而刘峨这样的"捕'盗'治狱专家"却"身处火山口而不觉"，只会为讨好多次出巡的乾隆帝而搭建无水桥座，乱搞"形象工程"，却偏偏在"捕'盗'治狱"上连连失误，使乾隆帝大为失望，最终落个丢官罢职的下场。

参倒贪官和珅的直隶总督胡季堂

　　大家都看过《宰相刘罗锅》《铁齿铜牙纪晓岚》等电视剧，剧中刘墉、纪晓岚等人智斗权奸和珅的场面另人难忘。然而历史上第一位参奏贪官和珅的官员并不是刘墉、纪晓岚，而是直隶总督胡季堂。原来在乾隆末年，朝廷重用奸臣，官吏贪赃枉法，政治极端腐败，全国各族人民起义不断发生，乾隆六十年（1795）年逾八旬的弘历自感年事已高，遂立第十五子颙琰为皇太子，定于次年即位，改元嘉庆，也就是清仁宗。嘉庆四年（1799）正月初三日，当了六十年皇帝、四年太上皇的弘历逝世，他的儿子颙琰——嘉庆帝亲政，做上了名副其实的皇帝。此时的嘉庆帝年已四十，且嗣位已有三载，嘉庆帝亲政后处理的第一件实政，就是开始秘密调查和搜集乾隆宠臣内阁大学士和珅的罪行，欲惩治和珅，在这场斗争中，直隶总督胡季堂起到了重要的作用。

　　胡季堂（1729—1800），字升夫，号云坡，河南光山人，侍郎胡煦之子。初以荫生授顺天府通判，改刑部员外郎，迁郎中。后为甘肃庆阳知府，再迁甘肃按察使，后任江苏按察使，乾隆三十九年（1774）擢升刑部侍郎，四十四年（1779），迁为刑部尚书。其间曾亲自到直隶、吉林、江苏、山东、河南等地检查各监狱的狱情。查出有冤枉、诬告之案件，必严肃处理。仁宗登基时，直督仍由乾隆朝八十高龄的梁肯堂担任，嘉庆三年正月初五日（1798年2月22日）清廷诏谕梁肯堂与刑部尚书胡季堂互换官位，并赐孔雀翎。自此，开始了胡季堂两年多的直督生涯。

嘉庆四年（1799）正月初三日，即乾隆帝崩逝的当日，嘉庆帝命和珅参与总理乾隆帝葬仪，先稳住和珅，然后不露声色地加强自己的阵容。加封自己的兄弟子侄；诏朱珪火速赴京；授意给事中广兴弹劾和珅。直隶总督胡季堂听到这个消息后，心中大喜，忙将几位心腹幕僚召来，商议如何把和珅在直隶犯下的罪行了解清楚，呈奏给嘉庆皇帝。幕僚们认为这是件大快人心的好事，应该急速办理。可又担心弄不好会引火烧身，殃及自己。因为以前有许多大臣痛恨和珅，一而再，再而三的借故弹劾他，但都没有好结果，中枢大臣们涣散渎职，因循苟且，协办大学士刘墉只以滑稽自保，全然不思作为，乾隆帝询问朝廷用人诸事，刘墉往往只会以"也好"相敷衍。至于其他大臣，也以模棱两可了事，以敷衍为良策，以钻营为进取之阶，以苟且为保官之计，衣钵相承实不可取。他们认为和珅权倾朝野，党羽众多，把持朝政，以前朝廷中事无巨细。无不通过和珅，而现在乾隆帝刚刚逝世，嘉庆帝才亲政，便想制裁和珅，恐非易事。可直隶总督胡季堂却胸有成竹，他知道嘉庆帝在没有当皇帝之前还是阿哥的时候，就对和珅诌媚乾隆、长期专擅、作威作福、独揽大权、贪赃枉法、鬻官卖爵的种种不法之举极端不满。但和珅因红得发紫，连阿哥们都不放在眼里。乾隆帝生前常常召和珅进宫陪他进膳，而每每赐膳之后，和珅得意扬扬的从宫中出来，一边摇着牙签剔着牙，一边指桑骂槐，说三道四，阿哥们一听就知道和珅又在皇帝面前挑拨是非，告谁的状了。所以阿哥们和文武百官没有不恨他的。"当珅出入宫中时，伺高宗喜怒，所言必听，虽诸皇子亦惮畏之。珅益骄纵，尝晚出，以手旋其所佩剔牙杖，且行且语曰：今日上震怒某哥，当杖几十。睿宗为皇子，必屡受其侮辱，故在谅暗中即愤，而出此不能再容忍矣"（《清代稗史》第五种）。不仅如此，嘉庆帝在

即将嗣位时，和珅知道颙琰被立为太子的消息后，自恃出纳帝命之近臣，自作聪明，竟在恩命示宣谕之前于是选了几件自己珍藏的做工极为精美、价值极昂贵的"如意"，又备上厚礼给嘉庆帝送去，借此以邀拥戴之功。按清宫则例，宫中每逢有喜庆、盛典之事，朝廷百官和各省督抚都要呈送如意给皇帝和后宫，可这次和珅给颙琰送如意，却弄得嘉庆帝摸不着头脑。不久，乾隆帝下诏宣布立颙琰为皇太子，嘉庆帝这时才明白和珅送如意的意思。可是和珅稍后又"密取仁宗贺诗白高宗，指为市恩"（《清史稿》第三百一十九卷，第10755页），使颙琰继位险遭变故。三年训政，嘉庆对和珅的人品领教颇深，对清乾隆朝中后期，国家财力耗竭，吏治衰败的政局深有所悟。要整饬内政，挽救危机，必须尽早诛除和珅，尽管嘉庆自称"皇考大事"自己"五内昏乱"，但在早诛和珅这点上，嘉庆帝是比较清醒的，即使是大孝在身，对于和珅这样一个前朝重臣也在所不惜。

和珅（1750—1799）字致斋，姓钮祜禄氏，满洲正红旗人。出身于一个中等武官之家，其五世祖尼雅哈纳巴图鲁在清军入关的战争中以军功获三等轻车都尉世职。父亲常保除袭世职外，曾任福建副都统，和珅少年家贫，为文生员。乾隆三十四年（1769）因其堂叔阿哈硕色随康熙皇帝亲征准噶尔阵亡，追叙军功，赠予一等云骑尉世职。他本是一个微不足道的官学生，主要是靠他的机敏，服侍皇帝深得乾隆的喜欢才发迹的，成为清朝历史上最大的权贵。他历任显官，后升任军机大臣，居此要职24年。还兼任多种文武官职，累封至一等公。他精明敏捷，办事干练，高宗倚为心腹。乾隆帝耄耋之年，已精力不济，和珅乘机揽权用事，除了继续掌管吏部、刑部、户部及户部三库，崇文门监督等实权部门外，更进而把持军机处，并用印文传知各省抄送折稿，由于和珅控制了军机处，不经奏请乾隆帝就能任意撤换军机处人员，以印文形式命令各省将直呈御览的密折另抄一份，投送军机处。政令传宣多由其手书口传，令各省奏折皆用副折送其先阅，各地进贡珍品也多入其家。他广收贿赂，致府库空虚，吏治败坏，其秉政揽权，历来被认为是清代中衰的一个重要原因。

乾隆帝自幼受满汉文化熏陶，执政后勤学不辍，遂成一多才多艺之国君。就文化素养而言，清代帝王除其祖康熙外，无人可望其项背。和珅受其宠爱与和珅本人略经文墨，初识经典，对诗辞赋都略有涉猎有关。加之和珅聪颖好学，时时伴随在乾隆身边，耳濡目染，颇受熏陶。乾隆四十五年（1780）十月十五日，和珅被任命充任四库全书馆正总裁，具体负责《四库全书》后期的编纂，他负责对各省进呈书籍进行校阅，抽阅总纂官修改审定意见送交皇帝审批，成了乾隆帝编纂此书的得力助手。此后，他又受命充任国史馆正总裁等要职，为乾隆帝的"文治"立下了汗马功劳。虽然乾隆对和珅的种种行为非常清楚和了解，但乾隆怀念旧情，姑息迁就不愿多加指责和处理。乾隆在将要把政权交给嘉庆的时候，曾告诫和珅说："我与你有宿缘，才这样待你，恐怕后人不能容你，你要好自为之。"特殊的历史机遇及社会环境，非凡的才干，和一贯"善体圣心"的行为方式，和珅实际上成了乾隆皇帝晚年的代言人。他身兼数职，集军事、行政、财政和民族、外交、文化、教育大权于一身，达到了登峰造极的地步。由于其生性刻薄，以及狡诈的性格特点，加之贪鄙的本性，常常利用手中的权力，排斥异己，网罗亲信，征求财货，"内外官员畏其声势，不敢违拗"。新政登基的嘉庆帝对和珅的长期专擅和种种不法，颇有感触，新政之初，要整饬内政，挽救大清江山，必须千方百计地尽早诛除和珅。

和珅于正月初四日"恭颁遗诰日"被革职，初七日被严讯，京中家产被查抄；其子、姻亲、叔侄等均被交宗人府严行看守。不久，皇帝便诏谕各省督抚速将和珅罪行具奏，并要据实议罪。直隶总督胡季堂因早有准备，当即召集僚属将调查清楚的和珅罪状书写折奏，抢先告了和珅几大罪状。折上写到：和珅丧尽天良，非复人类，种种悖逆不臣，祸国殃民，请凌迟处死。

正月十六日，嘉庆帝根据直隶总督胡季堂奏折发布上谕，正式将和珅

罪款增至 20 条。在直隶总督胡季堂罗列的几条大罪状中最致命的一条是逾制。和珅在直隶老家蓟州城外的祖坟按照皇帝陵墓形制为自己营造了坟茔，"外墙二百丈，内墙一百三十丈，内有石门楼一座，石门二扇；前开隧道，正屋五间称享殿；东西厢房各五间称配殿；大门一座称宫门，其门扇、梁檩均系红油飞金彩画，门用金包钉梁柁，五彩描画，中有金游龙"。墙西有房屋 219 间，墙外还设有巡逻防守用的"堆拨"。所以当地人都叫它"和陵"。其次，和珅在直隶蓟州、新城、保定清苑大量兼并平民土地约八千顷，在蓟州、清苑等地有他的当铺银号二十余座，资金达白银 140 多万两。和珅还纵使家人刘全、刘陔、刘印、胡六等人在各地逼收地租，滥杀无辜，巧取豪夺，实属罪大恶极。

正月二十三日，直隶总督胡季堂又上奏：在直隶大城、文安等七县查出和珅及家人呼什图等有米、麦、豆杂粮 11065 石。被允准后直隶总督胡季堂将这些粮食分发给了受水灾的难民。《清史稿·胡季堂》载"嘉庆四年（1799），仁宗亲政，季堂疏发和珅罪状。寻请以籍没其仆呼什图米麦万余石，分借文安、大城被水村民"。

据记载和珅在京师、直隶等地的房产有 9 处，共 495 间，还有当铺 75 座、银号 42 座、古玩馆 13 座，另有珍宝库、绸缎库、洋货库、皮货库等共 132 间，金元宝、银元宝、玉器、珍珠、玛瑙、翡翠数万之多，据统计，和珅家产折合白银十亿两，这对于嘉庆帝来说，无疑是一大笔外财，难怪北京街头流传着这样一句民谣："和珅跌倒，嘉庆吃饱。"

奏折呈上去后，各省督抚听说直隶总督胡季堂要求对和珅给予凌迟罪，便也纷纷上奏附议。但嘉庆帝念和珅是首辅大臣，为国体着想，加恩宽大，不忍施以凌迟，两天后，和珅被"加恩令其自尽"。这是清代对有特殊身份及特殊原因而犯罪的人有面子的"行刑方法"。当日，和珅在刑部狱中接旨谢恩，上吊自尽，时年五十岁。在此之前时值元宵节，和珅面对此景，感叹万分，料定在劫难逃，提笔留下《上元夜狱中对月两首》：

夜色明如许，嗟予困不伸。百年原是梦，廿载枉劳神。

室暗难挨晓，墙高不见春。星辰环冷月，缧绁泣孤臣。

对景伤前事，怀才误此身。余生料无几，空负九重仁。

今夕是何夕，上元又一春。可怜此月夜，分外照愁人。

思与更同永，恩随节复新。圣明幽隐烛，缧绁有孤臣。

和珅生前为自己在直隶蓟州营造的坟茔，因"僭侈"均被直隶总督胡季堂奉旨拆毁变卖。在其堂兄丰绅宜绵的帮助下，在蓟州刘村找了块地，草草埋葬了和珅。

和珅为清代第一大贪官，和珅被诛案为清代第一惩贪大案，和珅也是清代被以"贪鄙成性，怙势营私，借妄专擅"而被诛杀的职位最高的官员。嘉庆帝大丧之日立诛和珅，虽有"不得已之苦衷"，但其"肃清庶政，整饬官方"的用意十分明显，他反复强调"朕所办止一和珅耳，今已伏法，诸事不究"，决不肯株连他人。这种政治上的策略，对缓和当时日愈尖锐的阶级矛盾，将统治集团的失误归咎于和珅的"专擅"，希望清政府镇压川楚陕白莲教起义能够"早日蒇功"，去除嘉庆皇帝心中的病根。直隶总督胡季堂之所以参倒当时权倾一时的大学士和珅，首先是因为最高统治者有意搬倒和珅，建立新的封建统治秩序和既得利益集团，其次，和珅原籍在直隶蓟州，在直隶省境内一切为非作歹的行为，均是直隶总督胡季堂手中的一手材料，由他出面参倒和珅，可以说迎合了最高统治者的政治意图。此案有很明显的政治倾向性，在具体办案过程中，嘉庆帝头脑清楚，计划周全，为其整饬内政扫清了第一道障碍。

乾嘉时期宫廷的两件失窃案

《永乐大典》失窃案

《永乐大典》是明代编纂的一部大型类书，全书共计22877卷，另有凡例、目录60卷，共装成11095册。它保存了明代以前我国的文学、历史、地理、哲学、宗教与科学技术等方面的丰富资料，是我国古代文化的宝贵遗产之一。由于这部书卷帙过巨，不容易刊印，因此在明嘉靖年间曾经抄过一个副本，而永乐时代的原本不知在何时被毁坏殆尽。这样一来，这个副本就显得特别珍贵了。明代及清初，副本存放在"皇史宬"。清雍正时期，又移存到东交民巷翰林院的典籍库内长期保存。

清乾隆中期，中国文化史上的一个巨大的工程上马了，这就是有名的四库全书的纂修。乾隆帝发布上谕从全国各地征集书籍，而且他还接受了安徽学政朱筠的建议，从《永乐大典》中辑录现在已经很少流通很难见到的图书编入《四库全书》之中，由此，《永乐大典》得以利用，许多珍贵的图书资料保存下来。协办大学士英廉等人接手了《四库全毁抽毁书目》的编纂工作，英廉（1707—1783），冯氏，字计六，号梦堂。内务府汉军镶黄旗人。雍正十年（1732）中举，自笔帖式授内务府主事后，历任江宁布政使、内务府大臣、户部左侍郎、户部尚书兼协办大学士。乾隆四十四年（1779）三月，命以协办大学士署理直隶总督，为期两个月。乾隆四十六年（1781）十一月，因直督袁守侗丁母忧解任，又受命以东阁大学士暂署直督事务十五天，乾隆四十七年（1782）十月，再次以大学士暂署直督印务十天，同年被清廷加封太子太保衔。英廉三署直督，后因病告休，乾隆四十八年（1783）卒，谥"文肃"。但是当军机大臣英廉派人去库中内检查后才发现，该书仅剩下 9000 多本了，缺了 1000 多本，约少了原书的十分之一。经有关人员回忆，在此书收存翰林院典籍库时已有遗失，可能是康熙年间开馆修书的时候，各位编辑从书库借出查阅以后没有交回来。乾隆谕令两江总督高晋、浙江巡抚三宝派人前往当年为宫中修书的徐乾学、王鸿绪、高士奇家查询，同时派人到各地购买已流失到市场上的散佚书籍。经过一番周折，《永乐大典》一书大致收集齐备了。

为了从《永乐大典》中辑录古书，军机大臣兼四库全书总裁刘统勋、英廉等人请示，要求将翰林院衙门内迤西的房屋作为校对《永乐大典》的办公室。同时由于《永乐大典》篇幅浩大，头绪纷繁，乾隆决定从翰林院官员中挑选出 30 名工作人员担任分校，并派军机司员若干人作为提典，专门负责提取图书，典籍厅的官员则负责收回图书。

正当这场工作在顺利而紧张进行时，一起意想不到的《永乐大典》被盗案发生了。当时，纂修官庶吉士黄寿龄被分派辑大典中的散篇《考古质疑》《坦斋通编》二部。白天校阅未能完成，晚上下班时，他将大典原本 6 册，用包裹布包好随身携带，打算回家连夜校阅。当他赶到米市胡同时，突然一阵肚子疼，想必是腹泻作怪，他急忙要求停轿下来，走进厕所里去，等他出来再上轿时突然发现自己带回家的书已不在轿中。有人从轿旁路过时顺手牵羊拿走了。他再四处一看，什么情况都没有，只好连夜上报，自认倒霉。

乾隆帝闻知此事，十分生气。他在上谕中说：《永乐大典》是世间所

稀有的图书，本来就不允许纂修私自携带回家。况且朝廷每天为你们准备有桌饭，各位吃饱喝足，一心办公，一天的时间，校勘下来足够完成当天的任务，根本就没有必要再回家继续用功。军机处二人负责提书，应该负起责任来，如果纂修官将书携带出去而不知晓，应有失察之罪，如果纂修官跟他们打过了招呼，二者应以同罪论处。所丢失的图书，叫英廉等大臣加紧缉查，不准少一本。为此，黄寿龄经过刑部的讨论，受到降一级留任、扣罚一年薪俸的处分。

英廉等人派出各路人马，在京师乃至直隶各地搜求访查，经过一个月的侦破，此书如石沉大海杳无音信，满心焦虑。正在这时，事情突然发生逆转。七月十五日晚上，黄寿龄所丢失的大典6册在御河岸上被人捡到，送到禁军值班处，原书失而复得，英廉等人顿时松了一口气。据乾隆的推测，这书丢失了一个多月，偷书人拿了书之后肯定偷偷跑到书店或收购废纸的店里出售，因为此人知道书是官家的，现在追查很严，自己不敢收存。但商人们也看得出来这是官书，也不敢要。小偷怕此书引火烧身，只好黑夜扔于河边，还给官家。

因为有此事的发生，乾隆下谕严格图书的登记管理制度，除了每天填写书单，造档案外，每天都要检查，再也不许任何人私自携带外出。乾隆四十七年，英廉等编《四库全毁抽毁书目一卷》奉敕撰修完成。

兵部大印失窃案

嘉庆二十五年三月初八日，嘉庆帝率皇亲宗室及文武百官一同去祭奠东陵，直隶总督方受畴等人护驾。方受畴（？—1822），安徽桐城人，乾隆朝著名直隶总督方观承之侄。嘉庆二十一年（1816）六月升任直隶总督。在任直隶总督约五年半时间内，方受畴官声不著，政绩平平，数经赏罚，大多均奉命行事，少有革新精神，于直隶的社会经济发展无所建树。

他们刚抵达汤山行宫，突然接到兵部的奏报，库房里存放的兵部官印全部丢失，连盛印的盒锁的钥匙及钥匙牌也一并无存，嘉庆帝闻知，不禁大吃一惊。以前各朝从没有听说过丢失部堂大印的事情，到本朝却偏偏出了事，脸上无光不说，怎么向列祖列宗交代？当即传令军机处调动京城五门步军，严加盘查搜捕可疑的人犯，争取尽快破案。同时，谕令留守京城的王大臣会同刑部官员立即将兵部印库的看守人员拘捕起来，严加审讯，同时密令直隶总督方受畴在京郊周边广为查找，一旦有了线索，立即奏报。

嘉庆帝把一切布置停当之后，还觉得不解恨，于是决心拿兵部的官员开刀。主管事务的大学士明亮，年已86岁，平时也不经常上班，并有过大功劳，但被撤职并降了五级。其他官员，如兵部尚书、左侍郎、右侍郎等均受到降职处分。根据兵部提供的消息：兵部官印和其他武官印一起存放在库房内一个大箱子里。其他各印都是铜铸，只有兵部印和钥匙牌是银制的。三月七日当他们提印时，箱内其他印都在，只有银印和银牌丢失了，而且放印的盒子是在旧杂物堆上发现的。嘉庆帝满腹狐疑：各种官印都放在一个箱子里，为什么只将银印和银牌偷走了呢？小偷偷东西的时候哪有工夫把盒子放在高处呢？再说银钥匙牌值不了几个钱，为什么也要偷走呢？嘉庆帝谒陵时一直都在思考这些问题，显得有点心神不宁。

刑部知道此案干系非小，连日审讯。兵部堂书鲍干供称：去年九月初三日，皇帝打猎回到北京的当天，就将兵部印及其他各印一同放入箱内送入库中。堂书周思绶曾于九月十三日领过一次武官印，十七日送回。这次提用时才发现兵部印失窃。嘉庆帝命驻京王大臣审查堂书周思绶，并将去年随行打猎的有关人员逐一审查。

四月三日，嘉庆帝好不容易挨到谒陵结束回到宫中，仍不见有明确的报告，十分不满，当即斥责有关官员不尽心尽力，互相推诿。谕令将主办此案的官员庄亲王绵课、大学士曹振镛、吏部尚书英和以及刑部堂官各扣除薪水半年，各衙门所派的承办此案的下级官员扣罚薪俸一年。同时，命

绵课、曹振镛、英和三人从四月十日起，每天必须到刑部，主持审讯工作，不可放松，如果再拖延下去，必招重治。

四月十六日，庄亲王绵课等联名上书要求处分，声称此案审理一筹莫展，有负皇上圣明，请皇上另选高明。想以此脱身。但嘉庆帝认为，此案已经经过绵课等人的反复审理，口供屡有更改，如若委派他人接案续审，势必前功尽弃。于是谕令将他们分别降职处分，仍令其加紧破案，并限定在五月五日以前把事情搞清楚，如果完成了任务，马上官复原职。否则，初六日圣旨一下，所有审案人员都将罪名加身，无可逃脱。

在嘉庆帝的督促之下，直隶总督方受畴等官员只好背水一战，经过几天的突击重审，案情果然有了发展，兵部堂书鲍干供出了实情：去年收印时并没有验看，可能是在去年打猎的路上丢失的。

嘉庆帝马上想到：兵部印有正印和备用印两副，如果丢失的是正印，那么后来交到库里的必然是备用印。备用印没有钥匙也没有钥匙牌，交到鲍干手里时，鲍干岂能罢休？可见兵部印入库时必然有人事先跟鲍干打过招呼。不久调查去年打猎路上管印官员的事也有了着落：去年八月二十八日皇帝打猎活动结束回北京时，在路上住宿，看印书吏俞辉庭睡熟了，小偷潜入军帐之中将印连盒一起偷走了。俞辉庭只好用备用印冒称正印，加封之后，贿赂鲍干，让他假作不知，混入库中。当时，兵部的当月司员庆禄、何炳彝二人正好没有开盒验看。此后，鲍干又贿赂管库人员莫即戈私自打开库房门，移动印盒，造出印被盗的假象。至此，兵部官印被盗的案件终于真相大白。

但是兵部官印失窃的时间太长了，寻找起来十分困难。嘉庆帝先后数次命军机处传令直隶总督方受畴和直隶提督徐锟，多方派出精明能干的人员，在古北口到密云一带百里之内，明察暗访，结果找遍了几乎所有的山林川泽，仍然是一无所获。最后连嘉庆帝本人也失去了信心，感叹道："这些印大概是找不回来了！"只好让礼部重新补造了事，直隶总督方受畴等官员也没有受到任何处罚，嘉庆朝"兵部大印失窃案"就这样不了了之了。

匿报灾情、敷衍有术的颜检

随着康乾盛世的结束，大清帝国的国势日益呈现出衰败的景象，权臣命官揽权纳贿，不思进取，各级官吏贪污成风、腐化堕落，过着歌舞升平、纸醉金迷的生活，黎民百姓则朝不保夕，生计每况愈下，举国上下，民怨沸腾。

这些情况，就连终日生活在紫禁城中的嘉庆帝也有所警觉，但是如何重振父辈的雄风，再现康乾时期的天朝国威，则是摆在他面前十分棘手的问题，由于继位之初曾亲自铲除权臣和珅，使嘉庆帝早已深刻察觉到大清朝整个官场的腐败，因此，他一直想亲自出马，整顿吏治清理冗员。然而，嘉庆帝万万没有料到，他首先严饬重责的大臣，居然是号称封疆大吏的直隶总督颜检。

颜检，广东连平州人，曾任员外郎，江西吉安府知府，直隶布政使等职。嘉庆六年（1801）四月，皇帝因他"办理公事，向无贻误"，故擢升其为直隶总督。

就在颜检任直隶总督当年，直隶等地发生了蝗灾，成群的飞蝗，每到一地，便密密麻麻地落满了那里的每个角落，把庄稼、树叶，甚至树皮、花草吃得一干二净。可怜的农民眼瞅着一年的辛苦换来的却是颗粒无收，

真是叫天不应，呼地不语，大批农民背井离乡，逃荒在外，苦不堪言。

对如此严重的蝗灾，嘉庆皇帝多次下谕询问。直隶总督颜检便亲自上了一道奏折，说直隶大部"并无蝗蝻，其余如遵化、丰润、玉田等县，偶尔有飞蝗过境，但都只在宅中飞扬，甚至抱着荆棘，自动饿死，并没有伤及庄稼和禾苗"。为了讨好皇帝，给皇上打溜须，在奏折的最后，颜检还说："蝗者皇也，今上自继位以来，圣德远播四海，才有今日之祥瑞，真是可喜，可贺！"

对于渴望有一番振作的嘉庆帝来说，这番阿谀奉承虽然十分顺耳，但是出于体察民情的本心，自然对颜检的一派胡言有所申斥。

于是皇帝在回复的上面中这样说道："飞蝗过境之处，幅员广阔，道里县长，如何有'久飞不停'的道理呢？既然肯定会有停歇的机会，它们断不能忍饥待毙，又怎能有不伤禾苗庄稼的说法？这些说法，无非是地方下级官吏为了推卸责任逃避处分，便采取了这种无中生有的方法，捏造出所谓'不伤害禾苗庄稼'的谎言，从而隐瞒蝗灾的具体情况，颜检身为一方总督，自然不会饰辞陈奏，混淆圣听，而下级官吏这种谎报灾情的积习，实在是不可宽恕。朕听目睹的过往官员说：三河县一带的蝗虫，不仅飞集于田间，即使是驿道两旁也是大片云集，而在丰润县，据说蝗虫灾情也十分严重。身为一省总督的颜检，千万不可听信下属官员的禀报，仍当详细查清灾情，以确保今年秋收不受影响。"

从这份上谕中，可以看出嘉庆皇帝已对颜检十分客气了。作为总督，颜检应该自此一改前非，对国计民生尽心尽力。然而，颜检在两三年蝗灾期间，仍然用瞒天过海的伎俩欺上压下，得过且过，推卸责任，日子久了，以至于嘉庆皇帝本人也开始相信了颜检那套鬼话。只可怜直隶的平民百姓，终年忍饥挨饿，生活无着。

到了嘉庆九年（1804）五六月间，蝗灾更为严重了，一眼看不到边的蝗虫遮天蔽日，开始向着京畿地区迅速蔓延，连久居京师的满汉大臣，也开始奏报说亲眼见到了无数蝗虫，已经开始吃京郊周围的庄稼了。

这天，嘉庆皇帝照例在宫殿中批阅奏折，看了颜检的一份新上的"蝗灾已灭"奏折，又看了其他朝臣措辞截然相反的奏折不禁狐疑起来，"外面的蝗情，到底如何呢？"正当嘉庆皇帝陷入沉思的一刹那间，忽然，无数只蝗虫飞进宫中，密密匝匝，其中有三只飞蝗，直接飞扑御书案，恰巧就落在颜检的奏章上，只见它们两只触角前伸，小小的眼睛明亮突出，好像刚刚填饱肚皮，正向皇帝示威似的。沉思中的嘉庆帝看到这番景象，好似忽然间挨了一闷棍，暴跳着猛吼起来，"来人呀，把这些孽虫与朕拿下。"

殿前的众侍卫慌忙飞奔上前，手持各种器具，捕杀殿内外的飞蝗，不消个把时辰，嘉庆皇帝的面前便出现了数十个装满死蝗的小篓。

"蝗情到底如何，一定要查个水落石出。连皇宫内院都有大群飞蝗闯入，那么京郊四野，直隶全省又当如何呢？"念及于此，嘉庆帝便立即叫人拟旨，指派得力大臣速速查办。

不几天，派出的大臣便回来了。视察的结果大大出乎嘉庆帝的预料之外，灾情严重波及直隶全省，丰润、遵化、卢龙、任丘、容城、保定、满城等县尤为严重，京师附近各县的庄稼也被蝗虫吃的仅剩六成了。

这种隐瞒灾情欺君犯上的作为，要是出在康熙、乾隆年间，颜检的顶子一定丢掉无疑。然而嘉庆皇帝深知这是官场已到了"积弊相沿，积重难返"的地步，像直隶总督颜检，还算是比较听话，可以依靠的重臣，在无可奈何之下，嘉庆帝发出了一道申斥颜检的上谕："……这么多州县的蝗蝻，若不是特派专员勘查，颜检仍不会据实上奏，可见直隶总督颜检以前有关蝗情的奏报，多有不实之词，该总督自请求严加议处，本署应得的责罚。顾念该督严加查处……"

嘉庆十年六月，在群臣弹劾下，皇帝下旨将颜检降为主事。

嘉庆朝直隶省最大的亏空案

总督一职自从清初成为地方最高行政长官，主要任务是"厘治军民，综制文武，察举官吏，修饬封疆"（《清史稿》卷一百一十六○职官志，第3336页）。具体有题奏咨请权、监督任免文武官员权、制定省例权、节制营伍权、诉讼审判权、对外交涉权、岁计审核权等八项权力。其中岁计审核权包括：第一，财政审计权。清制，每年总督审核当地布政使所报上年岁计清册，核实无误后加盖关防转达户部，并另具黄册，奏供御览。第二，监督藩库权。如遇布政使交代，或督抚到任之时，例须亲自检查藩库一次，然后奏报户部。第三，奏报户口权。总督每十年一次调查辖区户口，咨报户部。

在清代，岁计审核权多为例行公事而往往被总督轻视。而在嘉庆年间却出了一位审计才能卓越的直隶总督，他就是嘉庆初年署理直隶总督裘行简，就是这个裘行简，审出了嘉庆朝直隶省最大的亏空案件。

裘行简（1754—1806）字敬之，江西新建人。太子太傅、工部尚书裘曰修之第三子。乾隆三十八年（1773）裘曰修死，乾隆四十年（1775）裘行简被乾隆帝恩赏举人，授内阁中书。后受命在军机处章京上行走，迁内阁侍读。嘉庆四年（1799）升内阁侍读学士，嘉庆五年（1800）升太仆寺少卿。嘉庆八年（1803）十二月，实授为福建布政使。在任上，裘行简认为"非清帑无以塞侥幸，去烦苛"，"遂一以清帑为首事"（《国朝耆献类征·裘行简》卷一百九），对福建布政使藩库进行清理，对库内 11 册目录详分细目，得子目录 1500 册，使"吏不能欺"，办理颇为得当。

嘉庆继位后，经过康、雍、乾盛世的清王朝统治已经开始走下坡路，面临兵事、河漕、吏治三大困境。其中吏治腐败的最主要表现便是各省的地方财政亏空越来越严重，国库空虚日甚一日，直接影响着清政府的统治。作为首善之区的直隶省也不例外，针对这种情况，仁宗皇帝决定清查直隶藩库。嘉庆四年（1799），嘉庆帝曾命直隶总督查办，但由于各官员敷衍塞责而未能奏效。嘉庆九年（1804）十二月，嘉庆帝以直隶"钱粮款项，纠缠悬宕，恐有弊端"，调任在福建布政使任上卓有政绩的裘行简为直隶布政使，专门负责清查直隶钱粮亏空事宜。裘行简到任后不辱使命，立即着手调查了解，发挥清查有方的才能，对直隶藩库进行了认真深入细致地审核清理，在不到两年的任期内，取得了可喜的成绩。

首先，直隶布政使裘行简从理论上分析了亏空之源，制定了杜绝亏空的具体措施。在深入清查直隶藩库的基础上，嘉庆十年（1805）正月，裘行简上疏奏明直隶藩库各项钱粮大概情形，并酌拟办理缘由，深入透彻地分析了直隶财政亏空的原因。裘行简认为：以往历任地方州县把亏欠赔累一律只归为应付皇差所致，其实大谬不然。乾隆三十年（1765）以前虽有四次皇帝南巡盛典，二次巡幸五台山，但二十年中六次办理皇差并未闻有亏空之事。而乾隆四十五年之后至五十七年间（1780—1792），皇帝共二次南巡，三次巡幸五台山，皇差次数较少于前，却亏空大增，个中显然另有原因。直隶省地方亏空的真正原因在于"大吏贪黩营私，纳交馈送"，办差款项并未增加，只是上级借端勒索；近年来由于地方大吏不加查禁，"一任州县藉词影射，相习成风"，是导致直隶亏空之风愈演愈烈的直接原因。"大吏徇私废法，州县遂致玩法"使直隶财政亏空之风愈演愈烈。

为彻底杜绝亏空，根据直隶省实际情况，裘行简制定了切实可行的处理措施。裘行简指出，以往清查效果甚微，以致前款无着，后亏复增。此次拟以嘉庆九年（1804）为界，对于属于嘉庆九年以前的亏空应查明原因，查核亏数，责令追赔，以清亏空之源；对属于嘉庆十年（1805）以后的亏空要严究交代，依法从严处理，以截亏空之流。这样才能即使前任已造成的亏空不致悬宕无着，亦可示惩后任，使不敢仍如前任之貌玩。他严饬直隶各道府将款项亏空详细数目造册齐全，上报送藩司，以利彻底清查。嘉庆十年（1805）五月，裘行简制定了杜绝亏空的州县官离任交代章程，规定：自嘉庆十年五月以后，凡遇各属交代，如果仓库无亏，即由接任之员出具切实甘结（即证明），由该管道府厅州加结送转；假如有亏缺，即由接任之员揭报，由该管道府州厅核实请参，"如有仍请归入清查者，俱经严斥"。裘行简的上述分析除去对皇帝贪占挥霍明显回护外，对地方官吏的抨击应该说是切中时弊的。他所提出的处理措施、制定的有关章程具有可操作性，且避免了责任不清、互相推委的弊端，是杜绝亏空之源切实可行的好办法。此奏得到了嘉庆帝的认可，"此一节正所以杜绝将来亏空之源，不使再有滋弊，办法最为扼要"（《清仁宗实录》卷一百四十六），令大学士、六部尚书议行。

其次，经过认真清查，裘行简于嘉庆十年（1805）五月上奏查出直隶亏空达264万两之多，请旨在报销案内分别核实办理。嘉庆帝令其将亏空之项"逐一查明着落，再行核实办理"。并告谕他大胆详查，即使直隶总督颜检有"不谨之实迹，亦应具实参奏，他人更不待言"（《清仁宗实录》卷一百四十四）。正是由于裘行简颇具审计才能，清查直隶省藩库功绩突出，嘉庆十年（1805）九月，裘行简以直隶布政使护理直隶总督。同年十月，朝廷降谕："裘行简资格较浅，于直隶地方事务，尚能整饬，着加恩以兵部侍郎衔署理直隶总督。"裘行简在直隶省为官期间，充分发挥其审计才能，共查处了亏空案3起：

第一起是原易州直隶州陈渼亏空案。嘉庆十年（1805）五月，上任半年的裘行简查出原直隶易州知州升任广东运司陈渼在任八年亏空 11 万余两的案情，并据实上报。此案一出，直隶省众官有前任总督 4 人、藩台 3 人、臬台 1 人、清河道 2 人、知州 1 人受到牵连并被惩处。陈渼被革职，并籍没全家赀财；已革易州知州徐用书、该管清河道蔡齐明因陈渼离任时为其出具了无亏空的证明而被革职，同时解京交刑部归案审讯；前任藩司、臬司因系清河道升任，令二人开缺离任，并交部议处。六月，嘉庆帝对直隶亏空所涉及的官员进行了惩处。他认为，直隶亏空是由于"各该上司沽名见好，迁延不办所致"，"嘉庆四年（1799）奉旨查办以来，竟未有一字奏"，罪责难逃。原已被革职留任的直隶总督颜检因失察被交部严议，破格赏恩给予主事衔，在吉地工程处效力，"八年无过，方准开复"；藩台瞻柱在任最久，因侵贪并失察被革职并发往伊犁效力赎罪；傅修久任清河道，易州系其所属，因不能及时揭报，被革职并在吉地工程处效力；原任直隶总督陈大文、藩司同兴任职均在半年以上，"于通省仓库钱粮并不随时查办"，被交部严加议处；实任总督姜晟，署理总督熊枚因时值"直隶被水较重之时，未及查办，稍属可原"，被交部议处。直隶总督一职由吴熊光调补，熊枚暂时署理。

第二起是原任知州顾宾臣等五人亏空银案。顾宾臣等五人亏空均在嘉庆九年（1804）以前，清廷分别轻重进行了处理：顾宾臣因人已死，其任所、原籍家中又确实无财，令于历任各上司名下分赔；其属员李光绪、宋远二人提到省城保定严加监追；属员叶庭和革职，交江西巡抚监禁，勒令家属依限完缴；宝德由户、工二部查讯核办。直隶财政清理整顿取得了可观成效。

第三起是司书王丽南假雕印信、串通银匠虚收解款一案。直隶司书王丽南勾结押解工匠代役银的差役，与银匠串通舞弊，私雕印信，串通 24 州县官吏，共同作弊，采取私刻官印，重领冒支，挖改库收等手段，侵吞国

库白银310600余两。嘉庆十一年（1806）八月查出。此时裘行简已担任署理直隶总督，案件由藩台庆格查出，裘行简据实入奏，清廷派协办大学士、尚书费淳，与尚书长麟赴保定查核。但嘉庆认为此案"虽系庆格查出，究因该督立法清查，始能勾籍得实"。因之仍列于此。此案是嘉庆年间最大的一个亏空案。经查，自嘉庆元年至嘉庆十一年（1796—1806）直隶地丁耗羡杂款中俱有虚收、虚抵、重领、冒支等弊端的计有24州县，共侵盗库银达310600余两。甚至有正定知县戴书培借司库银1600余两，与司书王丽南串通将借项案卷销毁，以图免予解还，私给王丽南酬谢银两等事。

嘉庆帝听闻奏报大怒，"目无法纪，实堪令人发指"，命令严加审讯。主犯王丽南最终在保定被凌迟处死。同时，查出此案涉及了自嘉庆元年至十一年的历任直隶总督7人（只有吴熊光未涉及）、布政使3人，这些人均有任内虚收银两及失察虚收数目。经查，颜检、胡季堂、梁肯堂、陈大文、熊枚、姜晟等历任直隶总督均有失察虚收银两，其中以颜检最多，达208000两；藩司瞻柱任内虚收6300余两，郑制锦任内虚收22000余两，同兴任内虚收20000余两。以上官员除病故者外，直隶总督颜检、胡季堂、梁肯堂、陈大文、熊枚、姜晟，直隶藩台瞻柱、郑制锦、同兴等均交部严加议处。连裘行简也在藩司任内虚收银11000余两，署理总督期间亦失察虚收银16000余两。因为数较少，且"伊升署督之后，因藩库款项未清，曾奏明同庆格再行查办，尚未出结，此时庆格接手查办，方能查出弊端"（《清仁宗实录》卷一百六十六），且是由裘行简立法清查才得发现，定为交部议处，部议革职，嘉庆帝将其从宽改为革职留任。

嘉庆十一年（1806）九月，裘行简由天津赴永定河漫口工地勘察，在三河地方"偶感风寒"，医救无效，竟病死于途次（也有说法是被下属官员毒死）。他在任直隶总督不过一年有余，经历了护理、署理两任，虽资格较浅，任期又短，但在直隶总督任上却大力整顿通省财政，成功地清理了直隶全省财政亏空，对充实国库财力有一定积极作用。嘉庆帝在谕旨中对裘行简在直隶的成绩给予了肯定，谕曰："自到官（直隶）以后，将通省仓库彻底清查，条分缕析。于地方一切公事，均能不辞劳瘁，经理认真。"命照总督例，给一品典。谥号"恭勤"。裘行简审理地方贪污案件成绩卓著，成为历任中最具审计才能的直隶总督，并因此留名于清史。

因 "治安问题" 屡受处分的直隶总督

　　嘉庆元年（1796）正月元旦，颙琰嗣位，嘉庆四年（1799）正月亲政，成为清王朝入主中原后的第五代皇帝。这时清王朝确立在全国的统治已经有一个半世纪之久，封建社会长期积累的矛盾不断激化，显现出封建社会末期的时代特征，封建生产关系可以调节的余地越来越小，解决矛盾的难度加大，清朝中衰的势头愈来愈明显。湘、黔苗民起义的烽烟未熄，川、楚、陕白莲教大起义的战火又起，直隶、河南天理教起义正在酝酿，呈现出一个内创累累、积重难返的疲败之局。大力整饬内政，是嘉庆帝亲政后挽救颓败之势的重要举措，立诛和珅以肃纲纪，促 "军剿"、安民心，缓和阶级矛盾，为其整饬内政在思想上、组织上扫除了一大障碍，也显示了他对吏治腐败的严重性和整饬吏治迫切性的清醒认识。嘉庆朝共 25 年，先后担任直隶总督的有 14 人（包括护理、署理和实授），而在任内受处分最多的直隶总督则是温承惠。

　　温承惠（1755—1832），字景侨，清代山西太谷人，乾隆年间由拔贡入仕，嘉庆时以镇压白莲教起义而为清廷赏识，历任陕西按察使、布政使，河南布政使，江西巡抚，福建巡抚，署闽浙总督。1806 年 12 月，直隶总督裘行简病逝，清廷调署闽浙总督温承惠署理直隶总督。由于此前温承惠在地方上颇有"实绩"，清廷才考虑将首辅之区交给他。从嘉庆帝数年后赐他的诗中可见一斑："三辅资为政，屏藩卫帝京。修文敷教化，讲武寄干城。义正消愚鲁，心纯底治平。莲池一泓水，疏浚本源清。"这首诗表达了嘉庆帝对他的充分信任和殷切希望。然而，温承惠从署理到实授直隶总督的近八个年头中，几乎年年都是在皇帝的严厉批评、斥责乃至处分中过日子，在清代直督中，其在任内受处分之多，可谓绝无仅有，对此进行归纳梳理，对古今为官者都不乏镜鉴。

如果说温承惠在当直隶总督之前政绩还不错的话，那么在直隶总督任上可说是政声狼藉了，综合起来，直隶总督温承惠在任内主要受到嘉庆帝的如下处分：在他刚署理直隶总督半年之时，就被降二级留任。嘉庆十三年（1808）开复后，同年七月，又因专擅，降四级留任。嘉庆十四年（1809）二月，下部察议一次；五月拔去花翎、褫黄马褂一次；六月申饬一次；七月降二品顶戴，十月碰上嘉庆帝五十岁生日，才将处分开复。嘉庆十五年（1810）三月下部察议一次；五月革职留任；七月下部议处一次。十一月申饬一次。同月，温承惠赈灾督催不力，降二品顶戴，革职留任，并下旨"八年无过，方准开复"。嘉庆十六年（1811），是温承惠当直隶总督日子最好过的一年，一年之中仅被申饬两次、下部议处一次。嘉庆十七年（1812）以后，温承惠便每况愈下了，五月，温承惠未及时发觉秘密宗教活动，以失察轻纵，降一级留任；六月，革职留任；七月、八月、十一月各下部议处一次。嘉庆十八年（1813）八月，下部议处；同年十月，温承惠以"剿匪逗留罪"被褫职，降为五品职衔，结束了其督直生涯。综观直隶总督温承惠受处分缘由，大大小小、五花八门，兹分类介绍于后：

一、处理辖区内突发事件无方。清代封建帝王皇家陵寝为神圣不可侵犯的禁地，嘉庆十二年五月（1807 年 6 月），即在温承惠上任后 6 个月，位于直隶境内的清帝陵寝发生了树木被盗伐的事件，温承惠不识时务，并

未上书请求处分，清廷传旨申饬，降二级留任，这是他署理直隶总督后受到的第一个处分。这个事件着实给温承惠敲响了警钟，他决心认真训练军队，维持好地方治安，从而让天子放心。同年九月（1807年10月），嘉庆帝在古北口阅兵，官兵行阵整齐，技艺娴熟，嘉庆帝认为温承惠训练有方而将其署职改为实授，并加兵部尚书衔。而两年后，嘉庆十四年（1809）二月，清帝谒祭裕陵，温承惠迎驾，派藩司方受畴随营。嘉庆帝发现保定无人员驻扎，而温承惠又无事先奏明，下部察议。

二、对下滥举失察。嘉庆十三年七月（1808年9月），温承惠擅自将会商试署知县彭元英改为实授，被顺天府尹邹炳泰弹劾，部议将温承惠降三级调离直隶，嘉庆帝改为降四级留任。次年七月，宝坻知县单福昌、东路同知归恩、定兴知县顾淮私吞赈济物资，而身为直隶总督的温承惠竟未察觉，部议严惩，革去总督之职，蒙嘉庆帝加恩，降为二品顶戴留任。十月，适逢嘉庆帝五十大寿庆典，赏温承惠头品顶戴。

三、贻误兵米供应。嘉庆十二年（1807），绿营最高长官——直隶提督驻地密云县古北口兵米逾期缺欠，温承惠未及时运筹，被清廷议处，嘉庆十四年（1809）六月，该地驻防兵四月兵米六月还没发还，且仓中无存，身负"提督军务"的直隶总督温承惠显然失职，再次被传旨申饬。

四、查办民事案件连连失误。嘉庆十五年（1810）五月，温承惠处理吴桥县民苏立全案，滥定罪名，忽轻忽重，部议革职，经皇帝特许革职留任。同年十一月，嘉庆皇子二阿哥、三阿哥恭祭西陵回京，经房山县境，遇见数百名民妇沿街乞讨，跟随至宫门外，且该县已于上月九日领半个多月的赈银，尚未发放。清廷认为，温承惠"玩视民瘼，情理不容"，传旨严行申饬，降二品顶戴，拔去花翎，革职留任，八年无过，方准开复，且元旦不准进京叩贺。嘉庆十六年（1811）三月，嘉庆帝经正定西巡五台，沿途民妇欢迎，淳穆可嘉。嘉庆帝认为，温承惠抚绥有素，治理有方，赏还头品顶戴、花翎、黄马褂，将原来的"八年方准开复"改为"四年无过，照例开复"。嘉庆十七年十月（1812 年 12 月），又因保定属县回民所贩之羊，践食麦苗，引发争端，温承惠未能妥善处理，被嘉庆帝严斥为"恬不知耻"，足见温承惠处理突发事件的能力之有限。

五、募兵逃亡糜饷。嘉庆十七年六月（1812 年 7 月），建昌营募新兵 200 多名，领饷后逃散 80 名，温承惠因该事件被朝廷申饬，以"管理不严，虚糜粮饷"被议处。亡羊补牢，温承惠于同年十月上疏建议招募新兵应由地方保举可靠者，得到批准。

六、借皇帝出巡而"乱摊派"。嘉庆十四年（1809）五月，肥乡知县奏称"去年皇帝巡幸天津，沿途营建站台点缀"，仅肥乡一县用去白银 3000 两。嘉庆帝为此大怒，温承惠被拔去花翎，夺去黄马褂。第二年，温承惠不记教训，又在跸路设有行宫处添盖临时板房，供皇上小憩，谁知嘉庆斥责他"沽美名而邀众誉"并给予处分。

七、镇压秘密宗教起义不力。当时阶级矛盾日趋激化的形势是不以温承惠的意愿为转移的。嘉庆十六年（1811），钜鹿县民孙维俭倡立大乘教，教徒多达 2500 余人，温承惠破获此案后，将孙维俭定了死罪，其他 90 余人戍边，剩余 1900 余人仅被官府登记姓名了事。次年五月（1812 年 6 月），教徒刘国铭又图复教，描摹御宝、私刻图章，再被官府破获。事发后，嘉庆帝因此责备温承惠处理过于宽纵。同年，滦州百姓董怀信传习金丹八卦教被发觉，查获入教名册 2900 余人。温承惠认为入教人数太多，仅查拿惩办董怀信及分管卦宫重要头目，其余 2900 多名教徒免于处罚追究。嘉庆帝因之大怒，斥责直隶总督温承惠此举"心存姑息，失之柔弱，存妇寺之见"。同时在审案过程中，又发现直隶承审官"严逼教供"，盲目株连，以致案情屈抑，温承惠又有被属员蒙蔽之过错，被降级留任，革去太子少保衔，拔去花翎，褫黄马褂。但因此案是经温承惠之手才破获的，而未加重处。

嘉庆十八年（1813），河南滑县天理教起义，波及毗邻直隶长垣县境。

嘉庆帝任命温承惠为钦差大臣，赏还花翎，会同古北口提督马瑜镇压起义。当时，河南东明（今属山东）县城被义军包围。清廷命护军统领富兰带兵前往镇压。温承惠上奏陈述了直隶各县防守之策和调集各路大军防堵义军之策。并奏请向户部借小米 5 万石，同时还疏请调吉林、黑龙江兵各1000 人协助镇压。这些都得到清廷批准。十一月，温承惠率清军进驻河南滑县留固村，擒杀会众 220 余人，再与马瑜、富兰分别向西梁庄、恶虎寨、新寨进攻，杀害会众 100 余人。温承惠和马瑜乘胜猖狂反扑，在南湖等地杀害会众 500 余人，又与奉清廷之命赶来支援的陕西提督杨遇春一起，在桃源集等地打死会众 700 余人，并抓获 70 余人。但天理教会众坚守道口，温承惠一时也无可奈何。他虽积极调兵遣将，竭尽全力，杀了 1000 多名会众，但仍未能完全镇压天理教起义。清廷只得命陕甘总督那彦成代替温承惠为钦差大臣，总统军务；温承惠降为参赞，协助那彦成。恰在此时，同年九月，天理教起义领袖直隶大兴县人林清率会众 200 余人潜入北京，以太监为内应，攻入皇城，终因力量单薄而失败。此事让清廷大为震怒，嘉庆帝得知天理教在直隶传教达八年之久，而身为直隶总督的温承惠却丝毫未发觉，更未能事先缉捕，事发后又不自请处分，只承认禁令不严，主张官兵皆应治罪；而当他督兵赴河南镇压起义，又沿途逗留，以"兵力未厚不便进兵"为辞，贻误战机，以致屡次用兵却未能完全镇压义军。温承惠终于被嘉庆帝下旨拔去花翎，革去直隶总督之职，责令赏五品职衔，在那彦成麾下办理一路军营粮饷，结束了他的直隶总督生涯。

康乾盛世之后的清王朝，犹如江河日下，其统治日益衰败，社会也日益动荡不安。而秘密宗教却成为当时华北地区劳动人民进行斗争的工具。直隶作为天子脚下的畿辅重地，其"治安"可谓极为重要。温承惠之所以能荣任直隶总督之职，最主要的原因是他在镇压白莲教起义中有出色表现。但是，在社会阶级矛盾日益尖锐激烈的情况下，连温承惠这位镇压农民起义的"专家"也显得力不从心，无能为力了。综观温承惠受处分缘由，固有官场险恶的一面，也有在审理地方案件中不明事理、不记教训，致使同类错误一犯再犯的一面。在总督直隶的近 8 年当中，温承惠几乎年年都因"治安问题"而在皇帝严厉的警告、斥责和处分中过日子，更重要的是这位近在畿辅的封疆大吏，对老百姓"心存姑息"，不愿滥杀无辜而"过于宽纵"，未能像其他地主阶级一样残酷镇压直隶省境内的群众性秘密宗教，以致酿成威胁封建统治的天理教农民起义，因此被皇帝屡次申斥，最终落了个丢官罢职的下场。

"小官巨贪"单福昌

"和珅跌倒，嘉庆吃饱"式的大官巨贪，经常创造贪腐史上的新纪录。不过在清代历史上，小官小吏也能大贪巨贪，其贪腐的数额与其职位之悬殊，让人惊诧结舌。搜罗起古代"小官巨贪"，罄竹难书，我们抽个历史切片，以嘉庆十三年至十四年（1808—1809）的"单幅昌贪腐案"，来看看这"小官巨贪"有多厉害。

嘉庆十三年、十四年，发生了直隶宝坻县知县单幅昌侵吞巨额赈款的案件。嘉庆十三年六七月间，直隶省宝坻县一带阴雨连绵，引发洪水，侵淹大量良田，灾情严重。直隶总督温承惠赶紧向朝廷奏报，嘉庆皇帝决定进行"恩施"，令温承惠上报受灾人口，以便拨款救灾。宝坻县属于重灾区，得到四万余两银的救灾款。这些救灾款却被知县单福昌看在眼里，打起了贪污的主意。

直隶宝坻县知县单幅昌，其本人在历史上没有完整而清晰的传记，真正属于"苍蝇"级别的人物，和那些青史流芳的忠臣清官相比，他连小丑都算不上。借赈灾大肆贪污，在各地官场中绝非偶然。嘉庆十四年初，直隶总督温承惠奏报称，上一年宝坻县办赈"有短少赈银"现象，且为知县单幅昌、同知归恩燕、署定兴县顾淮共同"侵蚀挪用分肥"。上年直隶地区赈灾，"因宝坻县知县单幅昌短少赈银案内，究出该管东路同知归恩燕、署定兴县顾淮，均有分用银两情事"，宝坻县知县单幅昌一人侵蚀数目即达二万两，该管东路同知归恩燕从中索取三千两，署定兴县顾淮以查赈委员亦参与分肥，而总督府书办也收了银子，自请交部议处。折中又说：直隶布政使方受畴曾经率员往宝坻查赈，"讯出家人书吏有需索门包房费之处较多"，已令其自查上奏。

此事近在京畿，在皇上的眼皮子底下，更让嘉庆帝恼火，嘉庆帝遂令温承惠选派公正得力之人前往调查，结果发现：单幅昌侵贪救灾款二万余两（相当于如今400多万元人民币）。"侵蚀之数至于过半，则该邑待赈贫民，不能仰邀抚恤者，不知凡几。"直隶宝坻县冒领赈银4万余两，知县单幅昌一手独吞2万余两，占全部赈灾数一半以上。我们试想一下，如果在当今社会，一个县长侵吞国家拨给县里的救灾款的一半，岂只是令人惊诧的贪得无厌，置穷黎饿殍于不顾，简直无法无天到了极点。

清朝统治到了嘉庆年间，整个官场和社会都陷入严重腐败。嘉庆帝曾指出："今时大弊不出八字：'因循疲玩，交接逢迎'，各省皆然。"他对官场腐败有着清醒认识，也在苦苦寻找解决的办法。因此嘉庆帝听了十分震怒，先将单幅昌拟处斩，继则又认为，杀了一个单幅昌，"后来者"仍会接踵而至，直隶发生侵贪赈银案，说明直隶总督对查赈之事，并未尽力尽心，皇帝决定对这个案件中失察的官员进行处理。

当年七月初六日（8月16日），皇帝决定降职直隶总督温承惠、布政使方受畴等人。先是，直隶宝坻县知县单幅昌等借灾冒赈，侵蚀赈银达二万余两。事发，除将单幅昌等逮问外，又以失察之罪，命将温承惠、布政使方受畴等交部议处。至是，议请革职，奉旨：温承惠降为二品顶戴，方受畴降为三品顶戴，仍带革职留任。《清实录》记载："谕内阁、吏部奏、议处直隶总督温承惠、布政使方受畴、失察属员侵赈、请旨革职一折。朕体恤民艰，痌瘝在抱，遇有水旱偏灾，一经该督抚奏发帑金。从无丝毫靳

惜，又岂肯逆料有不肖州县从中侵蚀赈银，稍弛救灾恤民之念。地方大吏，身膺牧民重任，目击穷黎困苦，更宜各发天良，实力拯救，认真查察。乃上年直隶省办理赈务，竟有宝坻县已革知县单幅昌侵蚀赈银二万余两之案，计该县共领赈银四万余两，而侵蚀之数至于过半，则该邑待赈贫民，不能仰邀抚恤者，不知凡几。一县如此，其余各州县亦殊不可信，以灾黎活命之源，饱其私囊，贪官墨吏，视为固然，即该上司有派往查赈之员，亦不过彼此分肥，通同具报，闲遇有存心公正者，必致受其挤陷。甚至近日有山阳县查赈委员李毓昌被毒身死之事，可见各省大吏，于查赈一事，并未实心确核，遂致属员罔知顾忌，恣所欲为。所有直隶宝坻县一案，该总督藩司于该县单幅昌侵蚀赈银及该管同知归恩燕委员顾淮任意分肥，毫无觉察，而方受畴并有失察书吏家人需索使费门包等情，其咎均重。本应照部议革职，姑念温承惠、方受畴、平素办事尚为勤慎，且一时简用乏员，姑着从宽，温承惠降为二品顶戴，方受畴降为三品顶戴，仍均带革职留任，以观后效。"（《清仁宗实录》，嘉庆十四年七月甲子）

嘉庆一面下令彻查严惩，一面发出上谕，申明放赈政策决不会因这个案件的发生而有所收缩。上谕把直隶宝坻县知县单幅昌侵吞巨额赈款案和另一个山阳县令王伸汉贪污案件结合起来，一南一北，综合论述，简直达到了谆谆教诲的程度，其中说：

"各省水旱偏灾，事所常有，朕痌瘝在抱，念切民艰。一经该督抚奏报到时，披览奏章，恻然心目，无不立降谕旨，令其认真抚恤，即需数十百万帑金，从无丝毫靳惜，亟命部臣立为筹拨，唯恐后时。诚以小民荡析离居情形，最堪怜悯，若不设法拯救将何所依，国家办赈章程，良法具在，如果各州县实心经理，该督抚认真查察，自能实惠及民。无如地方不肖之员，昧良丧心，视同利薮，而派往查赈之委员等，贤不肖亦复回殊，闲或有持正之人，而嗜利者多，转深憎恶。如近日宝坻、山阳两案，该革令单幅昌、王伸汉皆骳法营私，侵肥入己……朕代天子民，惠鲜怀保，断不肯因此两案接踵破露，虑贪官之牟利，屯百姓之恩膏宁受污吏之欺蒙，忍夺良民之口食，此后设遇被灾之区，仍当颁帑发粟，救其阻饥，如前一律办理。唯办理之得有实济与否，是在督抚，如该督抚不知认真经理，徒以为立法未周，如御史周铖所言，欲于地方官查明户口之后，另委道府承办，试思道府中又岂尽属贤能。现在宝坻一案，该管东路同知归恩燕即曾需索银三千两，山阳一案，该管知府王毂亦曾收受银二千两，设遇此等道府，令其领放赈银，又岂可信。又况该道府等于各州县村庄户口，不能亲历周查，势必仍行转派委员分投前往，委员之查赈愈繁，州县之费用更广，于赈务无益而有损。如督抚等果能一遇灾赈，先行严查核实，而于派往抽查之委员，务择存心公正之人，责成查察，仍随时密加廉访，贤者立加奖拔，不肖者即予纠参，则大窦渐除，亦无虑小民之不沾实惠，倘督抚等见现在、宝坻、山阳二案破露，以为赈务綦难，自揣耳目不能周遍，唯恐地方劣员侵冒肥己，累及上官，相率讳灾不报，如此则玩视民瘼，势必至穷黎无可赴愬，而朕惠养元元之泽不能下逮其获戾尤重，一经查出朕不能稍为宽恕也，将此通谕知之。"

嘉庆皇帝已经坚定了整饬吏治的决心，希望从抓好总督、巡抚这一关键环节入手，通过甄别贤愚去提高官员队伍的素质，同时对"因循玩愒"这一顽疾作了较为具体的剖析。嘉庆帝面对着愈来愈不堪的吏治官风，开始体会到从严治吏的重要性、必须性。因而，在其执政中期以后，无论是观念上还是在行动上，已经逐渐改变了亲政初期的过于宽纵和下不得手的软弱状态，开始严起来和硬起来了。嘉庆十四年连续查处的几个大案，都充分体观了嘉庆的这种转变。

如同直隶宝坻知县单幅昌等人的罪恶行径，小官巨贪，是侵蚀瓦解整个国家政权的蛀虫。纵观整个嘉庆王朝，惩治官员贪污虽然基本上保持了高压势头，但却屡禁不绝，收效甚微。至于直隶总督温承惠，其任内受处

分最多，且五花八门，后来升任直隶总督的布政使方受畴，也是政绩平平。平庸而同流合污的封疆大吏——"大老虎"，才是封建社会中"小官巨贪"的保护伞和温床。

大刀阔斧精简机构的直隶总督

明、清两代的官僚机构越来越庞大，达到封建社会有史以来的顶峰。清朝皇权专制日益加强，其吏治腐败的一个突出表现是机构重叠，冗员成群。除了庞大的京官群以外，仅地方官吏就有六个层级。一省之内，县令以上，历经府、道、臬、藩四级，才能达到行省督抚。从机构设置上看，叠屋架床，上下壅塞："君与臣隔绝，官与民隔绝，大臣小臣又相隔绝，如浮屠百级，级级难通，广厦千间，重重并隔。"从人员分布上看，官制紊乱，人浮于事："设官分职，互相钤制，一职而有数人，一人而兼数职，遂相牵相诿，至无一事能办者。"从行政效率上看，敷衍塞责，扯皮而已，"卿贰多而无所责成，司员繁而不分委任，每日到堂，拱立画诺，文书数尺，高可隐身"。然而一省之中，除了县令亲民，督抚握权，其余府、道、臬、藩都是拱手无事的冗员。这些冗员，不仅白白耗费国家的禄米，而且成为上下阻塞的障碍物。所以，历任直隶总督往往在其权限之内把改革官制，裁撤机构、压缩冗员，作为其督直时用人制度改革的重要组成部分。

清代74任直隶总督中，最大刀阔斧精简机构的直隶总督当首推道光初年的那彦成。那彦成曾因镇压天理教起义，为清廷立下汗马功劳，赏加太子少保衔，封三等子爵，赐双眼花翎。道光五年（1825），他第二次出任

直隶总督。此时，那彦成已年届六十，但他依然锐气不减。他率属下将江南漕粮全部由海上运抵天津；继又恢复初任直督时所倡州县义仓，大力缉捕"盗贼"，使畿辅社会秩序进一步得以改善。

全国各地开始于雍正年间的良幕佐治局面，曾经在当时社会生活中发挥了积极作用。但是由于幕府本身的先天弱点，使它很难在改变吏治官风方面有大的作为。就整体而言，幕风与官风相应。乾隆后期吏治之风渐坏，幕风也随之同步腐败。嘉道年间，国家内外用兵，为筹集军饷而捐纳之风盛行。连皇帝本人对此也感到忧心忡忡。此时，师爷也已成反面角色，常被称作"劣幕"而受世人谴责。清代文学家兼政论家包世臣曾尖锐指出："夫幕友，大抵刻薄奢侈、贪污无耻之辈。长恶图私，当事者莫不知也。"（包世臣：《说储》）劣幕危害之烈由此可见一斑。后来，又出现候补官员甚至现任官员为了个人目的自愿无偿充当幕友，及主官为免掏腰包违规延聘的现象。以致相互联络，彼此利用，通风报信，结党营私而百弊丛生。嘉庆二十一年（1816），直隶总督方受畴即因聘请现任通判陈建入幕而受到朝廷降四级留任处分。嘉道年间由于官风日下，各级衙署幕友胥吏相互勾结、串通一气，枉法徇私；而且机构臃肿，人浮于事，公务漫涣拖拉，效率极差。为培植地方元气，减轻直隶民众负担，那彦成着手裁撤直隶各官衙的挂名幕僚吏役。那彦成找准问题症结所在，认为近年来直隶挂名吏役冒滥渐多，讹诈欺压，扰害乡间，果断地于道光十年（1830）上疏陈言，并经获准，在直隶通省大刀阔斧精简机构，规定以后"司、道、府、厅衙门吏役不准超过八十名，教官、佐杂、衙门门斗、方兵不准超过二十名"。为防止弊端产生，规定"由该道酌定名数，造立循环卯簿，年终报明该管道、府，具报总督衙门清查"，一下子汰裁幕僚役吏二万三千九百余名(《那文毅公奏议·卷二十七》)。此举使"通省徭役一均，民间称便"，并获得朝廷嘉勉。道光帝称赞他"所办认真，甚属可嘉"，并通谕各省予以效法。作为对清代幕府弊端的最大规模校正。

镇压天理教起义后，直隶省内仍保留大量军队，既空耗粮饷，又时常扰民，为此那彦成对直隶营伍进行了整饬。他首先解散直隶各地仍存在的各种地主武装，并在总督嫡系部队——督标五营近四万人中选兵一千二百名操演速战阵式，按期校阅，取得了良好的效果。同时为解决操兵费用，他饬令藩司屠之申筹银四万两，"分拨大名、顺德、广平之府属州县，转发当商，常年一分生息"，利用每年的息银四千两作为操兵岁需公用；并以盐帑加价生息、节省马乾银两及厘办兵丁盘费盈余中提取约银六万五千余两，用作总督制下各标兵弁训练犒赏及器械添加。为防止各州县官员遇有要事，"抽本垫利"及各当商推脱官银，力禁此项经费被挪作他用，他亲自撰写《督标五营操兵生息章程碑记》，对具体开支用项及编练队伍各项事宜做出明确规定，将章程传给大、顺、广三府属县及各当商"一体知悉"，并令将此章程刻石勒碑，立在大堂并藩司及中军衙门，"尤望后之官此土者一体行之"。此碑由藩司屠之申手书，刻石立于总督署大堂，至今仍存保定直隶总督署博物馆院内。那彦成在直督任内"精兵简政"，此举在史书中留下记载，成为最大刀阔斧精简机构的直隶总督。

同治八年（1869）曾国藩在就任直督之初，决心对直隶吏治痛加整顿，加强对各级官员的考核。他亲自对直隶现任各级官吏作了反复考察之后，于1869年4月将第一批应参应举之员据实汇奏清廷。从这次参劾的玉田知县许春田等11名劣员来看，均为知县、知府以上官吏，其主要劣迹或是"性情卑鄙，操守不洁"，或是"貌似有才，心实贪酷"，或是"擅作威福，物议沸腾"，或是"品行卑污，工于逢迎"，使他们受到革职等处分。1869年9月上旬，他经过多方考察，又将第二批举劾官员的奏折递上。其中包括参劾劣员8名，保举贤员9名。曾国藩则更勤于政事，充当表率，使直隶的吏治一改过去积弊，出现"政教大行"的新局面。

明、清两代用人制度的改革，归根结底都遭到了失败，这是因为吏治的腐败是封建专制主义制度的必然产物，是封建制度本身无法医治的毒

瘤。特别是明、清两代已经处于封建社会的末期，吏治积弊更达到了积重不能复返的程度。封建社会末期的政治特征是皇权专制主义，大大小小的官吏以皇帝为顶端，形成一个宝塔形的官僚机构。所有吏治腐败的弊端，归根结底是由剥削阶级本性所决定，而其政治代表皇帝则为其总病根。清代就有人大胆指出："今日之病在六部，六部之病在尚书，尚书之病在推诿，推诿之病在皇上不择人。"（《清世祖实录》卷八十九）所以，在皇权专制而又腐败的前提下，少数"明君""贤相"想有所改革，除了暂时表面上有所成就外，一般都逃不脱失败的命运。

太平天国北伐战争中的"贪官"直隶总督

　　清政府为防止官吏贪污腐败，曾订立了一套完整的"养廉"制度，直隶总督虽基本收入较低，全年俸禄加奖酬不过 200 多两银子，但清廷每年都会拨给他们 1.5 万至 3 万两巨额"养廉银"，总督们的吃喝招待费、家庭开销、师爷酬金都能从中报销，再加上清前期中央监察制度较为完备，使官员贪污一度得到有效控制。史料显示，在清代 74 任直隶总督中，因贪污等经济问题（包括为官不勤，对下属贪污行为失察）而被清政府革职丢官或降级的有如下几个人。

　　1. 雍正朝李维钧。雍正四年（1726）三月，直隶总督李维钧被查出擅自将滑县、内黄、浚县三县漕粮在直隶元城小滩镇受兑，又侵欠直隶库帑十余万两，雍正帝令李卫抄其家产。雍正五年（1727）三月，刑部根据李维钧侵吞库帑等罪按律将他定为斩监候，妻妾子女入内务府为奴。李维钧旋即病死。

　　2. 雍正朝蔡珽。雍正四年（1726）十月，查出蔡珽在署理直督任上曾失职庇护直隶昌平营参将杨云栋贪污军饷，部议革职，雍正帝从宽降蔡珽为奉天府尹。

　　3. 乾隆朝周元理。乾隆四十四年（1779），直隶总督周元理因对直

井陉知县周尚亲贪污仓谷银两案失察，更未将其因苛派而激起民变之事据实具奏，乾隆帝念周元理年老，革去其直隶总督之职，加恩赏给三品衔，在正定隆兴寺庙工效力赎罪。

4. 乾隆朝袁守侗。乾隆四十六年（1781）八月，因直隶总督袁守侗曾在勘验甘肃监粮舞弊案中失察，部议革职，后从宽留任。

5. 自嘉庆元年至嘉庆十一年（1796—1806）直隶地丁耗羡杂款中俱有虚收、虚抵、重领、冒支等弊端，共计有 24 州县，共侵盗库银达 310600 余两。嘉庆十一年（1806）八月查出，此案涉及自嘉庆元年至十一年的历任直隶总督颜检、胡季堂、梁肯堂、陈大文、熊枚、姜晟、裘行简等 7 人，他们均有失察虚收银两，其中以颜检最多，达 208000 余两。此为嘉庆年间最大的一个亏空案，涉案的 7 位官员均受到革职或降级的处分。

6. 嘉庆朝的那彦成。嘉庆十一年（1816）六月，直隶总督那彦成曾因在陕甘总督任内与布政使陈祁挪用赈银、津贴脚价等事受到弹劾，被革职逮问。原议下狱论死罪，后因他迅速交纳完清赔银两，改戍伊犁。恰又逢其母病故（一说是由于那彦成被革职逮问，其母惊吓且失望致死），嘉庆帝念那彦成以往功绩，恩准免于发遣，令其闭门思过，其爵位由那彦成之子承袭。

1840 年以后的清王朝，封建专制的肌体已病入膏肓，政治腐败，社会矛盾激化，吏治败坏，清政府的昏庸腐朽也达到了空前的地步，而殖民主义者的入侵又加深了民族危机，清王朝国家机器的统治力，在殖民主义者的炮舰、洋货面前已无能为力。惩贪作为封建专制权力的象征，已经失去了威严，仅因为"贪婪"而罹罪的"大员"在近代已经很少，惩办贪官已经很难成为整饬吏治的重要内容。咸丰年间，就有个"捐纳"出身的皇亲国戚桂良，出任直隶总督，从他无孔不入的敛钱自肥，丑行中，可算是历任直隶总督中最"婪赃"的一个。

桂良（1785—1862）字燕山，瓜尔佳氏，满洲正红旗人，其父玉德在嘉庆时当过闽浙总督，因"清剿海匪失策被黜"，他便以贡生"捐纳"主事步入仕途，一帆风顺，二十多年后就升到河南巡抚，受道光赏识，擢为湖广总督，历官云贵总督、福州将军、兵部尚书。道光二十八年（1848）后奉召来京，为其行十女儿许配与皇六子奕䜣操办婚事，成了"椒戚权贵"，此后，桂良在官场上更加春风得意。咸丰三年（1853），太平天国北伐军渡过黄河，京津震动，"直隶总督讷尔经额出省防剿，命桂良驻保定，为后路声援兼防西路要隘"。他镇压了保定望都、唐县农民起义。当年秋八月，太平天国北伐军出山西，突袭临洺关，讷尔经额弃甲而走，隆平、柏乡相继丢失，"桂良三折参奏"，直隶总督纳尔经额因防剿太平天国北伐军不力被革职逮问至京，桂良授命继任直隶总督，与钦差大臣胜保共同筹划剿灭北伐军。桂良任直隶总督期间，敛钱自肥的丑行可谓无孔不入，这些情况，看罢张集馨的《道咸宦海见闻录》便可知晓。

一个镇压过太平军、捻军的刽子手，一个封建制度的捍卫者，却通过自撰年谱的形式，描绘出大清帝国日薄西山、气息奄奄、江河日下的光景，揭露了封建末世官场和吏治的黑暗腐败，这本书就是张集馨的《道咸宦海见闻录》。张集馨字椒云，别号晴斋主人，江苏仪征人，生于嘉庆五年（1800），死于光绪四年（1878），道光九年（1829）中进士，在翰林院供职，后被道光皇帝特简为山西朔平知府。以后的三十年间在山西、福建、陕西、四川、甘肃、河南、直隶、江西等省任知府、道员、按察使、布政使、署理巡抚等职。张集馨早年受知于道光，可是后来的三十年中总在四、五品之间困滞，因之他牢骚满腹，怨气冲天，形诸于文，就是大胆的抨击与揭露。张集馨把对封建末世官吏——这些清帝国大厦的蛀虫们的怨恨发泄于自己的日记、年谱之中，笔锋所至，无所顾忌，毫不留情。张集馨阅历很广，书中涉及问题很多，但主要还是揭露吏治的腐败，而且是不可救药的腐败，正因于此，《道咸宦海见闻录》比史书更生动具体，比文学作品更真实可信。

太平天国北伐军北进至天津静海一带，清廷急诏直隶总督桂良调集重兵防堵。在封建官场的相互倾轧中，张集馨由于桂良、胜保的明争暗斗丢

了官，险被发戍。《道咸宦海见闻录》中所记录的、张集馨所接触过的大大小小有实权的官吏，几乎是无人不想钱，无人不弄钱。特别是桂良等督抚大员，带头搜刮民脂民膏、中饱私囊；其下属更是明目张胆、无所不为。《道咸宦海见闻录》记下了张集馨自咸丰六年（1856）十一月二十一日起在保定近二十天的所见所闻，为我们揭露了正史中很难看到的点滴事实，可收窥一斑而知全豹之效。

首先，桂良在直隶总督任内，公开卖官。在保候补官员余荫朝说："屡次到班，非纳贿不能下委，余已求桂良门纪某，如有委署南宫，以七百金为谢，上五数而下二数也。"另一候补官员高墨缘称："卞子诚（名宝书）是后来官至闽浙总督卞宝第之兄官冀州，所费不赀，每节尚以千金为馈，是以署事几及年余，未曾更动。"又说："枣强现在出缺，已托人纳贿疏通，并请丈人陈子嘉来省穿插，子嘉与桂良本有手笔。"

其次，在桂良督直时，属下官员谁给的贿赂多，谁的官位便稳如泰山。咸丰五年（1855）到任的保定知府文廉说："此老（指桂良）非钱不可，保府撤防授意要求，因无力以厌其欲，是以只保五品顶戴。"作为首府，桂良初到任时，对文廉"极其嫌恶，后颇相得，其相得之故，外人不得而知"。言外之意，钱能通神也。甚至连布政使钱忻（字香士）和按察使吴廷栋（字竹如）"皆拜于桂良门墙，每人俱以数千金为贽，始得相安"。就是"部选人员，虽极苦缺，亦必馈送二三百两，方敢到任"。

出巡敛钱，更是桂良的"高招"。出任河工的候补官员何道奎诉苦道："桂良之孙金华太守（即知府）麟趾，来省张罗，并同其祖至永定河工段，连河员及地方，共鸠金三万余两。如卑职之候补苦员，亦致送五百两，否则此官不能做矣。"桂良在直隶即使官修正史中也无什么治绩可载。仅在咸丰六年七月（1856年8月）有过一个"勘明永定河漫口情形，筹措堵筑"的奏折。它的产生，也是桂良挖空心思的纳贿手段。

受礼纳贿，则是桂良的"生财之道"。以张集馨本人为例，"馈送土宜八色，抬进内署逐件检阅。收貂尾挂筒一件，大铁箱鼻烟二大捺，本色貂帽沿二付，衣料四套，平金配件一大匣，共收五件，退回三件。门包小费，一概齐全，不敢稍有疏略，又恐遇事生波也"。清末官吏之俸禄有限，其欲壑、用度却无穷，一旦为官作宦，"室家赖之，亲友赖之，仆从赖之，而又以奉上司，而又以延幕丁，而又以迎客，而又有不可计度之需，计其所费何止一端"（梁章巨：《退庵随笔》）。外官还要向京官馈赠，即前面说到的"京信常通，炭敬常丰"之做官与升官的诀窍。还有冰敬、瓜敬，以及告别应酬，四时节仪，名目繁多，无非都是贪赃枉法。

这个桂良，依仗着女婿恭亲王的势力，在京畿要地"贿赂公行，恬不为怪，丑声载道，民怨如仇"，"而台谏京卿，共知其劣迹昭著，而绝无一人敢于劾参者"。咸丰六年底（1857年初）桂良竟步步高升，擢东阁大学士。1858年6月间桂良先后与俄、美、英、法等国代表签订卖国的《天津条约》，11月又在上海签订中英、中美、中法《通商章程善后条约》；同年晋文华殿大学士，授领侍卫内大臣；1860年后协助奕䜣办理议和及签订中英、中法、中俄《北京条约》事宜。次年1月，清政府设立总理各国事务衙门，他出任总理各国事务衙门大臣，帮同奕䜣主持该衙门事务。1861年祺祥政变后中桂良与慈禧相勾结，除掉肃顺、载垣、端华等政敌，被授军机大臣。同治元年（1862）桂良病逝，终年七十七岁。清廷赠太子太傅衔，赐谥"文端"，将这个大贪官入祀贤良祠，真可谓莫大的讽刺。

张集馨记下清王朝的腐败现象，固然和他仕途坎坷、几起几落、没当上封疆大吏的积怨有关，但主要是由他所处的时代促成的。史学家们认为，《道咸宦海见闻录》"叙事是真切的"。应该指出：官可以"捐纳"，缺可以贿卖，官员行贿的钱必然来自贪污搜刮的民脂民膏。晚清直隶总督李鸿章在签定《中俄密约》时有受贿的传闻，袁世凯在推行"新政"中，更是疯狂敛财，自肥腰包。"政由贿成"直接导致无官不贪，腐败越演越烈，其统治的丧钟自然会同时敲响。

"寡妇桥"的故事
（民间传说）

在保定西下关，有座古老的石桥，叫"寡妇桥"。一提起这座石桥，还有一段广为人知的传说故事呢。

原先这儿并没有桥，白草沟河水长年不断。河北岸有座寺院，叫灵雨寺，南岸住着几户贫苦的人家。有一家姓刘的年轻寡妇，孩子不满三岁，就死了丈夫。真是寡妇苦，寡妇难，寡妇泪水煮黄连。站在人前低三辈，满腹委屈对谁言？苦水肚里咽。财主逼债，官府逼税，天灾人祸，兵荒马乱，刘寡妇的日子就更苦了。再加上西关那一帮花花公子、地痞无赖，看见刘寡妇长得年轻漂亮，常来调戏欺凌。

有一天，刘寡妇抱着孩子去给死去的丈夫上坟，走到半路，一个花花公子带着一帮无赖围了上来。先是调戏，后来竟动起手来。刘寡妇大喊救命。北岸灵雨寺的一个年轻和尚跑了过来，三拳两脚就打散了这帮无赖，救出了刘寡妇。和尚把几天化缘得来的一口袋粮食送给了刘寡妇，刘寡妇说什么也不要，和尚说什么也要给。刘寡妇只得接过粮食，跪下磕头，感谢和尚救了她母子性命。

就这样，和尚隔几天给刘寡妇母子送点粮食，刘寡妇隔十天半月给和尚洗一次衣裳，你来我往一晃就是十几年。孩子慢慢长大成人，也懂事了。只因对母亲孝顺，人称刘孝子，刘寡妇到灵雨寺去，得蹚水过河。蹚水过河，可真难呀，夏天河水涨，走一步，晃三晃；冬天就更难了，水冷如刀剜，小脚蹚水难，不去心想去，一去脚冻烂。刘孝子见母亲双脚冻烂，只得背着她走，心疼得直掉眼泪。

有一天，刘孝子对娘说："娘，我长大了，也懂事了，外人传闲话，娘别上灵雨寺去了。"刘寡妇说："儿啊，你说娘可是好人？""娘是好人！""灵雨寺的师父可是好人？""好人不好人我不知道！""娘知道，都是好人，就是冻掉脚丫，也要走走这条道！""你要真走这条道，儿给你修座桥。""你要给娘修座桥，你就是真孝子了。"

就这样，他记着跟娘说的话，天天搬石头，决心要修桥。夜间伴星星，白天顶日头，三百六十天，天天汗水流。真是功夫不负有心人，搬的石头足足够修起一座小石桥。娘看到孩子的满手血泡，心疼地哭了。乡亲们听说，刘孝子要修桥，都来帮忙，有的抬石头，有的抹灰，没有多少工夫，小石桥真的修成了。

这座桥修好以后，谁也不知道修这座桥是怎么回事。只是来往行人，推车挑担的方便多了。一个十几岁的孩子，能修一座石桥，也真不容易，一传十、十传百，名气越来越大。没有不透风的墙，爱传闲话的人说：刘寡妇和灵雨寺的和尚怎么长、怎么短，这孩子修桥是让他娘找和尚方便。舌头尖尖是杀人的刀。刘寡妇听到风言风语，想起和灵雨寺和尚的情意，暗中念叨："儿啊，儿啊，修了桥，断了道。"整日饭不思，茶不进，一场大病，没有几天就不行了。

刘寡妇临死的时候，对儿子说："儿啊，我死以后，叫灵雨寺的和尚来给娘念经。"说完就咽气了。刘孝子抱头大哭起来。糊涂的孩子倒恨起灵雨寺和尚来了：不是他，我娘也死不了。因记着母亲临终的话，只得托人给灵雨寺的和尚报信去了，叫和尚给他娘念经。

和尚接到信，连忙来到刘寡妇的家里。一看到刘寡妇死了，眼泪簌

簌地往下直流。和尚越哭越难过，哭着哭着"扑通"一声跪在地上，趴下就磕头。就在这时候，刘孝子举起刀来，"咔"的一刀，把和尚的头给砍了。

人们跑过来，一看满地是血，见和尚倒在地上，忙喊道："哎哟，杀人了！"地方一见出了人命案子，就赶快把刘孝子捆了起来，问他为啥要杀人，他什么也不说。地方急忙把他送到清苑县衙。县官听说出了人命案子，就赶快升堂问案。县官把惊堂木一拍，问道："你为什么要杀人？"刘孝子说："我就是要杀他。"县官吼道："你为什么杀他？"再问刘孝子他什么也不说了。县官把刘孝子判了个"故意杀人"罪，打入了死牢。乡邻们都说刘孝子不坏，把他修石桥的事说了一遍。县官问："为啥修石桥？"孝子说："修石桥为母行孝。"县官问："为啥杀和尚？"孝子说："杀和尚替父报仇。"县官这会儿真成了个丈二的和尚摸不着头脑了。只得悄悄对孝子说："你从实招来。"那孝子说："子不言母丑。"这时县官一问别人，别人才把这事说了一遍。

县官觉着这事有点奇怪，就赶快打轿到保定府去见知府。保定知府也不知如何是好，便呈文上报给直隶总督刘长佑，把这个案子的来龙去脉，一五一十地给总督说了一遍。刘长佑（1818—1887），字子默，号印渠，湖南新宁人，以拔贡参与镇压了天地会起义及太平天国起义，颇得曾国藩赏识。同治元年（1862）底，清政府任命刘长佑为直隶总督。

直隶总督刘长佑看到呈文后，拍案说道："直隶省正当乱世，盗匪横行，你这地方出大孝子，真是难能可贵。和尚败俗伤风，就应该树个孝子正正名。和尚死有余辜，把刘孝子放出来，不加之罪为好。"清苑县官赶忙从死牢里放出了刘孝子，保定知府则用八抬大轿，披红戴绿，吹吹打打把刘孝子接到知府府里，加以慰藉。

据说直隶总督刘长佑又派人把小石桥重新修成大石桥，在桥上建立了"刘孝子碑"，并亲笔题了字。传说，在大石桥修成不久，刘孝子趴在他母亲坟上大哭起来，哭了一天一夜，竟哭死了。人们在大石桥一边修了个坟，叫"孝子坟"。

寡妇苦，和尚冤，"孝子"石碑立桥边。"寡妇桥"的民间传说就这样世世代代传下来了。

曾国藩审理直隶讼案的故事

　　曾国藩（1811—1872），原名子城，字居武，号涤生。他曾组建过湘军，镇压过太平军和捻军，举办洋务运动，号称清朝"中兴名臣"。1868年曾国藩调任直隶总督，第二年3月在保定正式就职。在就任之前他就表示要忠实履行自己的职责，以"饬吏、练兵、治河"为三大要务，在直隶有所作为。当时直隶经过第二次鸦片战争及捻军起义，社会秩序极度混乱，贪官污吏横行乡里，不法之徒为所欲为。

　　1965年后，曾国藩一直以统帅身份在直隶地区镇压捻军起义，曾国藩为了维护清王朝的腐朽统治，在直隶除在军事上采取诸多凶狠的对策对农民起义大加镇压以外，在政治上也试图刷新吏治、整顿官风，力促统治阶层自克自省、有所更张，以缓和省内极端尖锐和紧张的阶级矛盾。他站在统治者的角度，时时反思和关注造成生民苦痛之由和苏民解困之法，以为狱治黑暗、司法不公是造成百姓悲苦万状、愤恨万分、铤而走险的重要原因之一，即所谓官逼民反。因而，他认为整饬吏治、清理积案、公正司法乃是纾解直隶省民冤、缓解直隶省民间疾苦的关键一环。为此，他无论是在京官任上，还是后来成为权绾数省的"封疆大吏"，都十分注重做惩治司法腐败、清理积压讼案的工作。尤其是在直隶总督任上，专门把清讼审案、公正执法、提高办案效率，作为一件时政要务来抓，取得了不少的成效。

镇压了太平天国和捻军起义之后，为了确保畿辅重地的突出地位，清政府于 1868 年 9 月决定将曾国藩从两江总督任上调任为直隶总督，试图凭借这位曾经统率千军万马的"中兴名臣"的威望和才干，使直隶地区的政治、经济、军事和思想文化都来一番更新。曾氏上任不久，查讯吏治的结果，深感直省官府"风气甚坏"，在讼案方面尤其突出。计新旧积案殆以万计。他认为"吏治之弊，民生之苦，端由于此"。于是，决定从清讼结案入手，大力整饬直隶吏治，以借以改造直隶的社会风气。曾国藩一到任就敏锐地觉察到直隶备类民刑案件的积压是一个极其严重的问题，若不迅速解决，难以恢复正常的统治秩序，于是曾国藩与藩、臬二司一起着手清理这些积案。其主要措施有：

首先，劾举官吏，惩恶扬善。针对直隶"吏治极坏"、案件大量积压的情形，他决心痛加整顿，"大加参劾"，"严立法禁，违者重罚"。认为"非刚猛不能除此官邪"（引文均见《曾国藩全集》奏稿，长沙岳麓书社 1986 年版）。所以，曾氏对直隶现任各级官吏作了反复考察之后，于 1869 年 4 月将第一批应劾应举之员据实上奏朝廷。从这次参劾的 11 名劣员来看，均为知县、知府以上官吏，其主要劣迹有"性情卑鄙，操守不洁"；"貌似有才，心实贪酷"；"品行卑污，工于逢迎"；"词讼置之不理，积压尤多"，等等。同时又将李朝仪等 10 名贤员的事迹加以表彰。1869 年 9 月上旬，他经过多方考察，又将第二批举劾官员的奏折递上，其中包括参劾劣员 8 名，保举贤员 9 名。他说，这样做可以达到"奖劝所加，精神一振，观摩惕励，皂可渐跻循良之域"的目的。

其次，颁布规则，严格治吏。为了使官员们处理政务有简明易行的守则，使僚属们廉勤尽职有严格明确的标准，曾氏将他在两江总督任上所撰《劝诫浅语十六条》颁发直隶各级文武官员，试图以此来严格吏治，使直

隶官场风气有所好转。其中有劝诫州县、劝诫委员、劝诫绅士、劝诫营官各四条。每条下面都以浅近明快的文字加以说明，内容全面，简单易守。在劝诫州县中专门有一条是针对清讼决狱的，他要求官员"明刑法以清讼"。就是说做官之人要做到"尽心于民事"，就必须明辨是非好坏，迅速公正地了结案件。如果对案件不讯不结，不分是非，不用刑法，那么就是"名为宽和，实糊涂耳，懒惰耳，纵奸恶以害善良耳"，那他就是不称职的官员，就要严加参劾和惩处。因为曾氏认为"讼狱为民命所关，审办之迟速，民生之休戚系之"，绝不容许马虎了事。所以，他在全力整饬吏治的同时，把清理各种民事、刑事讼案作为扭转社会风俗、改变官场作风的一件要政来抓，并取得了一些成效。

为了使清理讼案的工作顺利进行下去，曾国藩还专门亲定《直隶清讼事宜十条》颁发各级官吏，并"饬司议定限期功过章程，一并刊发各属实力奉行"。他在给许振炜的书信中说，手定《清讼事宜》的目的是"欲扫除积弊，简明易守"。如果各级官吏能够"恪守此章"，那么"风气尚可稍转"。其主要内容可概述如下：

第一，"通省大小衙门公文宜速"。曾国藩指出，大凡公事迟速，通行弊病是"支"和"展"。"支"是指"推诿他人"；"展"是指"迟延时日"。这种弊病，各省都如此，但"直隶则似更甚"。从前军事紧迫，情尚可谅，但军务"肃清"之后，就不能允许这种现象继续下去了。他郑重声明，要"力挽积习"，将处理公事之勤惰，作为考察官吏贤劣的基本依据之一。要求各级官吏立即行动起来，将现有积案迅速办结，不许再有拖沓之举，违者记过："小过积至六次，大过积至三次者，撤委示惩。"他希望全省各级官吏"皆以勤字为本"，使之形成一种"旭日初升气象"。

第二，"保定府发审局宜首先整顿"。曾氏认为，保定发审局实际上是总督衙门的分局，地位十分重要。凡是有关京控、省控、奏交、咨文各种案件，"总督独挈其纲，而两司与首府分任其责"。如果对各类案件不能做到详审速结，那么积案就会日多，弊病就会百出。然而，现有保定府发审局弊端丛出，必须彻底改变那种行贿受托、得钱卖放、任意讹索、居间勒嘴、反复换差、反复求费等恶习。他要求做到"未过堂之先，不妨详慎访案，既过堂则须求速了，愈速则真情易露，愈久则幻态弥多"。只要作为首府的保定府将滞狱之案尽速清理完毕，"通省之风俗立变"。他语意垦切地告诫各级官吏："造福造孽，只在吾人寸心一转移间耳！"

第三，州县官"不得尽信幕友丁书"，必须躬亲处事。曾国藩指出，州县之官是最重要的一级官吏，如不能做到"才德俱优"，就很难说称职。而"直隶怠玩之习，相沿已久"，原因在于州县之官事事依赖幕友丁书，以致延搁办案时日，给老百姓带来严重损失。他要求直隶各州县官，尽力做到：放告之期，亲自收状，能断案者立即断结，不能断案者交幕僚拟批，"亲自细核，分别准驳准理"，差票传人，亲自删减；人命和盗窃大案，亲自勘验，愈速愈妙；承审限期，亲自计算时日；监禁管押之犯，应当经常看视，上报情形，亲自经理。如有怠情偷安，不肯亲自办理者，"记过示惩"；如有识字太少，不能亲自过问者，"严参不贷"。

第四，"禁止滥传滥押"。曾国藩认为，一般人在最初打官司之时，原告被告往往混写多人，其中"妄抓者居多"，而且还有"差役勾串，牵入呈内者"。对此，他做出严格规定：各级官吏在清理讼案时，"不准多传"人犯、人证，而所传之人证，"非命盗大案，不准轻于管押"，且须将在押之人姓名逐一书明牌上，"俾众周知"。一旦发现并未悬牌，或牌上人数与在押人数不相符合，必定"记过重惩"。

第五，"禁止书差索费"。曾国藩强调指出，丁书索费之恶习必须彻底改变，否则"一字到官，百端需索；疮痍赤子，其何以堪"！他严格规定自今以后，各级官吏必须尽除这一积弊。应当"设身处地"，多为老百姓着想。如果访查得有索费实据，必定"随时严惩"。

第六，"四种四柱册按月呈报悬榜"。"四种"指的是有关积案、监禁、

131

管押方面的旧管、新收、开除、实在这四种不同类型；"四柱"指的是有关逃犯方面的旧逸、新逸、已获、在逃四种不同类型。曾氏严格要求各州县官及时将这"四种""四柱"汇齐上报，"存于三处官厅，大众阅看"。如有不报者，或报而不实者，"立予记过"惩处。

第七，"严治盗贼，以弥隐患"。从维护封建统治出发，要求各级文武官员"专讲捕盗之实政，不尚会缉之虚文"，将所获之"犯"分为两种办法处置：一是"脏少而情轻者"，仍照旧例"招解斠转"；二是"脏多而情重者"，及时禀请就地"照军法从事"。对于平时那些不能"治本治标"的官员，予以"记过撤参"，而对那些能够认真缉捕的官员，"则予以重奖"。

第八，久悬未结之讼案应"核明注销"。曾国藩认为，有些民事案件本来就不严重，只是打官司双方因一时愤起，事后原、被告双方"情甘罢讼"；有些民事案件，本因刁民凭空捏造事实诬陷他人，所以不敢到案对质，对于此类案件只要查有实据而又无法了结，就应当在两个月之后将案件注销，"以清积牍"。

第九，"分别皂白，严办诬告、讼棍"。曾国藩指出，直隶"健讼逞刁者亦复不少"。要求各级官吏"确究虚实"，分清是非黑白，"不稍含混，一变向来麻木不仁之习"。对于那些"积猾玩法"之讼棍，除照法律断案之外，"再加以严刑痛苦"，达到"救一时之弊"的目的。

第十，"奖借人才，变易风俗"。曾氏认为驱除邪气必须与伸张正气同步进行，这就是把培育人才与扭转社会风俗相结合。而社会风俗之好坏，主持在地方官员，转移则在绅士，所以"欲厚风俗，不得不培养人才"。他在给贺寿慈的书信中强调，这一条可以作为"感化刁风，以为清讼之原"。它在表面看来虽然与清讼关系不大，"而端本善俗，尤在于此"，可以达到"用一方之贤士，化一方之莠民"的目的。从而，他殷切希望直隶"诸良吏无以为迂而忽之"。

由此可见，曾国藩关于清讼决狱的思想认识、方式方法和具体的规章规则，都是考虑得十分全面周详的，这不仅反映了他的非凡学识和才能，而且体现了他求真务实的作风。据统计，自 1869 年 5 月至 12 月这八个月时间，在曾国藩的亲自主持督促下，直隶全省共审结注销 1868 年以前旧案 12074 起，新案 28121 起，基本上解决了直隶省大量民刑案件长期积压的问题，使社会风气有所好转，官场作风也有明显改观。然而，也留下许多褒贬不一、仁者见仁、智者见智且具有传奇色彩的逸事趣话。

砍父救母

直隶省柏乡县有一吕姓人家，父吕金声、妻吕邢氏及儿子吕根。吕家原本田亩不少，过着衣食无忧的富足生活。但好景不长，吕金声开始游手好闲，不思持家，终日吃喝浮荡，嗜赌成性，不久便将田亩卖尽，家道中落。在赌场上输红眼的吕金声，已经无田亩可卖，竟丧尽良知将住房卖给同村的吕新，所得银钱刹那间又输得精光。吕新虽然多次催促，但可怜吕邢氏母子寒冬腊月无处栖身，苦苦哀求吕新再等几天，等搭上草房后就立即搬走。吕新为了让吕金声一家早日搬出，就白送给他们几根木料以建房。可是吕金声家连搭盖茅屋的草都没有，房子的事儿就这样一天天拖了下去。

第二年八月，丧尽天良的吕金声又想卖掉那几根木料，作为豪赌的资本。家本不幸，债主逼迫，使隐忍的吕邢氏再也忍无可忍，大声地与这个恶棍吵了起来。灭绝人性的吕金声见妻子竟敢与自己顶撞，火气直冲脑门，猛地将吕邢氏按在炕上，拿起菜刀便砍。此时他们的独生子吕根去邻居家借铡刀铡草，把刀磨过后正背着进院，听到母亲声嘶力竭地哭喊，就飞跑了过来，见母亲的手指已被砍伤，血流不止，父亲仍在挥刀行凶，嘴里还骂骂咧咧，吕根本想让父亲住手，一时着急犯了糊涂，顺手用铡刀向

他父亲砍去，"啊"的一声惨叫，又长又利的铡刀一下砍伤了吕金声的右脑及右肩胛骨，吕金声当即扔了菜刀倒在炕沿下。这时吕根如梦初醒，赶快扔了铡刀，将父母扶起，并找药给他们敷在伤口上。吕金声伤势很重，终日躺在床上呻吟。人之将死，其言也善，亲戚邻居过来看望打听时，吕金声自称是自己失足跌在铡刀上所致。为了保全吕氏后代，延续自家香火，他告诫自己的妹妹以及吕邢氏别去告官。吕金声终因伤势过重，不几天一命呜呼。遵照其哥之言，吕金声的妹妹没有告官，让吕根将吕金声草草埋了。希望自此太平无事。俗话说要想人不知，除非己莫为。吕金声赌名远扬，一下销声匿迹，死得蹊跷，人们议论纷纷。邻居吕田，吕元太知道真相后，将此事告到县里，县里开始审理此案。吕根畏罪，招出实情。前任署理总督官文命保定府调查此事。当时吏治极其腐败，官吏贪污受贿，推诿扯皮。再加上农民起义频繁，官吏们人心惶惶，此案一直未结。

曾国藩到任后，迅速督办此案。这是一人命要案，有些官吏想借此榨取油水，仍旧互相推扯，不认真办理。曾国藩为杀鸡给猴看，先惩处了几个为首官吏。在此种情形下，此案迅速得以了结。

曾国藩仔细阅读此案有关材料，认真分析原告、被告及证人的口供。对此案的曲折经过、孰是孰非心中有数。但作为封建礼教的忠实卫道士，为了结逾越统治秩序的"乱民"以警惩，对于吕根为救其母误伤其父一案虽斟酌再三，但还是采用了从严判处，同时向朝廷上了一道《柏乡县吕根救母情急砍伤其父吕金声一案拟结情由折》。判决如下：

吕根用铡刀误伤其父致死，虽情有可原，仍属大逆不道，罪大恶极，绝不能稍减其罪，按清律应凌迟处死。又因柏乡县在省城保定三百里之外，故在保定正法，将首级押回柏乡县悬杆示众，以示警诫。吕金声用刀砍伤其妻，已经触犯法律，但吕金声已死，不再追究。

可怜吕氏一家，妻离子散，家破人亡，只剩下孤苦伶仃的吕邢氏叫天天不应，呼地地不灵。

火灾风波

直隶武邑县乡民吕春发有一堂妹，自小父母双亡，孤苦无依，由吕春发抚养成人。后经吕春发做主将其许配给同村石占一的儿子石祥为妻。石吕氏温柔贤慧，孝敬公婆，体贴丈夫，一家和和睦睦。吕春发看在眼里，喜在心上。不料祸从天降，石占一家里有草棚五间，一直堆放着柴草及家具。这天石占一父子去地里割麦，石吕氏与婆婆在家备饭，石吕氏的婆婆石骆氏将烧剩下的木柴用水浇灭，扔在草棚内，然后去给地里的父子送饭。没想到死灰复燃，烧着了棚内的柴草。柔弱的石吕氏不顾大火，急忙去棚内搬家具，突然棚子坍塌，可怜的石吕氏被压在下面。火继续燃烧，越来越大，等石占一在众人帮助下把火扑灭，最后在灰烬中找到已被烧焦的石吕氏。吕春发看着可怜的堂妹，悲痛万分，泪流不止，要求将石吕氏好好装殓一下，石占一既嫌花钱又怕天热尸体腐烂，没有答应。吕春发又悲又愤，大骂石占一，石占一也不示弱，二人吵作一团。这时石占一的亲戚贾佳森也在场，拉劝吕春发，吕春发以为贾佳森是拉偏架，对其呵斥，贾佳森不服，二人又骂了起来，后经村人拉开，吕春发气愤而归。第二天吕春发就以石吕氏死因不明去县里告状，不久又去州里告。州里命令新河县审理此案，尚未开庭，新河县的生员贾书楷、黄星文等与交河县的郑金台、胡鸣歧等好管闲事，出面为两家调解，让石占一丰殓石吕氏并为她立嗣。双方都同意了，吕春发停止上告，贾书楷去县里呈息此案，撤了官司。本来此事已了，没想到又节外生枝。

石占一已将石吕氏丰殓，但因没有合适之人，没有立即为其立嗣。吕春发仍是不满，就到省里继续告状。但证人迟迟不来，此案一直未审。吕春发又去交河县找调和人郑金台，想让他再进行调和，如石占一马上为自己的堂妹立嗣，他立即撤回诉状，郑金台考虑到吕春发出尔反尔，反复无

常，不愿再管。二人由吵到骂最后抓在一起，正在这时郑金台的族侄郑凤从外面拾粪回来，一看叔叔被外人欺负，马上过来帮忙。郑凤用粪叉子狠打吕春发，不但戳伤了吕春发的左手腕，划伤了右手腕、右胳膊，而且弄得吕春发满身臭气。气急败坏的吕春发回到武邑县验伤，为了报复郑凤，谎称自己的左手腕为鸟枪所伤，验伤的颉学魁没有认真检查，附和吕春发所说，于是开始审理，但因主要证人郑金台未到，武邑县没有结案。吕春发又到省里告，未经审理又去北京告状。吕春发怕状词太轻无人理睬，增添了贾佳森殴打自己，郑凤私动军器打伤自己等情节，状词经都察院转由直隶审办。但此案案情复杂，牵涉人证颇多，而且已拖多年，历经县、州、省、京各级衙门，原告、被告各执一词，互不相让。而且许多重要人证身患重病，难以远途跋涉。后来原告、被告又先后病故，所以此案一直未了。

曾国藩到任后亲自审理此案。他认真研究原告在各处的状词及被告证人的口供，发现原告、被告所讲截然相反，无从下手，于是从提取证人口供入手。曾国藩派人对证人一一详细审问。有些证人身已瘫痪，难以行动，曾国藩就派下属官员去家中听取口供。功夫不负有心人，此案终于水落石出。曾国藩严格按照大清律例审结此案并向皇帝上了一道《吕春发京控石占一等谋杀焚尸一案经查明按律拟结折》。审理结果如下：

吕春发状告有因，但谎添许多事情，虽与凭空捏造性质不同，但其状词终究失实。按清律拟杖一百，折责四十大板，现已病死，不再追究。郑凤用粪叉子殴伤吕春发，本应论罪，已经病故，不再议处。石骆氏浸柴不慎，以致失火烧死儿媳石吕氏应杖一百，因是妇女，用银赎罪。颉学魁不认真验伤，将粪叉所伤误报为军器所伤，杖三十板。但因颉学魁、石骆氏犯事都在同治四年六月清刑恩旨以前，免去石骆氏的赎银，免除颉学魁的罪责。贾书楷、郑金台、黄金文等调和纠纷，属于息事之举，应予以肯定。

由石吕氏被烧而引起的恩恩怨怨，枝枝蔓蔓到此画了一个句号。

休妻之祸

直隶吴桥县乡民范金声的姐姐嫁给同村的王云秀为妻。因为不守妇道被丈夫休回。女被夫家休回是娘家的耻辱，村里人对此当然说三道四，风言风语。范金声十分恼火，他想姐夫王云秀老实巴交，而他的哥哥王云汉却很狡猾，而且平素与自己不和，必定是王云汉挑唆所致，于是到县里去告王云汉。不久王云汉的好友邢殿祥为范金声的姐姐说媒，劝她改嫁，范金声想这是王云汉怕吃官司，想让我姐改嫁，以便了事，决不能这样不了了之。范金声对邢殿祥很不客气，邢殿祥则反唇相讥，不一会儿二人互相大骂，邢殿祥顺手抄起一根大木棍就打范金声，范金声抓起一根扁担进行抵挡，二人撕打在一起。范金声的叔叙范学舜赶紧出来拉架。不料打红眼的邢殿祥一棍子打到范学舜头上，范学舜当即昏了过去。邢殿祥一看不好，撒腿就跑。范金声马上告到县里，县里令邢殿祥为范学舜医治。福无双至，祸不单行，不几天范学舜老汉因伤口中风而亡。范氏一家哭成一片，恨不得将邢殿祥千刀万剐，碎尸万段。为了尽快抓住犯人为亲人报仇，范金声和其婶范黄氏用好酒好饭款待差役王会成等，王会成等酒足饭饱后还要借缉拿凶犯的盘缠，范金声不满没有答应。范家焦急地等待着，度日如年，可凶犯迟迟没有抓到，范金声怀疑王会成没有勒索到钱财，心怀不满，从中作梗，放纵凶犯。于是决定去省里告，直隶省令河间府审理，但人证不齐，一直未审。

这时德州人金大如为媒，想将范学舜之女许配给邢殿祥的亲戚宋云汉之子宋六为妻。范金声及其父范学孟坚决反对，而且怀疑这是邢殿祥在耍花招，想借姻亲关系了结前事。但范黄氏想借喜事冲冲晦气，而且喜欢宋六这小伙子，就同意将女儿许配给宋六，并偷用范学孟之名主婚，不久将

女儿嫁了过去。范金声对此极为不满，想到屈死的叔叔、糊涂的婶婶便号啕大哭，发誓不给叔父报仇，誓不为人，决定进京告状。范金声怕状词太轻。无人理会，于是捏造谎词说邢殿祥受王云汉之贿，逼自己的姐姐改嫁；差役王会成放纵凶手；邢殿祥贿赂金大如，让他为自己的亲戚及仇人的女儿联姻，以求私了前案等。状词经步军统领衙门上奏，此案由直隶审办。

但此案案情复杂，并历经县、府、省、京各级，再加上官吏升迁调任，新旧交替频繁，一直拖了四年。曾国藩到任后亲自审理，他仔细查看原告给县、府、省、京的状词及被告、证人的口供。对其进行比较、分析，从中发现问题。曾国藩在审讯中注意采取各种手段和策略，恩威兼施，虚实结合。对于重大疑难性问题从不同的侧面审讯多次。在曾国藩的努力下此案半月即予以审结。

曾国藩在审理此案中充分表现了他遵循孔孟之道的封建思想。他非常强调儿子对父母的孝顺，极其痛恨虚妄，所以范金声希望早日为叔父报仇雪恨，才捏造谎词告状，仍不能稍减其罪行。曾国藩要求妇女严守三纲五常，否则严惩不贷。曾国藩判决此案后，向皇帝上了一道《吴桥县范金声京控王云汉勾串邢殿祥逼嫁民女并将范学舜殴毙案拟结折》。审结结果如下：

范金声虽状告有因，但控词失真，依大清律杖一百，拟杖一百，折责发落。王云秀之妻不守妇道被夫家休回，理所当然，范黄氏不听夫兄之言，将女儿许配人家，实属非礼之举，但妇女无知，且已经迎娶成亲，不再追究。凶犯邢殿祥仍逃在外，加紧缉拿，拘后再判。

夜半逃犯

直隶武强县县民徐十精敏狡猾，力大无比，自幼好吃懒做，偷盗成性。这天又去本县吴三秃子家行窃。不小心碰倒一个酒坛子，惊醒主人。吴三秃子大喊捉贼，徐十毕竟做贼心虚，撒腿就跑。吴三秃子拼命追赶。被挤在一个死胡同内的徐十狗急跳墙，凶相毕露，抽出狐狸钢鞭，猛抽吴三秃子，可怜吴三秃子空手对钢鞭，被打致死。由武强县办理此案，不久将徐十缉拿归案，判为绞刑，押在县里大牢内，准备秋后处决。

徐十被判处死刑，并不死心，一心想逃脱。七月末的一个晚上忽然狂风大作，乌云密布，伸手不见五指。俗话说风高杀人夜，天黑作案时，武强县监狱的典史顾立元很是担心，生怕发生意外，本来对于公事非常认真的他今天格外谨慎。他在监狱里一一检查，发现犯人刑具稍稍松动的又重新加固，他知道重犯徐十武艺非凡，狡猾异常，特别将其押进西屋的囚笼内，锁好笼锁，命令更夫、狱卒定要小心防范。一切安排好后，顾立元才休息。

夜里三更时分，风越刮越猛，呼呼作响，吹得小树东倒西歪。更夫王存喜，狱卒王遇正、娄秃子等进屋去避风，他们想犯人都检查过了，高墙深院，大门紧锁，犯人们又戴着刑具，插翅难飞。熬了大半夜，狱卒们困乏已极，一会儿就呼呼大睡，进入梦乡。

看到这样的天气，徐十心里高兴，却佯装睡觉，鼾声如雷。三更过后更夫、狱卒没有来巡查，又过了一会儿仍没有人巡查，徐十肯定他们都睡了。他双膀一较力，手铐断开，接着又扭断脚铐，挖开笼顶木板，携带断铐钻出笼外。徐十早就注意到东屋北墙墙角有几块墙砖已经松动，他直奔那里，将松动的砖一块块扒下，挖开一个洞，从洞里爬出。爬出时顺便将笼顶板带出，用秫秸绑成软梯，由内围墙跃出，又由外围墙搭梯子逃跑。徐十作案多年，经验丰富，动作灵敏，在逃跑中几乎没有什么大的响动，再加上风声掩护，顺利脱逃。狱卒王遇正出来小解，发现徐十的囚笼已人去笼空，大吃一惊，喊醒更夫及狱卒等，一面搜捕逃犯，一面通知典史顾立元。顾立元带领众人将狱内狱外、城内城外搜了个遍，毫无收获，只发

现东屋北墙的洞及软梯。顾立元立即将此报告给县令监狱官刘振中。刘振中又报告给前任总督刘长佑，刘长佑命令将顾立元革职拿办，刘振中革职留任，限期捉拿徐十。将失职的更夫、狱卒押到保定府进行审讯。没想到当时正值盛夏，有时酷暑难耐，有时大雨滂沱；再加上远途押解，更大王存喜，狱卒娄秃子、王遇正，先后在监、在押、在店中死去，案情又复杂一层。但当时捻军活动频繁，直隶防务吃紧，官员无暇顾及案牍，所以此案一直拖延。曾国藩到任后立即亲理此案。曾国藩痛恨官员徇私舞弊，玩忽职守，对于违禁者严惩；但对于平时忠于职守，兢兢业业，偶有疏忽的官吏酌情处理。曾国藩审结此案并向皇帝上了二道有关此案的奏折，审理结果如下：

狱官刘振中平时很少过问狱中之事，没有严加防范以致重犯越狱潜逃，皇帝开恩，将其革职留任，限期缉拿凶犯，将功折罪，但仍不采取有力措施，加紧追捕，而是敷衍塞责，致使期限已到，凶犯仍逍遥法外，从严惩处，不但革职，还要交部议处。内监狱卒王遇正、娄秃子负责狱内囚犯安全，应知天黑风大易出事，却玩忽职守，致使重犯脱逃，按清律拟杖一百，徒三年，现在都已病故，不再追究。更夫王存喜、王存太、李玉、李凤立在值勤时间睡觉，也是重犯越狱的原因，各杖三十大板，王存喜已死不再追究。典史顾立元平素谨慎认真，没有受贿松刑、放纵凶犯之举，已经革职，不再追究。

勇兵伤民

蒙古镶白旗人，吉林管带八十六，凶狠残暴，骄横无比。于同治二年带领炮队马营赶往甘肃马营效力。七月份路过直隶新乐县境内，当时正值雨季，河水暴涨，不能继续行军，暂时驻扎在该县的东关铺村，一天傍晚，军中炮勇徐珍为图省事，赶着一匹病马就从苗地里经过，徐珍用马鞭狠抽马背，想让马走快点，但马已奄奄一息，一步三晃地挪着，刚到地中间，病马突然倒地而亡。徐珍骂骂咧咧地回到营中，将此报告给管带八十六。八十六令徐珍割了马耳做记号，明日再去查验。

庄稼是农民的命根子，东关铺村的农民吴熊儿一大早就到自家地里看谷苗，看后不禁大吃一惊，他发现昨天长得好好的谷苗，一片一片被践踏得东倒西歪，地中间还躺着一匹死军马，左腿扎有几道刀伤，右眼被鸟啄食，吴熊儿看到自己辛辛苦苦种的庄稼被如此糟蹋，又气又恨，决定去县里告状，但不能空口无凭。他叫来同村要好的陈堂儿、任三儿、王洛杰帮着抬死马到县里。马高体重，四人抬了一段就气喘吁吁，汗流满面，坐在一个土岗上歇息。说来也巧，正好被来查验死军马的八十六及部下徐珍等人看到，八十六不知马腿是在军营扎伤，马眼塌陷是被鸟啄食所致，认为是陈堂儿、吴熊儿等所为，并因他们将马私移，便将陈堂儿等五花大绑押入营中审问。陈堂儿等因没有扎伤马匹，大喊冤枉，奋力分辩。八十六大为恼火，不分青红皂白就令勇丁徐珍、刘白长、刘发用马鞭杆狠狠地打陈堂儿等。直到个个被打得皮开肉绽，鲜血淋漓，奄奄一息。陈堂儿大病初愈，身体虚弱，第二天便一命归天，留下孤儿寡母捶胸顿足，号哭不已。陈堂儿的妻子、吴熊儿去县里喊冤，县里审理此案，但八十六已经带领炮队马营赶往甘肃，难以提解案犯，所以此案一直拖了六年。

曾国藩刚到直隶时，直隶民生凋敝，社会动荡，他害怕激起新的民变，迅速亲办此案。查清案情，依清律判八十六、徐珍、刘白长、刘发为斩监候；又因八十六等人现归陕甘总督直辖，经上奏由陕甘总督具体惩办罪犯。

清代有许多官欺民、兵伤民的案件，百姓无钱无权，向官申诉难于上青天，大多都是不了了之。曾国藩虽为稳定统治秩序迅速了结此案，但他毕竟还是给了受冤百姓一个说法。

以上这些案件只是曾国藩所办案件中极其微小的一部分。曾国藩在直

督任内亲办或督办如此多的案件，其为官之勤、办事效率之高，令人惊叹。这对于直隶改进吏治、发展经济、稳定社会有一定的积极作用，也部分实现了曾国藩在直隶有所作为的愿望。但曾国藩终究是一位遵循孔孟之道的封建卫道士，在办理案件中严格遵照大清律例，彻底维护清朝封建统治，使许多人成为封建统治的殉葬品。

曾国藩与天津教案

按清代法制制度，在审判方面，直隶总督为继直隶省各地州县、道府、省级两司三审之后的第四审；对直隶省内命盗罪案在流刑以上者，由直隶总督专门审讯，按法律裁决。自鸦片战争后，19世纪60年代，随着直隶省天津开辟为通商口岸和资本主义侵略的加紧，直隶总督对外交涉事务日益增多，清廷命直隶总督对辖区内的洋务、外贸等事务，督率驻天津的三口通商大臣进行交涉，遇有重大案件，由直隶总督亲自处理或报请朝廷裁决。在这一背景下，有位直隶总督因处理涉外教案不当而最终被调任他职，他就是近代咸丰、同治年间的"中兴名臣"曾国藩。

案情曲折

教案是19世纪下半叶起中国人民反对外国教会和传教士的事件。鸦片战争后，中国从独立国家沦为半殖民地，清政府被迫开放教禁，允许外国在通商口岸传教。1858年签订的《天津条约》准许外国传教士进入内地传教。1860年中法《北京条约》签订时，法国传教士在中文约本上私增教士可在中国各地购置田产，建造自便的条文。后其他国家相继效仿，传教士

遂大量涌入，足迹遍及各地。外国教士在传教过程中任意出入地方衙署，斥责官员，并擅设仪规，作威作福。挑拨教徒与非教徒的纠纷，凡教中犯案，皆包揽词讼，包庇教徒。不法教徒常依仗其势力，欺凌平民，诈取钱财，霸占田产，横行乡里。凡此种种使群众积恨成仇，纷纷自发地起来进行反洋教斗争，各地教案频繁发生。从 1848 年到 1911 年的六十多年间，共发生五六百起。由于外国侵略势力利用、包庇教会和传教士，这些事件也成为中国人民反抗外国侵略正义斗争的组成部分。

天津教案是 1870 年天津人民与横行不法的法国殖民势力和传教士进行斗争而酿成的案件，为当时重大教案之一。第二次鸦片战争期间，天津曾被英法联军占领。战后法国强占望海楼庙宇故址为领事署，法国天主教传教士也乘机选择天津望海楼——运河、北河、海河交汇处一个庙宇故址兴建教堂，1869 年 6 月建筑完成，并在法国领事和中国主要官员的参加下举行开堂典礼，望海楼是庙宇集中的地方，是中国人心目中的圣地，法国侵略者的作为，理所当然激起天津士绅和居民的义愤。

1870 年夏，天津不断发生有人用药迷拐幼孩事件，天主教仁慈堂又有数十婴孩死亡。这些拐卖并虐待儿童的事件，群众疑为法国传教士所为。6 月 18 日，天津桃花口民团抓获拐犯武兰珍，被捕的拐犯武兰珍审讯时当堂供认，受天主教堂门丁王三指使，迷拐一人，奖励五枚银洋，事与教堂有牵连。于是民情激愤，士绅集会，书院停课，反洋教情绪高涨到了极点。6 月 21 日，天津道台周家勋、知府张光藻、知县刘杰押解拐犯到天主堂对证，但遭法驻天津领事丰大业阻挠。午后，愤怒的人们群聚在教堂前抗议，并推代表 5 人向法国领事署理论。见王三出来，争骂王三，砖石抛打，并砸破教堂窗户。丰大业闻讯暴跳如雷，携手枪气势汹汹冲入三口通商大臣崇厚衙门，秘书西蒙执刀随行。丰大业向崇厚连开两枪未中，又拔刀乱砍，咆哮不止。天津知县刘杰劝阻群众回来，途中与丰大业相逢，丰大业不由分说，立即向刘杰开枪，击伤其随从。丰大业的书记官西蒙复鸣枪威胁。群众怒不可遏，蜂拥而上，将丰大业、西蒙打死。随后天津水火会鸣锣聚众，焚毁法领事署、天主堂、仁慈堂、法国洋行和领事馆，又捣毁美国教堂二所、英国教堂四所，先后打死法使馆及领事署人员等20人，另外还杀死信教的中国教民数十人。这就是中国近代史上最大的教案——天津教案。

教案发生后，法、英、美、比、俄、普、西七国驻京公使联名向清政府总理衙门提出抗议，随即调派军舰到天津海口和烟台进行武力恫吓。清廷深感事态严重，6月23日派直隶总督曾国藩赴津查办，"上谕"说：此案关系紧要，曾国藩精神如可支持，着前赴天津与崇厚悉心会商，妥善办理。匪徒迷拐人口，挖眼剖心，实属罪不可赦。据供称牵连教堂之人，如查有实据，自应与洋人指证明确，将匪犯按律惩办，以除地方之害。至于百姓聚众将法国领事殴死，并焚烧教堂拆毁"仁慈堂"等处，此风也不可长，着将为首滋事之人查拿惩办，以昭公允。总而言之，要曾国藩"务当体察情形，迅速持平办理，以顺舆情而维大局"（《曾国藩全集·奏稿》）。

审理经过

直隶总督曾国藩时在病中，"病目则不能用眼，病晕则不能用心，心眼并废，则与死人无异"（《曾国藩全集·日记》），终日忧灼，烦躁不安。奉得"上谕"，因病魔缠身，踌躇不决。曾国藩考虑再三，决定力疾就道。天津教案十分棘手，曾国藩临行前，7月2日，给儿子纪泽、纪鸿留下遗书2000余言，说："余即日前赴天津，查办殴毙洋人焚毁教堂一案。外国（洋人）性情凶悍，津民习气浮嚣，俱难和叶，将来构怨兴兵，恐致激成大变。余此行反复筹思，殊无良策。余自咸丰三年（1853）募勇以来，即自誓效命疆场。今老年病躯，危难之际，断不肯吝于一死，以自负其初心。恐邂逅及（极）难，而尔等诸事无所禀承，兹略示一二，以备不虞"

（《曾国藩全集·家书》）。这样，算是安排了后事。

7月4日，直隶总督曾国藩从保定出发，8日抵达天津。当时天津士民义愤填膺，对三口通商大臣崇厚"护教"媚外抑制民众爱国热情的做法，表示不满，企盼直隶总督曾国藩为津民伸张正义。不少爱国官兵纷纷向曾国藩上条陈，或主张利用帝国主义的矛盾，联英联俄对抗法国，或主张调兵与法国开战，或主张借助民众爱国激情尽驱传教士。不料在处理教案过程中，曾国藩为讨好洋人，不但隐瞒真相，而且颠倒是非黑白。明明"此案启衅之由因迷拐幼孩而起"，他却偏偏归结为"挖眼剖心"之谣言；为讨好外国人而歪曲事件的性质，为歪曲事件的性质而隐瞒与歪曲事件的真相；明明知道迷拐一事的严重后果却不敢查办，为一时的苟安，而牺牲长远与根本的利益，这就是曾国藩办理天津教案时的思想逻辑。直隶总督曾国藩到达天津，首先，发布《谕天津士民》的告示，责怪天津士民不"明理"，要求"力戒喧哄"；其次，不顾舆论的反对，采纳崇厚的建议，将天津道台周家勋、知府张光藻、知县刘杰交刑部治罪；最后，偏袒洋人，说什么"仁慈堂之设，其初意亦与育婴堂、养济院略同，专以收恤穷民为主，每年所费银两甚巨，彼以仁慈为名，而反受残酷之谤，宜洋人之愤愤不平也"（《曾国藩全集·奏稿》）。曾国藩还将驻扎在保定的刘铭传所部铭军3000人调来，准备镇压民众的反抗。

直隶总督曾国藩刚开始办理天津教案，就不顾身败名裂，甘冒天下之大不韪，其所作所为，说穿了完全是为了顾"全大局"，所谓"全大局"，也就是为维护清政府政权，不惜屈民谋和，牺牲中国人民的利益，抱定不与洋人开战。一方面，当时清政府海陆军不足以制敌，"海上船炮全无预备，陆兵则绿营固不足恃，勇丁亦鲜劲旅，若激动众怒，使彼协以谋我，处处宜防，年年议战，实属毫无把握"（《曾国藩全集·书信》）。在这种情况下，一旦兴兵，又会重蹈第二次鸦片战争的覆辙——战败求和，割地赔款，国都沦陷。鉴于旋战旋和之失，曾国藩决意"力保和局"，他在给朝廷的奏折中说得明白，"中国目前之兵力，断难遽起兵端，唯有委曲求全之一法"（《曾国藩全集·奏稿》）。所谓"委曲求全"，也就是不得不奉行妥协、屈辱的外交政策。而腐败无能的清政府对曾国藩的办法表示首肯，其所发上谕便多次授意他"力保和局，坚持定见，诚审时度势之论"。

西方列强磨刀霍霍，法国海军军官扬言要"将津郡化为焦土"；直隶总督曾国藩"力保和局"，仍不能使西方列强满意。7月17日，法国公使罗淑亚面晤曾国藩，提出四项要求：赔修教堂，埋葬丰大业，查办地方官，惩究凶手。7月19日，罗淑亚递照会，要求将天津府县官及提督陈国瑞抵命。来自内外的压力，使曾国藩内心充满了矛盾。7月22日，他在家书中说，罗淑亚"以兵船要挟，须将府县及陈国瑞三人抵命。不得已从地山（崇厚）之计，竟将府县奏参革职，交部治罪。二人俱无大过，张守尤治民望。吾此举内负疚于神明，外得罪于清议，远近皆将唾骂，而大局仍未必能曲全，日内当再有波澜。吾目昏头晕，心胆俱裂，不料老年遭此大难"（《曾国藩全集·家书》）。在一片唾骂声中，曾国藩也不断省思自己的行为，认识到一味妥协"大局仍未必能曲全"，因此，由过去的一味妥协，转变为在力保和局的前提下，作必要的抗争，其本质仍是为维护封建统治集团利益的挣扎。

直隶总督曾国藩初到天津时，听信崇厚之言，将天津府知府张光藻、天津县知县刘杰即行革职，请旨交刑部治罪。而当罗淑亚要求将三人抵命时，直隶总督曾国藩进行反驳，在这个大是大非的问题上，他坚持了原则。清政府也认为官员抵命太不成事体，因此对直隶总督曾国藩的"曲予保全，以伸正气而崇国体"的处理方式表示支持，经过反复交涉终于迫使法国放弃了这一无理要求。三颗人头算是保住了，直隶总督曾国藩建议朝廷对天津府县从轻发落，"至重也不过革职而止"，但朝廷没有采纳曾国藩的意见，而是将知府张光藻、知县刘杰从重遣戍黑龙江。曾国藩觉得定刑"过重"，也无可奈何，便筹措了1.5万两银子作为府县赎刑之用。

在办案过程中，曾国藩不追究外国教堂的活动在侵略中国中所起的作用，不查问为什么外国教堂会引起群众的仇恨，为什么种种确关教堂的流言会到处传播，却把教堂说成是蒙了不白之冤，应当为之"昭雪"。关于"惩究凶手"，说到底也是要向外国侵略者交出一定数量的人头。曾国藩认为，如果不向外国人交出足够数量的人头，是解决不了由这次教案引起的危机的。但因为是群众一涌而起的行动，很难找到证据确凿的"正凶"。曾国藩严立限期，昼夜追迫，采取不用充分证据即行定罪的做法，把判处死刑的人增加到 20 人。此外还有一批判处充军和徒刑的人。被官方捕拿，迫逼供状的受害的人为数更多，教案处理的结果，天津知府张光藻、知县刘杰从重发往黑龙江效力赎罪，16 名"凶犯"在津斩首，25 名从犯分判充军、杖徒各刑，因杀俄人而判正法的 4 名"凶犯"改判轻刑。此外，总理衙门特派崇厚为专使去法国道歉，并在北京按照法公使开的数目给了 46 万两银子的赔款，对俄国人也给了 3 万两银子，数目之大也超过以往历次教案，这样，一场天津教案以中国的屈辱而告终结。

曾国藩一意"主和"，终使天津教案办成一次屈辱性的外交，如此了结津案，全国舆论大哗，曾国藩也因此被冠以"软弱惧外"的"汉奸""卖国贼"称号。朝野之"清议派"对他的攻击不遗余力，至有主张严惩曾国藩以谢国人者。在北京的湖南人，把他所题会馆的匾额烧毁，有人为联讥之："杀贼功高，百战余生真福将；和戎罪大，三年早死是完人"。曾国藩名誉扫地，声望一落千丈，只好承认"措施未尽合宜，内疚神明，外惭清议"（《曾国藩全集·书信》）。津案结束后，李鸿章接替曾国藩任直隶总督，曾国藩在一片咒骂声中到了北京，12 月 20 日到达金陵，三度就任两江总督。

屈民谋和

天津教案从大环境看源于帝国主义对中国的侵略压迫，而直接原因是由于教民迷拐幼孩卖给教堂，而教堂包庇犯罪教民，领事包庇教堂犯罪，由此引起的中国官员、民众和法国殖民入侵者之间的冲突，其性质是中国人民为捍卫国家主权与民族尊严而进行的一场斗争。但由于认识水平的局限与缺乏组织领导，故而带有极大的盲目性与报复性，加以事起突然，鱼龙混杂，终于偏向错误方向，把打击的矛头指向一般洋人与外国机构，造成极大的副作用。而天津教案的办理过程则是一次屈辱性的外交，作为教案的经办人，曾国藩负有不可推卸的责任，也理所当然受到舆论的谴责、国人的唾骂。曾国藩查办天津教案有许多失策的地方，主要有：

首先，直隶总督曾国藩到天津后，明知此案曲在洋人，但仍力主"严拿凶手，以惩煽乱之徒，弹压士民，以慰各国之意"。这种强人就案，杀民以谢敌的错误做法，引起人民群众坚决反对和一些官吏的谴责。照直隶总督曾国藩自己的话说，"办理过柔"。为保天津知府、知县官员，他据理力争，寸步不让。而在"拿犯"这方面，一再屈从朝廷，甚至弄到后来要与"洋人订定抵偿实数，中国如数照办"，不啻于草菅人命，这是不可饶恕的，更是其凶残的地主阶级本性所致。不管出于什么目的，站在统治阶级立场上屈民谋和，出卖人民利益而取悦入侵者，无论如何都应是历史的罪人。

其次，直隶总督曾国藩没有认清当时的国际形势。当时法国国内局势很不稳定，教案发生只一个月，爆发了普法战争，法国战败，拿破仑三世在色当战役中全军覆没。法国人的注意力全部集中到欧洲战场。曾国藩完全可以利用这一时机，使中国少受一些损失，但他没有很好地把握住这个机会。

最后，弱国无外交，要独立于世界强国之林，只有发愤图强，改变中国积贫积弱的面貌。而直隶总督曾国藩虽有"隐图自强"之心，但他只知给爱国士民泼冷水，不平息津民义愤，更没有能力利用这一事件，将民众的爱国热情转化为建设强大中国的自觉行动，这是非常遗憾的。

　　直隶总督曾国藩"力保和局"的原因，固然有维护清政府反动统治的一面，但在当时的历史条件下如果轻易开战，兵连祸结，战败求和，割地赔款，将使中国遭受更大的损失。尽管曾国藩有许多失误之处，但津案所以办成屈辱性的外交，腐朽透顶的清政府才该负主要责任。直隶总督曾国藩在谈到他在津案"委屈迁就"的原因时说："大抵此事在局中者，皆以中国兵疲将寡，沿海沿江毫无预备，而诸国穷年累世但讲战事，其合从之势，狼狈之情，则牢不可破。我能防御一口，未必能遍防各口；能幸胜一时，未必能力持多年；能敌一国，未必能应付各国。在今日构衅泄愤，固亦匪难，然稍一蹉跌，后患有不堪设想者。"（《曾国藩未刊信稿·复丁雨生中丞》）当时的中国，根本无力与西方列强抗衡，既然中外力量对比中国处于劣势，处于落后挨打的地位，在外交上必然是受屈辱者，这是严酷的现实。然国力虚弱并不能成为错办天津教案的借口，天津教案所以办成屈辱性的外交，以慈禧为首的、日益走向反动的清政府应负主要责任。

李鸿章与方大令

同治九年（1870）八月，直隶总督曾国藩因办理天津教案不力而声名大挫，恰逢两江总督马新贻被刺身亡，清廷遂调曾氏返任江督，直隶总督一职由李鸿章接任。

李鸿章任直隶总督后，淮军、淮系势力在保定发展到鼎盛，为了纪念牺牲的淮军将领，李鸿章请旨在保定西南隅原县城隍庙的废址上建立淮军昭忠祠，又名"淮军公所"，作为淮军将士同人团拜及春秋祭祀时公聚之所。在此基础上，1876年李鸿章又在保定建立了"安徽会馆"，因李鸿章曾署两江总督（辖江苏、江西），"安徽会馆"也作为此三省人士来保接待之地，因此"安徽会馆"又称"两江会馆"，该馆一直作为同乡联谊、聚会、团拜和节日祭祀的场所，在保定盛极一时，曾经发展到6处房产250多间，义地309亩，成为当时保定所有会馆中规模最大的会馆。安徽同乡在古城的不断增多，为促进桐城学派在保定的弘扬产生了重要影响。

方大令者，即直隶枣强县知县方某。方某祖籍安徽桐城，自称当时古文大家方东树（植之）先生族弟。因刻印方东树未刊文稿而坐享大名，游扬于公卿之间。据传他在河南巡抚严树森处做幕宾时，曾为严起草奏章弹劾胜保，把胜保说成比捻军起义和太平天国还要危险的"心腹大患"，说

得慈禧心动，降谕把胜保逮治赐死。野史称此疏"最为刻毒"，方氏刀笔之称由此大著。

及曾国藩至皖，对方某极为赞赏，立刻延请入幕。曾氏幕僚中有"三圣七贤"之说。方某与何慎修、程鸿诰辈称"道学派"；另有莫友芝、张裕钊等人称"名士派"，于是方某自此俨然附庸于曾门圣贤之中矣。

由于李鸿章本人早年也曾在曾国藩幕府效力，对曾国藩执弟子礼，算起来方某与他也有同门之谊。李就任直督之后，方某以知县分直隶，经李奏保补授冀州所属之枣强县。其实他是一名虚伪狡诈的假道学、巧取豪夺的真贪官。由以下几桩案例可见一斑。

某富户抓获窃贼送至县衙，请求严办。方某先问对方失窃何物，答："刚听到凿壁之声即将喊抓获，幸而未失。"方某假惺惺地说："他迫于饥寒，不得已行窃。本县令德薄，不能以教化感悟吾民，实在惭怍。你先将此人带回，要好生款待，晓以大义，养其廉耻；饮食教诲为本县代劳。我每隔五日十日检查一次，看他是否被感化得良心发现。"富户无奈将盗贼带回家中，贼每以宾客自居，稍不遂意即以"官府之命尔何敢违"相要挟。富户因惧怕县令检查，既不敢把贼放走，又不敢丝毫慢待，气恼焦急苦不堪言，只好辗转向方某贿以重金，才免予追问。弄得县境之内再也无人因失窃而告官了。

枣强县每月有集，是日布帛菽皆陈于市，供乡民买卖。方某于集日备少许酒食，在县衙款待乡绅耆老。食毕，把自己所著宋儒语录若干册向诸人分发，声称："这是本县心得之学，足以教化乡民。不值几个钱。"让其带回按村庄分发，以利人心风俗。众人皆以为赠阅，称谢而去。不料次日县衙即发布告，要求各里长按户收钱，每册若干，得金无算。

此外，公然判夺民产，讹诈商家铺户之类所在多有。民谚"银南宫，金枣强"，指枣强县为直隶第一美任肥缺。别人在此为县令，每年可获四万金；方大令敛财有道，且与李鸿章是同乡同门，无须重金馈送，以至五年攫金达四十万。他以道学面具伪装自己，为避人耳目，把书函掏空，将银锭装入，假作书籍运回原籍家中。

对于这样一名贪官污吏，李鸿章装聋作哑，故意包庇。一次总督验看驰道，百官鹄立道旁，方某亦列班中。李鸿章至，方某一见握手道故，二人并肩而行。李鸿章突然发问："你在枣强做了这几年县令，挣了多少银子?"方某一本正经地回答："不敢瞒您，节衣缩食省下俸银已有千两，正想寄送回家。还未找到可靠的人呢。"李鸿章说："交给我好。我每天都有信差往来乡里，保证送到。"方某一边称谢，一边在靴筒里摸索，抽出一张银票呈上。李鸿章说："你可别用假银票骗我，给我惹麻烦。"说罢大笑。当时道旁观者数万，都以惊异的目光看着这位中堂大人与方大令插科打诨，谈笑风生。

更加荒唐的是九年之后，李鸿章竟将方某以"循良第一"向朝廷举荐。此事在枣强县激起巨大民愤。按照规矩方某须入京引见，离任之日数万乡民齐聚城下，人人手执粪桶尿罐等污秽之物，准备给方某"送行"。新任县令闻讯，连忙找来一顶旧轿，抬了方某由小路逃逸。方某担心这段丑闻被言官得知说长道短，因而不敢进京。他诡称生病请假跑回原籍，用搜刮的赃银购田产、起宅第，过起了财主日子。京师谚云"黄金无假，道学无真"即指此事。方大令其人其事出自野史，内容未必全真，但身世踪迹绝类赞襄曾、李幕府，后任枣强县令的方宗诚。不过《清史稿》对方宗诚的记述一味褒扬，颇多溢美，此篇作为补白，供方家进一步考订。我们则可从中得出至少两点启示：其一，曾国藩幕府（包括江督、直督两处）虽号称人才云集，其实也难免鱼龙混杂。出幕从政之后，狡诈贪鄙如方大令者当非绝无仅有。其二，李鸿章督直25年，虽在兴办近代企业、创建北洋海军、培育洋务人才，以及斡旋外交、主持和战、治河屯垦诸方面不乏业绩，然于直隶吏治整顿殊不用力，既乏举措，亦少成效，甚至与方大令这样的劣员握手言欢。这一点与乃师曾文正公相比，直如天壤之别，实在不可同日而语。或者是他看到清朝末世风日下，知其不可为因而不为，亦未可知。

张树声幽禁朝鲜摄政王

张树声（1824—1884），字振轩，安徽合肥人，因镇压太平天国有"功"，成为淮系重要将领，步步高升，直至封疆大吏。光绪八年三月（1882年3月）直隶总督李鸿章因母亲逝世而守丧，极力推荐张树声继任直督。当月初三日，张树声升任直隶总督兼北洋通商事务大臣。张树声任直隶总督虽然时间不长，但在19世纪80年代派兵平定朝鲜国内事变，并幽禁了朝鲜摄政王大院君——李昰应，在中、朝、日争端中发挥了重要作用。

朝鲜封建王朝因其创建者李成桂而得名，简称李朝。1392年始建，1910年日本吞并朝鲜后灭亡。15世纪的李朝是其繁荣时期，经济、文化都较发达，与中国明朝保持友好往来。15世纪下半叶至16世纪土地兼并加剧，两班争权的党争频仍，国力削弱。1592年日本入侵朝鲜，壬辰卫国战争爆发。因自古中国同朝鲜是"宗藩"关系，所以在明朝援军的帮助下，于次年击败了日本侵略军。

朝鲜和日本一样，都是受中国文化影响最深的国家。19世纪末期，日本明治维新，接受西方文化；朝鲜则抱残守缺，拒与西方接触。结果日本变法强大，而朝鲜仍故步自封。清同治三年（1863），李氏王朝第二十五代哲宗逝世，因无嗣，由旁支子弟李熙继承了王位，是为高宗。是年高宗仅12岁，不能亲政，由其生父兴宣君李昰应摄政，被封为大院君，推行加强中央集权，巩固封建统治的政策。"大院君"遂成为李昰应的代名词，他也是朝鲜历史上唯一掌握政权的大院君。

大院君摄政后，正值日本等国家开始入侵朝鲜，他在外交上对资本主义各国持强硬态度。大院君有雄略，但极守旧，推行"锁国攘夷"政策，提出"斥洋斥倭"的口号。同治七年（1867），日本派使臣到朝鲜，呈交国书，要求通商。国书内有"大日本皇帝""敕奏"等字样。李昰应只承认清政府是皇帝，拒绝接受国书，不同意两国通商，日本军政当权人物由此蓄意侵略朝鲜。

1875年9月，日舰"云扬"号非法驶入汉江口，在江华岛海面制造事端并企图占领江华岛草芝镇炮台，被朝鲜海防士兵击退。日舰遂对岛上的草芝镇炮台和永宗岛连续发动进攻，烧杀劫掠后退去，史称"云扬号事件"。第二年，日本与朝鲜订立《江华条约》12款，其重要之点是朝鲜为自主之邦，系有与日本平等的主权，这一条约是朝鲜同资本主义国家签订的第一个不平等条约，不仅危害朝鲜的主权，也使清朝丢掉了对朝鲜的宗主权和其他特权。从此，朝鲜逐步沦为日本的殖民地，《江华条约》也标志着朝鲜近代史的开端。条约签订后，日本对朝鲜的侵略日甚，朝鲜国内阶级矛盾进一步加深。

大院君以其内侄女闵氏为国王李熙之妃。闵妃（即明成皇后）通书史，好读《左氏春秋》，有政治野心，利用太后赵氏不喜欢大院君专擅的心理，怂恿闵廉镐、赵宁夏等与大院君的长子李载冕合谋劝王亲政。自1873年11月李熙亲政后，政权即为闵妃一派把持，大院君被迫交出了政权，于是闵妃乘机专政，朝鲜排外政策也为之改变。李昰应不愿大权旁落，组织起党派势力与闵妃集团对立。闵妃集团为了保住既得的权力，于是借助日本力量来摧毁大院君李昰应的势力。首先，进行军事改革，废止

大院君创立的"亲军营"，另聘日本教官训练"别枝军"，原"亲军营"士兵大量被裁减下去，无以为生。其次，闵妃派自己宗族闵谦镐管理财政，闵谦镐乘机扣发军饷、苛扣军粮，中饱私囊，军士们怨声载道，不断闹事滋生动乱。到光绪六年（1880）情况更加严重，国王李熙被迫下令发放一个月的粮饷，可是闵谦镐又在米里掺进沙石糠秕，以次充好，不堪食用。饥饿的士兵群情愤恨，杀死参与舞弊的官吏，开仓放粮。闵谦镐下令镇压，对此十分激愤的汉城士兵在柳春万、金长孙等人带领下，于1882年7月23日发动起义。起义士兵捣毁义禁府、捕盗厅、京畿监营，包围王宫，处死新军主管闵谦镐和京畿监司金辅铉，处决数名日本侵略者并袭击日本公使馆。汉城市民也奋起助威，起义很快发展到仁川一带，在士兵起义的打击下，日本公使花房义质焚毁使馆逃回日本，闵妃扮成宫女逃走，失势多年的大院君李昰应重新执政，史称"壬午兵变"。8月中旬，日本以兵变时使馆被袭为由，派花房率领4艘军舰和1500名士兵侵入朝鲜仁川。

这时朝鲜大臣金允植、鱼允中等正在天津，乃求援于直隶总督张树声。张树声一心希望能在直隶总督兼北洋大臣任内有所建树，火速将朝鲜国内情况写成折本上报清廷。清政府为维护中朝宗藩关系，命直隶总督张树声派海陆军渡海前往朝鲜平乱。张树声分析国际形势，迅速派遣北洋水师提督丁汝昌和吴长庆所部庆字营陆军赶赴朝鲜，于马山浦登陆。

清军在直隶总督张树声的部署下，在马山浦召开了军事会议，丁汝昌和吴长庆接受了朝鲜金允植的建议——诱捕大院君，急速勘平兵变，恢复国王统治地位，防止由内乱引起外患。此计划得到了直隶总督张树声的支持，并报请清政府同意。

直隶总督张树声经过周密计划，派吴长庆和道员马建忠去拜会李昰应，表明出兵朝鲜主要是牵制日本，防止入侵，别无他意。这一安抚使李昰应放弃了戒备，并约定亲自去清军驻地回拜。李昰应到清军驻地，受到了热情接待。马建忠与之笔谈，一面谈一面环顾四周，看四周侍卫全部换上清军，李昰应带来的侍卫已都叫到室外缴械，便把脸一变，用笔写道："你使大清皇帝册封的朝鲜国王退守，你盗窃国柄，罪当勿赦，你赶快登舆至马山浦，然后到天津听朝廷处置。"写完两侧侍卫一齐向前，挟着李昰应放进舆内，李昰应先是挣扎不从，但看到四周军士众多，枪戟林立，阵容森严，只好俯首服从。

大院君李昰应由丁汝昌护卫送回天津，直隶总督张树声考虑到若李昰应回国还会两党构怨，后患无穷；如果不回国，还能"保其众，安其国，全其父子之义"，遂入奏朝廷，希望将大院君幽禁在当时的直隶省会保定。朝廷则准直隶总督张树声所奏，将大院君李昰应幽禁在直隶省城保定旧清河道署所改的一座宾馆内（《清实录》上称旧道署，即现在的保定裕华西路东口路北天主教堂处），准许朝鲜国王每年派员来保请安问候。直到1885年，因沙俄在朝鲜势力扩张，为通过李熙影响和控制局面，当时的直隶总督李鸿章派袁世凯送大院君回国。1895年10月，日本策划"乙未事变"，杀害闵妃，推出大院君重掌政权，但次年即被推翻。

大院君是历史上第一个由直隶总督关押的外国最高摄政王。直隶总督张树声在此次中、日、朝国际争端中由于其正确分析国际形势，相机调度，督率有方，当机立断，没给日本留下战争的借口，使清政府最终没能在19世纪80年代与日本进一步发生冲突。《清史稿·列传二百三十四·张树声》载："光绪八年（1882），鸿章丧母归葬，树声摄直督任。值朝鲜乱作，日使花房义质将兵五百入王京，迫朝议约，树声飞檄吴长庆等赴之，遂成约，寻盟而还。于是长庆等宵攻乱党，悉歼其渠，乱乃定，树声奏令长庆暂戍朝，上嘉其能，加太子少保。"直隶总督张树声因此被清廷特赏加太子少保衔。

荣禄与保定天主堂教案

　　如今保定旧城区裕华西路东口路北的天主教堂，原是清代清河道署。由于列强入侵，国势日衰，加上清廷腐败，达官昏庸，清光绪二十四年（1898），法国传教士在"保定教案"中，胁迫惧怕洋人的直隶总督荣禄，将旧清河道台衙门"互换"做了教堂，并赔款道歉，在涉外关系上干出丧权辱国的蠢事。那么，堂堂道台衙门又是如何出卖给外国传教士的呢?

缘起

　　事情得从头说起。清王朝建立后，畿南连年大水，"九河泛滥""大水决堤""四庐漂没"，这类记载，在有关方志中不绝于书。百姓实在活不下去了。于是"群盗据水为巢，村落丘墟"，对其统治构成直接威胁。康熙中叶，屡派大员，修筑堤防，总算太平了"二三十年"。到了雍正三年（1725），"霖雨月余，河水泛滥，东西南北四堤冲决如平地矣"。朝廷忙派怡亲王允祥和大学士朱轼"查勘直隶水利"。雍正四年（1726）二月，直隶兴修水利，怡亲王允祥为加强治水的管理，建议"将大名道改名清河道，移驻保定府"，主要官吏为道员，别称道台，正四品，是省与府州之间主管河务的地方长官，"管辖苑家口以西各淀及畿南各河"二十余处州县旧有管河同知、通判、州判、县丞、主簿等员悉听管辖，经"吏部议准，得旨速行"。雍正十一年（1733）改辖保、正二府（按：应加河间，共三府），易、冀、赵、深、定五直隶州，仍管河务"。这便是《畿辅水利四案》详细记载的清河道来历。

清河道衙署应在雍正年间，在保定古城鼓楼西、保定府署东空地修建，和一般衙门相似。官邸后为花园，有明崇祯甲申（1644）三月，李自成起义军刘芳亮部攻破保定后，收葬抵抗者街头遗尸三十六具建立合葬墓，清代称"三十六忠墓"，相传清河道署因此常见鬼魅，为凶宅。清代经学家俞樾在《右台仙馆笔记》中曾记同治朝任清河道的江苏溧阳人陈萧因此病死道署事，可见这里后半部分地方在清初还是可埋葬死人的处所。一直到同治末、光绪初，位于原旧县街（今兴华路）西段路北的清河道新道署建成后，直隶清河道署迁出，这里便被改做接待官员的宾馆了。光绪十二年（1886）刻本的《保定府志》所附《保定府城图》上注明这里是"旧道署改宾馆"，估计其改宾馆恐在光绪五年（1879）左右。

不料，旧道署改为宾馆后，光绪朝接连发生两次涉外事件，与该处有关。第一件是直隶总督张树声曾在这里幽禁朝鲜大院君李昰应近四年。第二件便是慈禧宠臣荣禄在1898年任直隶总督期间，畏洋人如虎，屈服讹诈，处理了一桩在保定发生的天主教案，将地处保定闹市的堂堂旧道署"换"给法国人用赔款建了天主教堂。

直隶是外国宗教侵入较早的省份之一，保定作为省府，天主教早已进入。相传天主教虽在元代曾一度传入我国，因元亡而中断。再次传入是在明万历年间。葡萄牙控制的耶稣会教士利玛窦起了决定性作用。天主教传入保定地区的时间始于明末，其间有姓安的保定府安肃（今徐水）县安庄人，在北京广宁门（后改广安门）内白纸坊，手工制作窗户纸，一家人经常听利玛窦讲道，接受了洗礼，信仰了天主教。后来利玛窦便在他的引导

下到安庄一带传教。时间当在万历三十年（1602）以后。逐渐在保定府安肃县（今徐水县）内安庄、师庄、遂城、邵庄等处发展了教徒。《保定市志》载，安庄成为天主教传入直隶（今河北）最早的村庄之一。万历三十三年（1605）安庄附近已有教徒 150 人。清康熙三年（1664），直隶建天主教堂 7 座，其中保定府境有两座。但西班牙各派教会为争夺葡萄牙对华传教垄断权，视中国祀孔祭祖为异端，不能宽容，挑起天主教史上有名的"中国礼仪之争"，清廷则开始实行"禁教"政策。道光十八年（1838）谕令驱逐全部西洋传教士。北京教区代理主教、葡萄牙人赵若甫在京难以立足，只好潜至保定府安肃、易州、定兴交界处不远的安庄，设立地下主教府。咸丰十年（1860）第二次鸦片战争爆发，英法联军入侵北京，广东南海籍神父邱安遇以私通洋人罪名在天津被押，转送保定府审理。通过送礼送银手段，邱取保释放。他便留在保定，开设"圣婴施诊所"，以免费诊疗为手段，暗中传教，天主教才在保定有了立足点，但不久即被遣返原籍，保定传教点立足未稳自然消失。咸丰五年（1855），法国神甫孟振生潜回保定府安肃安庄。咸丰六年（1856）罗马教廷撤销北京教区，划分为直隶北部、直隶东南、直隶西南三个宗座代牧区。孟任直隶北部兼直隶西南宗座代牧。在漫长的秘密传教阶段，保定一带共发展教徒 1710 名，传教士 2 名。当时有堂口 40 处，几乎都在农村，保定城关并无教堂。咸丰十一年（1861）中法《天津条约续约》换文时，法国神甫孟振生利用翻译之便，在条约文本上私添"任传教士在各省租买田土，建造自便"的条款，从此，传教不仅公开，而且有了特权。1861 年以后，依仗欧洲列强势力，天主教会在保定得到空前发展，保定府安肃、清苑、新城、博野、蠡县等纷纷设立教堂，孟振生主教巡视新开区，为很多人亲自施洗。同治六年（1867）法国人夏德肖接任安庄总铎区总铎，在保定南关先租后买了一所房子，又开了"圣婴诊疗所"，作为教徒祈祷场所，并供传教士来往居住。同治十一年（1872）建立保定总铎区，先后将安庄、祁州总铎区的辖区并入。法国人狄仁告任首任总铎，拟建大教堂一座，但买房子很困难。后来在北关护城河外桥东文昌宫对面（今保定市运输总公司四公司、前卫路家具城处）购地16亩，建房40间，称保定北关天主堂，总堂区就设在这里。但房子地处偏僻，并不适用，总铎和神父仍住安庄。此时"天津教案"影响波及全国，民众仇视洋教，保定总铎区五年中领洗入教仅60个成年人，在周边各县农村中建了一些小教堂，办了一批以宗教知识传播为主要内容的教会学堂，教务发展非常缓慢。当时保定的天主堂位于古城墙外北关，交通不便，十分偏僻、荒凉。光绪年间，法国人杜保禄因嫌房屋简陋，不利于传教，就任总铎后就想把它迁到城里，终于在一场突发事件中找到变成现实的机会。

教案

1898年戊戌变法期间，以慈禧为首的后党官僚，为保权位，连忙调兵遣将，将忠于她的甘军董福祥所部2500人调来暂驻保定，驻扎在北关文昌宫一带，以加强其势力，钳制维新派，并准备进京镇压维新帝党。谁承想这帮吃粮的"老总"在五月十八（7月6日）却闹出了一场"保定教案"。

事件的经过是：7月6日，驻扎北关文昌宫附近甘军的两名军官（一说士兵），闲来无事到处游逛，出于好奇，想进教堂参观，遭到教堂教士严词拒绝，与天主教堂的洋教士发生口角。教士依仗洋人身份傲气十足，出口大骂，在双方争吵声中还动了手脚。依仗洋人势力的教堂教士、工友不仅用木棒殴打了这两名甘军，还把他们绑在大树上，总铎、法国人杜保禄还准备进城找县官说理。甘军悉由穆斯林官兵组成，向来以剽悍著称，人人作战勇猛，桀骜不驯。官兵们闻讯气愤异常，一名甘军军官率200多人冲入教堂，救出甘军兵士，为给趾高气扬的教士以惩戒，他们见东西就砸，见人就打，中国籍神父王保罗头上挨了几军棍，洋教士杜保禄根本不

是甘军士兵的对手，见势不妙撒腿就跑，一名甘军追上去，一棍将他打翻在地，众人上前持棍乱打，杜头上中伤五处，被打得鼻青脸肿，哭爹喊娘。众甘军还把他二人绑到文昌宫甘军总部。这时，保定府官员才闻讯赶到，经再三劝解，事态稍得平息。

这场由教堂挑起的教案。却给杜保禄找到了借口。杜保禄对被殴之事怀恨在心，立即到北京总堂向法籍总主教樊国梁上诉，诬告中国士兵欺侮教士，破坏教堂，侵害法国主权。樊国梁听后大怒，不考察事实真相，就向直隶总督荣禄提出抗议，想借此事敲诈勒索，提出惩凶、赔款等无理要求。

误判

身为中枢重臣（军机大臣、文渊阁大学士）又是封疆大吏（直隶总督、北洋大臣）的荣禄一听得罪了"洋大人"，大吃一惊，早吓得三魂出窍，屁滚尿流。荣禄是个握有生杀大权的重臣，在中国人面前是个威严不可侵犯的人物，在外国人面前却是个胆小如鼠的奴才，一向对洋人唯命是从。案发次日一早，直隶总督荣禄便忙把杜保禄、王保罗二人请进城去，百般招待，并连忙答应"全面赔偿"；他还给法国天主教总主教樊国梁去信，请求"和平解决"。但直隶总督荣禄也知道国内帝、后两党斗争激烈，京畿之地气氛日趋紧张，又出中外交涉之案，必须妥善处理。荣禄立即派得力人员处理此事，对洋人的要求百依百顺，力求尽快平息此教案。由于法国方面提出条件极为苛刻，所派官员无法处理，只好由荣禄亲自出面进行交涉。

荣禄深知洋人不易对付，对于赔偿之事可以答应，但严惩凶手之事不易办理。因为董福祥的甘军一直是荣禄的忠实奴才，慈禧太后更将甘军董福祥部作为忠于她的心腹，肩负镇压维新帝党的重要使命，为维护后党利益，"惩凶"等无理要求一旦处理不当，后果不堪设想。荣禄再三考虑，决定亲赴樊国梁处赔礼道歉，并为甘军士兵说情。樊国梁也顺水推舟，答应不再追究凶手，但杜保禄在法国领事馆授意下，除要求公开赔礼道歉，赔偿白银五万两外，必须立契将保定北关天主教堂与保定城内直隶总督署东侧鼓楼旁繁华区豪华的宾馆（原清河道署旧址）"互换"，将其改为教堂。这本是丧权辱国的无理要求，但直隶总督荣禄恐怕再生枝节，引起中外纠纷，只得同意，并且亲自出面和法国总主教樊国梁共同签订了《清河道旧署与法国教堂互换合同》，"将保定城内清河道署换给法国天主教作为教堂，其地基房屋四至应由保定地方官员会同杜主教（即杜保禄）勘明绘图存案，嗣后归教堂随便使用"。就这样，将堂堂旧道台衙门拱手"换"给洋人了。

更可气的是，据《天主教保定教区简史》所记：1898 年 7 月 26 日迁移开始，从保定北关通往鼓楼的大街上很是热闹，前有三班衙役开道，后有官兵护卫。林懋德、杜保禄、王保罗、张芳济等中外神父趾高气扬地走在这支浩荡队伍中间，招摇过市，进入清河旧道署。街道两旁，店铺商民站在门前看热闹，还有数不清的孩子尾随在队伍之后。中午，直隶总督荣禄以下省、道、保定府、县各官举办了盛大宴会，特邀副主教林懋德，法国神父杜保禄，中国神父王保罗、张芳济等人被各官奉为上宾，入上座盛宴款待，直隶总督荣禄奴颜婢膝，下座奉陪。可见直隶总督荣禄对"洋大人"极尽献媚之能事。

天主教保定总铎区迁入旧清河道署后，当年秋天，杜保禄等人用敲诈来的白银改建为教堂。他们拆掉辕门，修建成拱形大门，上面横镶"天主堂"三个大金字，左右各摆着一只大型汉白玉雕刻的石狮子，还砌有半人高的花坛。大门正对今天的大教堂正门，其位置在今裕华路马路北半侧。接着修建了"圣彼得、圣保罗"大教堂，所用灰砖是教会精工自制的，上有"十"字标识：施工时每日只砌砖一层，历时一年，终于竣工。落成之

日，樊国梁亲自来保主持祝圣大堂典礼，京、津、正定等地中外神父前来与礼，除法国公使外，保定合城文武官员慌忙赶来祝贺，丑态百出，实在是有损国家声誉，丢尽民族的尊严。

法国天主教会的无理要求虽然得到以直隶总督荣禄为代表的清廷的同意，但有血性、有民族气节的保定人民则强烈反对，早已义愤填膺。当时的一些对联、歌谣便极力讽刺了荣禄，如据说保定有人在总督署前贴出这样的对联："驱清民，入洋教，乔迁入谷，亿万百姓共伤心；夺我地，修彼堂，不吊反贺，七十二官皆叩首"。用另一种方式表达了对这次"互换"的态度，对荣禄之流屈膝媚外的卖国丑行，作出辛辣的嘲讽和强烈的唾骂与抗议。

值得一提的是：杜保禄用荒僻的占"地16亩、房约40余间"北关教堂"换"了地处闹市、占地16.1亩的旧道署，并得赔偿5万金，仍然贪心不足，得寸进尺，不顾"堪明的四至"，竟想侵占西邻保定府衙的土地，遭到保定府知府沈家本坚决抵制，没能得逞，因此，怀恨在心。八国联军入侵保定后，杜保禄竟诬陷已升任山西按察使未及赴任的沈家本"助拳"而被拘押。当洋人窃踞总督署大堂，审判护理总督廷雍等三人时，沈也被审，处决廷雍三人时，其后人回忆文章说，沈还被判定监禁5年，押至凤凰台陪绑，因"率无左验"最终获释，杜保禄才未遂其愿。据《清史稿·列传二百三十·沈家本》载："沈家本字子惇，浙江归安人。……光绪二十四年（1898），调据保定，甘军毁法国教堂，当路慑于外势，偿五万金，以道署旧址建新堂，侵及府署东偏。家本据《府志》力争得直。拳匪乱作，家本已擢通永道、山西按察使，未及行，两宫西幸。联军入保定，教士衔前隙，诬以助拳匪，卒无左验而解。因驰赴行在，授光禄寺卿，擢刑部侍郎。"足见杜保禄的狠毒心肠。

宣统二年（1910）罗马教廷决定建立直隶中教区（后改称保定教区），有"法国政客"之称的富成功任首任主教后，在教堂修建房屋数百间，同年于城内建主教府、大修道院、保定城内分堂等。其主教府有两组坡顶红瓦的二层楼房，设备排场，雄伟富丽，宗座驻华代表蔡宁喻之为"宫殿"；保定民众则鄙称之为"大红楼"。中华人民共和国成立后，保定广大爱国教徒积极开展反帝爱国运动，开创了我国天主教史上的里程碑。保定天主教堂 1993 年 7 月 15 日被列为河北省重点文物保护单位，受到妥善保护。这段因国势积弱造成的民族屈辱史，包括爱国教徒在内的保定人永远不该忘记，荣禄也因为将道台衙门出卖给外国传教士，被钉在历史的耻辱柱上。

被八国联军审判处死的直隶总督

　　直隶总督署是我国现存最完整的一座清代省级衙署，它在风云变幻的近代历史中也饱经沧桑。作为总督署的中心建筑、封建官员权力和地位的象征——大堂，在光绪二十六年（1900），却曾上演过一场民族耻辱的闹剧。以英军提督盖斯里为首的四国联军将校耀武扬威地端坐在总督署大堂正中，模仿着中国官员审判犯人的样子，对被用绳索五花大绑着跪在大堂上的直隶总督廷雍等人进行了一番羞辱后，宣判死刑，枭首示众。廷雍既是唯一一名在总督署大堂上被审判处死的直隶总督，也是八国联军在中国土地上杀害的职衔最高的朝廷封疆大吏。

　　廷雍，字邵民，栋鄂氏，满洲正红旗人，山东巡抚崇恩之次子。他出身官宦，文底丰厚且爱画山水，并对古文字画颇具鉴赏力。1895 年被朝廷任命为奉锦山海兵备道兼山海关监督，1898 年 12 月任直隶按察使驻节保定。保定地处直隶省中部，与京、津成鼎足之势，西倚太行山脉，东扼冀中平原，北控三关，南通九省，被称为京师的南大门，战略地位非常重要；它从 1669 年起又一直为直隶省省会，也是直隶政治、经济、文化、交通的中心；19 世纪最后一年，保定更成为当时冀中义和团活动的重要基地。1900 年，帝国列强英、法、德、意、美、日、俄、奥等八国联军发动侵华战争。6月，八国联军由天津向北京进发。此时，朝廷内部主战派占上风，慈禧太后决定利用义和团的力量来抗击八国联军的入侵。于是清廷逐渐改变对义和团的政策，变过去的剿为抚，开始支持义和团。直隶布政使廷雍驻保，义和团运动已声势日盛。对此，他同裕禄一样，先主镇压而后招抚。但后来京、津等地陆续出现团民齐聚，且迅速扩大的局面。廷雍见状，无力查禁，只好提出设法监控，逐渐招抚的想法，促使保定的义和团得以很快发展壮大。在直隶布政使廷雍的支持下，义和团焚烧多所教堂，屠杀教民数百人，其中，法国公理会无辜的女传教士莫姑娘也被义和团抓住处死，这不但为外国侵略者找到了入侵的口实，也为廷雍的最终被杀埋下了伏笔。

不久，战事发生急剧变化，清廷辫子军的大刀长矛难抵洋枪洋炮的疯狂进攻，1900年7月，天津被八国联军攻克，直隶总督裕禄败退至北仓防守。8月初联军攻陷北仓，他在杨村自杀。8月14日，北京城被八国联军攻破。城陷之前慈禧太后携带光绪帝和一些王公大臣仓皇离京逃亡到西安，并任命廷雍为护理直隶总督，抵御八国联军。为了讨好洋人和推卸责任，反复无常的慈禧竟又下令镇压义和团。护理直隶总督廷雍接旨即顺风转舵，掉转枪口攻击义和团。并把京津失陷之责推给义和团。他先下令清理保定市面拳坛拳厂，一律解散，同时捕杀了藏于庙内的两名义和团首领增恩和马柱；后又下令调查直隶义和团分布情况。他派天津镇总兵徐得标率部围剿涿州左近；派游击范天贵追剿白沟河一带，令梅东益、韩照琦率兵分赴河间、静海一带查剿。他勒令部属对义和团必须缴械，捣毁拳坛，限时解散。清军各级官佐得其要领后，争先恐后地屠杀起自己的同胞，一时间直隶地面上的义和团民横尸遍野，血流成河。廷雍唯恐剿杀不力，竟要山东巡抚袁世凯出兵协助。9月间，颇具爱国之心的直隶候补道谭文焕带领十余名义和团首领到总督署面见廷雍，请他停止屠杀义和团，组织兵力反抗洋人侵略，廷雍当场予以拒绝。后廷雍又派兵追至高阳，打死八名

义和团首领，谭只身逃脱幸免于难。廷雍遂奏朝廷，将谭革职查办。此外，廷雍还派兵前往遵化县，将翰林院庶吉士杨锡霖建于城内的义和团团部捣毁，又奏朝廷将杨革职查办。

这时的直隶省会保定不仅是联军追赶清光绪帝和慈禧的必由之路，也是朝廷征调粮食及饷械的重要转运站，皇帝在太原的日常所需也要由保定转运。京津陷落后，大批义和团撤退在芦保铁路两侧，不断给四处扩大侵略的八国联军以沉重的打击，特别是执掌兵权的军机大臣荣禄，北京失陷后率领大批从京、津溃退的清军逃到这里，成为对八国联军有一定威胁力的重要据点。军事重要性十分突出。南侵保定是八国联军攻占北京之后四处扩大侵略活动中最重要的事件之一，这项罪恶活动主要是瓦德西策划、指挥的。瓦德西认为，进攻保定是既能以镇压义和团为借口，满足晚到的德国士兵从事军事掠夺的欲望，又能向西逃的清政府施加军事压力，为下一步的议和索赔创造更加有利的条件，同时还能为他提供一个指挥异国军队进行表演的舞台，大显联军统帅的威风。因此，他到天津不久就向各国侵略军提出了拟攻保定的计划，并呈报德皇获准。各列强基于自己的在华利益，对瓦德西南侵保定一事的态度很不一致。俄国、美国以已经从直隶撤军为由，表示不参加此项活动。日本的战略目标不在直隶，因此对南侵保定的计划反应冷淡，不予支持。不过，瓦德西的计划却得到了英、法、意三国的支持。南侵保定远征队由德、英、法、意四国组成，于1900年10月12日分两路同时向保定进犯。一路由法国旅长白劳德少将率领，自天津出发。该路侵略军由法国、德意和英国三支分遣队组成，约计4000人。另一路由英国侵华军司令官盖斯里陆军中将率领，自北京出发。该路侵略军由英国、德意和法国三支分遣队组成，约计5000人。两路侵略军共计1万余人，到了保定后由盖斯里担任总指挥。瓦德西命令两路侵略军必须在7天左右赶到保定，前进路上要随时联络，并尽力搜捕义和团，"捕到之后，立即枪毙"（《义和团》第3册，第25、28页）；攻打保定时要齐心协力，消灭清军。只有当清军"确欲剿灭拳民"并退驻保定以南 50 公里以外的地方时，联军才能停止攻击，等等（《义和团》第 3 册，第 25、28页）。侵略军为巩固和扩大对京津地区的占领，开始了南侵保定的罪恶活动。

瓦德西在四国远征军出发前，为扫清进军障碍，曾将这次行动通知了"候任"直隶总督李鸿章，威逼他撤退沿路官兵。李鸿章因怕影响和谈，不但不敢强烈抗议，还飞函命令保定及其沿路的清军"勿轻用武挑衅"或转移外地驻防。当时护理直隶总督廷雍等人谨遵直隶总督李鸿章"以礼相待"的指令，命直隶各军撤离省城，遇外军切勿开仗。10 月 12 日，四国联军兵分两路从天津、北京出发，天津纵队分为左右两队，隔河而行，沿途袭扰；北京纵队沿芦保铁路长驱南下，"屠良乡，掠定兴"（《义和团史料》上册，第 315 页），气势汹汹，一路烧杀抢掠，直抵省城保定。其中法国为争取在四国联军到达之前造成法军已占据保定城的局面，便提前派出一支先遣军抢先进驻保定城。20 日，护理直隶总督廷雍亲率保定道、府、阖城文武各官绅商出城迎接盖斯里。当盖斯里发现法军早已占据城垣和车站，并在满城遍插法国国旗后，非常恼火，乃于 21 日率英军占据总督署，把住司库。当法军以最先占领保定为由"提出该城应归法国保护之要求时"（《义和团》第 3 册，第 36 页），立即遭到英、德、意三国的坚决反对。盖斯里根据瓦德西的授意和支持，决定将保定城划为四段，由四国军队"分别管理"。侵略军入城后各霸一方，英军据西北城，把守北门，法军据西南城，把守西门，德军据东北城，把守东门，意军据东南城，把守南门（《义和团史料》上册，第 318 页；《义和团》第 3 册，第 264 页）。联军将帅杜以德、欧巨等人蛮横地要护理直隶总督廷雍拔掉中国黄龙旗，经廷雍与其激烈争辩，各官署才仍得以插中国黄龙旗。

南侵联军对保定城乡"奸淫掳掠，骚扰不堪"，更以屠杀、毁城、罚款等手段实施报复。帝国入侵者最初以清剿义和团为名，大肆搜捕、屠杀

"拳民"。城关各空旷处一时皆变为刑场，据记载，四棵槐河尸积塞流；德国占领的东北城，百姓受害最甚，奸淫、烧杀抢掠无所不为，血染保定大地。

南侵联军还对省城保定进行报复性地破坏，英军不但占领了直隶承宣布政使司署，毁坏无数档册，还不时到总督署大堂寻衅闹事并霸占藩库，并把司库存银 16 万余两抢劫一空。侵略者在保定毁坏城墙，破坏城隍庙、莲池书院、贡院及直隶承宣布政使司署、直隶提刑按察使司署等主要建筑，并以焚毁"拳场""团铺"为名，破坏了城内外的许许多多建筑物。南侵联军还不断地派军出城，到附近有关的州县进行报复活动。据记载，10 月 24 日，联军在易州清西陵纵兵劫掠皇陵文物。骚扰破坏较严重的州县有完县、定县、新城、涞水、易州、广昌（今涞源），等等。

南侵联军在大肆烧杀抢掠后，还对省城保定进行敲诈性罚款，先勒令全城居民限 24 小时内交出白银 4 万两，不久又以保城绅董对镇压义和团和抚恤传教士之事办理不善，又罚银 10 万两，责令一月催齐，否则，炸毁全城（《保定文史资料选辑》第二辑，第 70 页）。仅 11 月 5 日一天，返回北京的满载掠抢物品的大车就有百余辆。保定府、县各官员却为讨好洋人，将设置在南关的义和团拳场赠予法国基督教南关公理会，并代购墓园 30亩，于城内租民房数十间为基督教北关长老会寓所，并劝商会捐巨款，在西关外代购高地 96 亩重建教堂，这些皆不在赔恤巨款数内。

侵略联军在野蛮践踏省城保定的同时，杀戮民众尚嫌不足，又把屠刀挥向清政府官员。10 月 23 日晚以纵容资助义和团等罪名将护理直隶总督廷雍、城守尉奎恒、参将王占奎、按察使沈家本和候补道谭文焕等 5 人拘捕，将其关押在保定北大街原福音堂内。由于廷雍支持义和团，也敢于揭露联军暴行，抵制列强的勒索，引起了列强对他的仇视。同时，列强也希望通过杀害廷雍，来起到敲山震虎、彻底消灭保定人民"反抗意识"的作用。11 月 6 日，各国统帅得到联军统帅瓦德西批准后，决定在直隶总督署大堂上审判廷雍等人。同日，联军举行所谓国际审判会，以英军提督盖斯里为首的四国侵略军将校耀武扬威地端坐在总督署大堂正中，进行所谓的"国际审判"，他们模仿着中国官员审判犯人的样子，对廷雍等人用绳索五花大绑着在大堂跪审。帝国入侵者在审讯廷雍等人的过程中，千方百计地搬用《大清律》中对不遵朝旨的惩罚规定，然后给廷雍等人扣上违抗君命的罪名而定了他们的死罪，即采取以"中国人之辟，代国家行刑"的形式。英军提督盖斯里坐在大堂正中，各国统帅官旁坐，以"为何纵容义和团杀西方人士"来审问廷雍。廷雍一方面为自己的行为辩解，强调他支持义和团是遵从皇帝谕旨，另一方面慷慨陈词说："事已至此，要杀要砍你们随便，何必问这问那。"他把保定官员支持义和团的责任揽在自己身上，面对列强的咄咄逼问，侃侃而对，没有丝毫屈服的表现。经过一阵羞辱后，联军将护理直隶总督廷雍、城守尉奎恒、参将王占奎三人冠以纵容义和团"拳民"杀洋人、烧洋房教堂等"罪名"判处死刑；直隶按察使沈家本被诬陷其子参加了义和团，革职并予以判刑 5 年（后释放）；将谭文焕解往天津继续受审。因这一判决事前就得到瓦德西的批准，所以宣判的当天就把廷雍等三人押至保定城东南角的凤凰台（义和团斩杀法国女传教士莫姑娘处，今保定机床厂一带）枭首，砍下的人头悬挂示众。而廷雍本人则成为八国联军在中国土地上杀害的一位职衔最高的清朝大臣。

另外还有一个细节，就是历史上究竟用何种方式处死了护理直隶总督廷雍等人，具体记载中有说枪杀，有说斩首，各自都有若干史料根据。枪杀说官方文献中亦有，譬如李鸿章在他闻知事发的第一时间里，致行在军机处的一电报中说："闻已照西法用枪击毙。"不过，应注意这个"闻"字，显然表示只是听说而已。而他的另一电报中，在述出廷雍、奎恒、王占魁三人被杀害后，又特别言及"王占魁被枪死"，似乎排除另两人的"被枪死"。明确持斩杀护理直隶总督廷雍等人说法的史料根据也有许多，像胡思敬说：廷雍被诘问后便"曳出斩之"，即其一种。若说私人笔记可

靠性较差的话，那么，官方文献中也明确有证，如当年十一月十九日上谕中即说："联军戕毙廷雍一案，情形极为残酷，甚至悬首枭示，不独中国法律处置二品大员无此重典，按之西律尤属违悖公法。"需要特别注意，这是在事发两个多月后，对事情真相的甄别已有了足够的时间，可信度自然是很高的。亦有时在保定的知情者记述："当德、法二国军官权理保定时，擒获纵容拳匪之廷雍、奎恒、王占魁三人，即命世袭刽子手张荣以素日所用之斩刀戮于凤凰台下，又将三首级高悬拍照，留作纪念。"而作此记述者虽为亲西方之人，但他还是不免感叹："噫！国耻孰甚焉！"此外，还有很值得注意的一个理据，就是有说关于廷雍之死"洋人云，以中国之辟，代国家行刑，不以枪毙"。这与前揭外国方面以所谓"违抗君命云云咎之"亦可互为佐证，这其实不仅是对清廷的一种轻鄙和侮辱，也是对中国主权的一种侵夺。

廷雍被杀的消息传出后，立即引起了中国官民的强烈不满。在舆论的压力下，清政府在廷雍被杀的第六天，向列强提出抗议。同时，直隶布政使司署收到两宫颁布的严办义和团，抚恤教民的上谕，使直隶地方官员转变了对义和团的态度。他们由先前的主动或被动支持义和团，转而与列强勾结，向义和团举起屠刀，残酷进行镇压，导致直隶地方义和团运动的最后失败。

直隶总督署是省级以上的衙门，总督一般不直接审理案件，除非举行一些重大的政务庆典活动才在大堂举行，平常闲置不用，设卫兵专人看守，只是总督权力和地位的象征。在这样一个神圣不可侵犯的场所，由于当时清政府的落后无能，导致一帮外国侵略者得以坐在当时中国地方最高级别官衙的大堂上审判中国的地方高级官员，而廷雍则成为唯一在总督署大堂上被八国联军审判处死的直隶总督，这在中华民族和直隶总督署的历史上写下了耻辱的一笔。

1900 年 11 月初，南侵保定的英军和意军陆续撤回京津，英、意军退出保定后，其原占的地盘分别由德、法军兼管，而德军和法军仍留在畿南一带肆虐骚扰。为了加强对保定地区的控制，经各自驻京公使和联军统帅的批准，德、法联军于 11 月 24 日在保定设立了凌驾于中国地方官之上的军事殖民机构——"权理保阳司"。德军和法军在 1900 年 11 月初参加了对山西边境紫荆关、广昌（今保定涞源）的进犯，而这一军事行动则是"权理保阳司"指挥的。当时，权理司为迫使清政府屈就议和条件，不断向山西边境施加军事压力，在配合北京的议和谈判过程中起着重大作用。1901 年 6 月随着德军撤离保定，"权理保阳司"这一殖民机构最终瓦解。1901 年七八月间，法国侵略军最后撤离保定，至此，四国联军南侵保定的罪恶行径完全结束。

在清末"庚子事变"中护理直隶总督廷雍在省城保定被外国入侵者"审判"处死，体现了清政府的腐败与无能。廷雍实际上并没有迷狂地支持"反教""灭洋"，其针对义和团的言论、行为基本是随清廷的态度而转移，其最后遭遇，是在侵略者向清廷施行报复、示威和侮辱的罪恶行径中，做了无奈的牺牲品。

袁世凯兴办警政

　　中国历代封建王朝为保护皇权，镇压人民反抗，管理地方户籍，长期实行政警不分、军警不分的体制，各地的治安向来由驻防军队和衙门中的捕役负责维持。1898年7月"百日维新"中，康有为曾就"裁改绿营、旗营，改营勇为巡警"上过专门的奏折，光绪帝却只下了"切实裁兵、改习洋操、新法练军"的上谕，对兴办巡警的建议则未予采纳。1900年以前，除了帝国主义盘踞的租界外，中国各地都没有近代意义上的警察。庚子之役，八国联军占领北京后，京城地区的治安相当混乱。出于维护统治秩序的需要，清政府决定举办警政。1901年9月，清廷发布上谕，令各省将军、督抚裁撤制兵、防勇，"精选若干营，分成常备、续备、巡警等军"，推行警政。

当初应急之举

　　从 1901 年 11 月 12 日抵达开封，慈禧的回銮似乎进入了一个"停摆"阶段，直到 12 月 14 日，才启程北上。长达一个多月的停留前所未有，即使在洛阳，也不过停了 8 天。慈禧为何在开封要停留这么长的时间，史学家们推测，一个很重要的原因就是慈禧感到"卧榻之侧"的不安全。

　　1901 年 9 月 7 日，《辛丑条约》签订，其中第三条规定："拆除大沽炮台和北京至海通道的各炮台；在天津周围 20 里内不得驻扎中国军队，列强可以在北京驻扎防守使馆的卫队。"这一条实际上是剥夺了中国政府在天津的驻兵权，由于天津历来为北京门户，又有"京津一体"之说，如果八国联军再来一次入侵，就可以长驱直入。因此，大清的官员谁也不敢不带一兵一卒，去接收满城都是八国联军的天津城。

　　在签订《辛丑条约》的当日，慈禧就给远在北京的奕劻和李鸿章发电："速行设法竭力磋商，务期早日收回。"但慈禧走到荥阳时，李鸿章病逝，谁来接收天津城、解决大清不能驻军的问题，成为慈禧的一块心病。

　　李鸿章在给朝廷的遗折中，极力推荐山东巡抚袁世凯接替自己，并称赞其"足智多谋，规模宏远，环顾宇内人才，无出袁世凯右者"，认为袁世凯一定能顺利解决天津不能驻军问题。而慈禧的心腹荣禄在病中也举荐

袁世凯。

11 月 7 日，慈禧下诏，命袁世凯即刻署理直隶总督兼北洋大臣。应当说，李鸿章和荣禄的眼光是没错的。在李鸿章死后，袁世凯一直以李鸿章的政治继承人自居，言必称"李中堂"，以示尊崇，而很多史学家也认为曾国藩—李鸿章—袁世凯是近代洋务派一脉相承的。从操办洋务、知晓近代外交、兴办实业的角度来说，袁世凯可谓深得李鸿章真传。

由于天津当时尚在八国联军的军事管制下，袁世凯接任直隶总督并不是在天津就职，而是在保定。虽然在小站练兵时，袁世凯对西方军警制度有一定了解，但实打实地要创办一支近代化的警察队伍，一切都得从零开始。既然"开眼看世界"的林则徐说过"师夷长技以制夷"，大清国的巡警也就是从借鉴开始的。当时世界上最先进的国家是英国，袁世凯就让赵秉钧给驻英使馆发电报，把英国的警察章程、条例什么的翻译发过来。使馆的人说，章程什么的可长了，发电报贵着呢。袁世凯说电报费我们掏了，尽管发吧。

英国警察的警棍、警服甚至乐队都很容易照搬过来，但由于东西方文化的差异，很多职务名称、级别名称等不好"复制"，袁世凯想了想，日本是学习西方很见效的国家，就让人把日本的警察制度翻译过来，参考着用。至今，中国汉语中的一些词汇，如"警察""巡警""警察局"等都是从日文中借鉴过来的。

由于中国近代警察制度只是为了慈禧太后的"卧榻之忧"，因此筹备、训练、组建都很仓促，最早的警员都是军人"集体转业"而来。袁世凯从小站北洋军中抽调了 2000 名士兵，按照英日两国的警察制度进行速成式培训，但毕竟军人和警察是两个完全不同的工种，为了训练出合格的警察，1902 年 5 月，袁世凯在保定创设了警务总局和巡警学堂，开始全面培训巡警。直隶总督袁世凯之所以能在各省中首创警政，主要是出于客观形势的需要。庚子战后，按照清廷与各国达成的协议，各国应于 1902 年 8 月前归还天津。但各国在归还天津时却提出了种种苛刻条件。其中一条规定："距天津二十里内，清国不得驻屯军队。"以后屡经直隶总督袁世凯"电请外务部向各国公使磋商，始议明巡警不在此列"。于是光绪二十八年（1902）五月直隶总督袁世凯委派赵秉钧为保定工巡总局总办，聘请日本警官为顾问，从保定府属各州县招募"粗通文字"的青年500人，"参照中西成法，拟定警务章程"，先于保定创办保定警务总局，同时改新军3000人为巡警，先驻保定训练。袁世凯很快在保定建起一支巡警队，分布保定城厢内外，昼夜站岗巡逻，维护"治安"，"成绩昭然"；他还利用保定贡院旧址（今保定旧城区市府前街路北）修建了一座中西合璧、砖木结构的建筑群，作为保定工巡总局（又称警务总局）的驻地。据直隶总督袁世凯1902年8月8日的奏折记载："臣于四月间，查照西法，拟定章程，在保定省城创设警务总局一所，分局五所，庶将来可逐渐推广，由省会而遍及外府州县。"又据袁世凯1905年1月4日折中记道："臣前驻保定即经陆续招募警兵，勤加训练，限以速成。先招募三千名，编列十局，于二十八年（1902）五六月间先后成队，暂住省垣，拟俟地面收回，即分驻要区以资捍卫。"我国第一个正式现代警察机构终于在当时的直隶省会——保定诞生了，由于它是警察、司法、市政合一的机关，所以在地方文献中称保定工巡总局（又称保定警务总局）。

首创巡警，驻防天津

天津不准驻军，一下子难住了对近代体制一无所知的满朝文武，但难不住深通洋务的袁世凯。袁世凯经过实地考察，给朝廷上奏折，提出了设立巡警的建议："臣于莅任之初，即预筹津地收回必当以善其后。迨至交津有期，而各国订立条约，复有距天津二十华里，华兵不能驻扎之议。迭经电请外部向各国公使磋商，始议明巡警不在此列。维时天津盗贼繁多，疮痍满目，兵力既不能到，则唯赖巡警以震慑而绥靖之。"

话说 1902 年，帝国侵略者控制下的天津都统衙门委员会交接仪式大厅内，哨声引出了西洋乐悠扬的《友谊之歌》。只见一幅中英文双语书写的"友谊万岁"横幅高挂着。但英文从左到右，中文从右往左，看上去很别扭。各国联军仪仗士兵列队门口，然后是西洋乐队，直排到交接台前。他们的身后，是熙熙攘攘的中西记者们。

交接台前，八国联军天津都统衙门委员会主任乌沙利文看了看表说："估计袁世凯总督就要到了。我管理这个城市两年，一旦交还给中国人，还真有点舍不得。你们是否也有同感？"美国海军陆战队司令官亨廷顿将军说："用不着担心，袁世凯一定会让你接着管下去的。"英国皇家卫队司令亨利爵士说："否则他该怎么办呢？我看袁世凯得给逼得自杀，他要是真自杀了，我会很难过的。"众司令官们哈哈大笑起来。

一副官跑步前来，立正，"报告，袁世凯总督到。"众司令官对视一眼，朝门口走出。大厅两侧的记者们也蜂拥着，朝门口而去。《友谊之歌》似乎更加响亮了。

身穿官服的杨士琦先出现了，然后在门边闪到一旁。身穿总督服的袁世凯气宇轩昂地走了进来。乌沙利文戴着白手套的手伸了过去："袁大人一路辛苦。"袁世凯矜持地握了一下对方的手："不辛苦。诸位帮我大清管了两年天津防务，那才辛苦。"乌沙利文一怔。此时，"镁弹"不断地爆炸、闪烁着，记者们拍摄下了这个镜头。

乌沙利文有点尴尬地说："袁大人请。"但袁世凯走到西洋乐队跟前，停下来问："这演奏的是什么？"乌沙利文："是我们西方的《友谊之歌》。"袁世凯："啊，友谊，友谊，真是友谊深厚啊。"言罢，他昂然朝交接台前走去，乌沙利文等赶紧跟上。交接台前，乌沙利文和袁世凯站在中间，其他国家的司令官分列左右。

乌沙利文讲话："女士们，先生们，今天，联军在此欢迎袁世凯总督大人，举行庄严的交接仪式。现在我宣布，由各国联军在天津组成的都统衙门委员会，其管理使命光荣结束。"两侧的暗门忽然开了。两名洋姐，各托着一个盘子，扭捏着走到交接台前，然后转向交接台。乌沙利文先从一个盘子中取出天津关防印信，捧向袁世凯，"袁大人，这是贵国天津城防印信"。袁世凯接过来。这时，闪光灯又亮了起来。

但见袁世凯一扭头，把印信递给了站立身后的杨士琦。乌沙利文从另一个盘子中取出一个红封套，"袁大人，我们八国联军在天津这一年多，粮饷不足，可仍是百般节俭，给大人省下了这五千块钱"。他等待着袁世凯说点感激的话。却见袁世凯把腿一抬，登在他身后的椅子上，将红封套塞进了皮靴里。乌沙利文等大感难堪，满大厅都是"哦"的一声。

袁世凯转回身问："这就完了吧？"乌沙利文："是的，交接的事情就

这么多。"袁世凯面无表情，举起了右手。杨士琦一个立定，然后转身，朝门口跑去。众人面面相觑时，只听门外哨声大作。众人怔了一下，脚步匆匆地朝门口走去。原来在门外广场上，不知道什么时候出现了三千中国警察，他们都是一身黑色警服，腰挎盒子炮，骑着马，挥舞着警棍，已经集合完毕，只见一片烟尘。赵秉钧骑马立定在最前面，一见袁世凯出来，立刻敬礼报告："报告总督大人，大清国天津巡警部队总办赵秉钧率队集合完毕。"袁世凯："执行任务吧。""是。"赵秉钧接着命令道："全体听了：占领天津各交通要道、路口。谁敢捣乱，以违警论处。"警察部队山崩地裂地一声吼："是。"

站立在台阶上的乌沙利文大惊失色，"这，这是怎么回事？袁大人，按照条约，天津不准贵国驻军的。"袁世凯扫了这个下野的外国人一眼，一字一顿地说道："请你看清楚，这不是军队，是警察！"言罢，他朝赵秉钧一摆手。赵秉钧吼道："出发。"一阵尘烟散后，台阶上只剩下垂头丧气的联军军官们，袁世凯和记者们都不见了。

乌沙利文无奈地说："看来，我们各国都要约束自己的士兵，最好别走出营地。各国为了日后的商业利益，都想同清国修好，一旦造成冲突，我们在本国政府那里都会很麻烦。"一个联军军官有感而发："袁世凯太狡猾。"

巡警为近代国家所特有的工种，古代中国，只有衙役、捕快之类的，也起一些维护治安的职能，但远没有巡警专业化。在天津设立巡警，一来可以维护当地治安，二来可以威慑外国驻军，战时可以起到"准军队"的作用，三来也钻了《辛丑条约》的空子，让列强无话可说。设立警察，这一想法戊戌变法时黄遵宪曾在湖南试行过类似制度，但无果而终，如今袁世凯将其付诸实施，算是近代中国首创，这也算了却了慈禧的一块心病——有了巡警来保卫天津，将来在北京虽不说高枕无忧，起码也算安全有了保障。

　　经过交涉，西方列强只能同意中国巡警进驻天津。1902 年 8 月 15 日，袁世凯代表清政府正式接管天津，随后成立天津巡警总局。巡警这一新鲜事物在天津出现后，很快在治安、巡逻、税收、户籍、建筑等多个领域的管理方面显示出效果。天津警察的规模迅速扩大为 5000 人，所属各个机构也日益完善。到 1904 年，天津巡警总局已经增添了河巡、马巡、暗巡和消防队，且陆续建立了拘留所、备差队、军乐队和探防队等，这在全国堪称独一无二。

　　保定、天津警察开办后不久，直隶总督袁世凯迅速将它推广到全省的各个州县，到 1905 年，全省"各州县陆续禀设者已有九十余处"。大体完成了城厢警政的创建工作。清末有了正式的警察，便是从袁世凯在直隶总督任内率先开办的。

袁世凯断案逸闻

遇刺

在近代中国史上，割去我国领土最多的就是沙俄。日俄战争以前，清廷忽然又有了联俄之说，而国民鉴于以往沙俄的狼子野心，认为万万不可再依此列强而求自安，进步人士及留学生更是纷纷起来，组织抗俄会等团体，进行宣传，甚至派人从事暗杀活动。其中以留日学生最为激烈。

这期间，直隶督署内也擒获一刺客，这刺客正是为刺杀袁世凯而来。该人是赴日留学生，武功很好，能腾身空中，翻越数丈的高墙。他听说袁为联俄派后，就主动以刺袁为己任，不顾生命危险，告别同志，乘船返国。当时袁世凯在天津办公，刺客辗转到达天津，埋伏于督署门前数日，计划留等袁世凯一出门，就将其刺死。然而，事不凑巧。袁世凯因病卧床，半月不曾出门。刺客所带经费即将花完，他思虑再三，决定冒死潜入督署内部。

督署大门盘查很严，想从大门混进去根本不可能。刺客只好利用自己的轻功于夜晚行动。一天夜里，天上乌云密布，伸手不见五指。午夜时分，他按着白天选好的位置，飞身上房，蛇行屋瓦之上，俯瞰署中形势，见一厅堂内仍灯火通明。原来袁世凯那天病体见轻，正和几个姨太太玩牌，门口站着几个彪形大汉。刺客细心观察，发现袁某兴致正高，等下去怕不小心被发觉，误了大事，便翻身下墙。想第二天晚上再来找机会刺袁。

袁世凯行武出身，玩牌时已听到房上有异常响动，但他没有声张，装作照旧打牌，睡意自然也没有了。

第二天清晨，袁世凯即唤来心腹，让其察看围墙和屋顶上有什么异常情况。心腹很快回报说："墙上有足迹，房上有刚踩碎的瓦片。"袁算计第二天晚上那人肯定还会来，就命卫队秘密布置，不得向外透露半点风声，以防惊动刺客。

第二天深夜，刺客轻车熟路，飞身上墙后，发现没有动静，就直奔袁世凯的上房，侧耳细听，似有鼾声，他想今夜即可大功告成了。当他运用轻功，像飞鸟一样刚刚落地，就被袁世凯预先埋伏好的卫队拿获。搜其身，藏匕首一把。士兵将其五花大绑，押到督署大堂。这时假装睡觉的袁世凯早在大堂等候。

袁世凯端坐大堂，问："你深更半夜到督署干什么？"答："杀你。"袁又问："我与你往日无冤，近日无仇，为何刺杀我，想必是受人主使吧。"答："听说你主张联俄，联俄就是国贼。联俄就是国民之公敌，我是来为民除害的。今日不幸落入你手，死不足惜，只恨没能除掉你。"袁世凯厉声叱之，大呼："来人，推出去，斩。"刺客毫无惧色，昂首而出，引颈待杀。袁世凯看到刀已架到脖子上，刺客视死如归，毫无胆怯，觉得此人是条汉子，可谓真壮士，就好言相劝；刺客毫无感激之情，仍旧引颈等死。袁世凯说："许多人认为我主张联俄，其实错了。大概是反对我的人。利用国民的心理给我造谣，达到借刀杀人之目的。不管怎么说，你为了国家的利益，冒着生命危险，来刺杀我，可谓真壮士。老夫很钦佩，今天我不但不杀你，而且送你些银两，放你出去，你看如何？"刺客仍旧默不作声。

袁已命人取来黄金，解开刺客的绑绳。刺客对盘中黄金看都没看，只向袁一抱拳，随后就消失在夜色之中。

在场的卫队士兵目瞪口呆，望着他们的主人大惑不解。袁世凯微微一笑，对大家说："人家要刺杀我，我捉住他，不但不杀他，反而放他走，大家不理解，是吗？大家请想一想，我杀掉此人当然容易，他已在我手中，可我怎么能杀完所有企图谋杀我的人呢？这个刺客被杀掉，其同伙更要为他报仇，之后，无数刺客相继而来。那时，我最终会死在那些人手里。放他去，是救我自己的上上之策。"接着袁又说："尽管我将刺客放走，仍然要论功行赏。今晚所有值班人员赏银五两，生擒者赏十两。今晚之事不得外传，泄密者，斩。"所以，这件事当时很少有人知道。

也有人说，袁某捉住刺客后，将其磔杀，埋于督署后花园中。至于释放刺客，是他故意编造，欺骗舆论，博取美名的。是杀是放，我们已无从查考了。

另有一种说法，谓当时有一满族大员，一直想谋直督一缺，就暗中运动，欲取袁而代之。李莲英将此事密告袁世凯。袁设圈套，阴使一人图谋自己，然后通过刺客之口嫁祸于满族大员，使其受舆论之谴责。同时也使满族大员心里害怕，不敢再图谋直督这一显位。

刺袁之事，说法颇多，真相究竟如何，至今仍是一谜。

杀索包之门人

袁世凯督直期间，表面上推行新政，革除一切陋规，所行各项，也往往颇有成效。

在革除陋规方面，其中规定凡谒见之属员，严禁门人索取门包，若有触犯者，定将严惩不贷。

此规定下达后不久，新任命的候补知府陆某，到督署禀见袁世凯。门人欺其初到，又是候补官员，向其索取门包五十两白银，否则，不给通报。陆某家境贫寒，手头拮据，实在无法答应门人的要求，门人就不让陆某进入督署。陆某连日去了三次，均不得见。过了几天，又去，门人仍然要求门包，陆某无奈，请求少一点，门人声称一两也不能少。最后，陆某央求道："我今天带的银子实在不多，请你先让我进去，明天再如数给你如何？"门人说："必先给够，方能为你通报。"陆某无奈，只好怅然而返。

回宾馆后，陆某十分生气；左思右想，苦不得计。午后醒来，想出一计。他命人取出五十两白银。并写一短函。大意是：送银之人并非我的亲信，他顺道路过你处，烦请捎去。我怕所托之人不能尽数给你，请你收银后，给我一收条；陆某把银子和信包好，派亲信仆人送去，并告诉他一定要向其要个收条。门人在收到银子后，不假思索，就给写了收条，交给送银子的仆人。

第二天，陆某到督署，自然很顺利的就见到了袁世凯。袁世凯问陆何时到省。陆说大约已半月多了。袁甚感诧异，问道："这么长时间，为何不来禀见呢？"陆某正色道："督署大门太难进了，我几次来，因付不起门包，被门人挡在外面，不给通报。我多方借贷才凑够门人索要之数，所以才拖至今日，请大人谅解。"袁说："我督署中无此先例，手下人都知道，犯此法者，是要被严惩的。难道有人敢以身试法不成？陆大人不是开玩笑吧。"陆某从口袋里取出收条交给袁世凯。袁大怒，马上命人将门人找来，当堂对质。门人在证据面前，不敢抵赖，只好承认。袁立刻命卫士推出斩之，并命人取五十两白银，还给陆某。后来，陆某几经升迁，数年后，当上驻日公使。有人说，陆某就是清末民初的著名外交官陆征祥。也有人说，陆为人极圆融灵活，似不会有此倔强的举动。

可叹那个贪财害公的门人，落了个身首异处的下场。

袁世凯与"吴越谋刺五大臣"案

吴越（1878—1905），字梦霞，一作孟侠，今安徽桐城人。吴越父吴尔康，有五子，吴越居四。吴越家境清贫，八岁丧母，为其二兄所抚养。后两位兄长病故，迫于家计，奔波于"凡尘间"。然自幼好古文，诸子百家之说均有涉猎。犹好古诗文，但极恶八股之术，不愿入仕。20岁又东游浙、沪一带，目睹江南"开化之风"。后又由堂叔、保定莲池书院山长吴汝纶推荐，于1902年入保定高等学堂就读，广阅革命书籍，如《革命军》《警世钟》《自由血》《黄帝魂》《扬州十日记》《嘉定屠城记略》等，思想为之一变，由立宪转向光复，并自此广结志士。最好的几个朋友有，湘人陈天华、杨笃生，苏人赵声，鲁人张榕，浙人蔡元培、章炳麟、秋瑾，皖人陈独秀，每每与之相遇则必"深谈午庚夜而不寐"。吴越在赵声、杨笃生的介绍下，由杨监督与马鸿亮等介绍加入革命组织"北方暗杀团"，任支部长，并由蔡元培介绍加入光复会。

1903年4月29日（四月初三日），因满清与沙俄签订七项密约出卖东北主权，留日学生五百余人在东京举行拒俄大会，声讨沙俄侵占东北。会后组织拒俄义勇队（又名学生军），黄兴、陈天华等二百余人自动参加，准备开赴东北抗俄。但满清政府竟电令清驻日公使会同日本政府严加弹压。拒俄义勇队遭到强行解散，遂改名军国民教育会。

7月5日，军国民教育会在东京集会，通过改组军国民教育会意见书，改"实行爱国主义"的宗旨为"实行民族主义"。纲领有三点，第一起义，第二暴动，第三暗杀。组织极为严密，所有成员必经严格筛选，皆有徽章以供识别联络，为圆形镍制徽章如墨西哥鹰洋大小，一面为轩辕黄帝头像，一面撰刻誓词："帝制五兵，挥斥百族。时维我祖，我膺是服。"聘俄国、日本教官教习格斗、爆破、刺杀、军械各种技能，并派人回国联络各地志士，共同反清。同盟会里的两大派系皆是出自暗杀团的班底。

吴越自加入暗杀团后，以民族解放、光复汉室为己任，精练各种技术，同志赵声（江苏镇江人）擅武艺，枪法尤精，尤其手枪可百步穿杨。另一同志张榕，祖籍山东，客籍辽东，原汉军旗人。祖上世代为满酋努尔哈赤守陵，家资巨富。后张榕幡然觉醒，毅然弃旗归汉，力求杀敌以赎祖先之罪。他精于刀术，曾战胜日本黑龙会二刀流的高手，轰动东京。吴越师从杨笃生学习炸弹爆破技术。当时主要炸弹技术有两种，一种是银药法，以水银置弹内，抛掷时产生巨大威力，不过水银易与硝酸发生反应，使用时不安全，杨笃生的左眼也曾在试制时受伤，故不用。另一种是用普通黄炸药置弹内，用导火线激发，仍嫌不足。后采取撞针式法，抛掷后以撞针接触激发。吴越与杨笃生于北京西山八大处山上多次练习，手法渐熟。还曾因此被巡山清兵盘查，从容而脱。

随着国内外革命党人实力的逐步增强，清廷朝内的政局也发生着微妙的变化。一派是以庆亲王、袁世凯为首的北洋派，一派是以张之洞、岑春煊为首地方派系，中枢的瞿鸿禨的清流，还有就是铁良他们的满洲少壮派。虽说派系不同，但以改良来对抗日益膨胀的革命势力是他们的共识。只不过满洲亲贵是想借改良来防汉，汉人重臣是想借改良来扩充自己的实力。各种势力的合流，造成当年立宪呼声甚嚣尘上，革命党人处境相当困难。吴越对此深表忧愤。他说："宁愿吾国民为懵懵不醒之国民，也不愿

吾国民为半梦半醒之奴隶。因为懵懵不醒之人一旦猛醒皆会复九世之仇，光复汉室。而半梦半醒之奴隶，名义上为立宪保国，实际上不过是满清鹰犬，立宪派以马志尼、加富尔自居，实际上比吴三桂、洪承畴而不若。保的是满清不是汉族。"因此他提出杀一儆百，以儆效尤的计划。在革命党暗杀名单上排名靠前的有下列几人：奴汉族者那拉氏，亡汉族者铁良，封疆大隶袁世凯、张之洞、岑春煊。

1904年冬，王之春在上海谋刺前广西巡抚。王之春被捕。1905年科学补习所成员王汉在河南彰德谋刺清户部侍郎铁良，未中殉节。消息传来，吴越慨然说："万、王二子事迹非勉他人，乃勉我尔。"吴越在保定创上下两江公学，办《直隶白话报》宣传革命。交友广阔，与各方义士日夜密议，决定入京刺杀铁良。因为铁良是满洲少壮派的领袖，搜刮东南各省的财富，提取上海江海关的几十万两银子，又电告日本方面只许满洲流学生学警察，不许汉族学生学军事。又编练京师八旗兵来防备汉人。在论及杀铁良的后果时，他说："逆贼铁良一杀，而载振、良弼辈必起而大行压制之手段，将不尽灭我汉族而不甘心焉！噫！此其幸事乎？抑其不幸事乎？吾敢断言曰：'幸事，幸事！'"

因为满汉冲突愈烈，革命倒满愈有厚望。所以，他要"手提三尺剑，割尽满人头"，"满酋虽众，杀那拉（慈禧太后）、铁良、载漪、奕劻诸人，亦足以儆其余，满奴虽多，而杀张之洞、岑春煊诸人，亦足以惧其后。杀一儆百、杀十儆千……"因此以它为目标。

吴越临行前曾与赵声（伯先）、陈干生（独秀）密计于芜湖科学图书社小楼上。赵与吴互争北上任务。吴问："舍一生拼与艰难缔造，孰为易？"伯先曰："自然是前者易，而后者难。"吴曰："然则，我为易，留其难以待君。"议遂定，临歧置酒，相与慷慨悲歌，以壮其行。吴越草拟了万言《意见书》，誉清后交张啸岑一份，郑重嘱咐张，他若离开人世，"万一无法发表，便交湖南杨笃生先生，或者安庆陈仲甫先生"。吴因保定学堂毕业必由满清大员到场授予出身，吴越不愿受清廷之封，游历辽东与张榕结伴到京师，密图行动。经堂姐吴芝瑛结识秋瑾，结为知己。洽逢清廷为了敷衍求变的潮流，乃同意君主立宪，先派五大臣出国考察，搜集资料。吴越为撕破满清政府假立宪的骗局，而"宁牺牲一己之肉体"。并说："予愿死后，化一我为千万我，前者仆而后者继，不杀不休，不尽不止，则予之死为有济也。"遂决定改变计划行刺五大臣，决定在火车站动手。吴曾与秋瑾至前门火车站踩点，后秋瑾先回南方筹备，吴越写好了一纸遗嘱交给她，说："不成功，便成仁。不达目的，誓不生还。"吴在保定安徽会馆等待时机，在此期间，吴越写下了《暗杀时代》等十三篇文章，特别是其中写给未婚妻的《与妻书》里，吴越驰书未婚妻子，抛开个人私情，从容论述生死大义。函中有"吾之意欲子他年与吾并立铜象耳"之语。从吴越给未婚妻的两封信可以看出，他们两人对激烈行动、暗杀计划有过讨论，未婚妻亦赋诗三绝以壮其行。

1905 年 9 月 24 日，辅国公载泽、兵部侍郎徐世昌、户部侍郎戴鸿慈、湖南巡抚端方、商部右丞绍英等五大臣正式出洋考察。在此前一天，吴越由随同五大臣一同出国考察卧底的杨笃生那里得知了详细的出行计划，与同志张榕在安徽会馆设宴招待各方友人，席间慷慨悲歌，举止豪放，有人不解其义，问之，云不日将有所图，人皆赞之。庶日怀揣杨笃生事先制好的炸弹离开会馆，留置一信于枕下，详书其此次行动的缘由，并说与会馆众人无关。以便万一事泄，不托累旁人。五大臣原定十点出发，铁路局预备的专车一共五节，前面两节供随员乘坐，第三节是五大臣的花车，第四节仆役所乘，最后一节装行李。一大早就在前门车站，八点刚过，送行的人陆续到达。首先到的是徐世昌，接着是绍英、端方、戴鸿慈，最后到的是载泽。吴越穿的是学堂的操衣；被拦不得入内。他急购一套清隶仆役的衣服，蓝布薄棉袍，皂靴，无花陵的红缨帽。混入仆役之中进入车站上了第四列车，张榕在他的身后，因送站的人多，被隔在了远处。在试图由第

四列车厢进入中间花车五大臣包厢的时候，吴越被卫兵拦住，因他口音不是北方话，引起了卫士的怀疑，正纠缠间，又上来几个兵卒。吴越见此就冲进花车，借火车开动之际引爆身上的炸药与五大臣同归于尽。电光闪过，倒退车头接上了车厢，力量猛了些，五节车一齐大震，砰然巨响，车厢顶上开了花，硝烟之中飞起来碎木片、鲜血、断手、断足，哗啦哗啦地落在车厢顶上，好一会儿才停。共毙伤数十人，内有端方亲属，徐世昌、戴鸿慈因有仆人王是春在前颈受轻伤，顶戴花翎皆被削去。绍英受伤较重，载泽用一只受伤的血手，摸着自己的脖子问："我的脑袋呢？"烈士吴越当场殉节。张榕因离得较远，加之杨笃生掩护，趁着混乱脱险。

事后，京师全城戒严，慈禧太后一面下令追查，一面传旨为防止有人携炸弹等物潜入颐和园，故将围墙在原有高度上又增加三尺有余。园内设电话，增派驻军昼夜巡逻。

从吴越烈士尸骸上找不出线索，官吏们就用玻璃棺及药水保存，找人认领，想从中发现线索，摄成照片，印了数百份，分发给所有的便衣侦探，到客栈、会馆、庙宇，以及任何可以作为旅客逗留之处去查、去问。验明正身，死者一足为六趾，又将衣物逐一搜查，怀中名片上大书"吴越"姓名，还有"皖北人"三字，烈士绚名，乃古慷慨悲歌遗风于焉未堕，闹得京师震动，闻名中外。徐世昌、绍英也不敢出洋，只得改派尚其亨和李盛泽。京城官员亦风声鹤唳，杯弓蛇影。

直隶总督袁世凯行文饬令各警察局严加侦察，迅予破案。此项行文递到保定警察局，局员王缙将照片携回家中，其胞弟王景福系直隶高等学堂学生，见照片即大声说："此为我校学生吴越。"王缙回禀局长，局长当即禀报直隶总督。袁世凯幕府张一麟献计道："此事声张出去与袁不利，宜严守秘密。"一面告赵秉均派人到北京桐城会馆消灭吴越遗迹，并在越字旁边加个"木"字，称吴樾，以便含糊报案了事。另派道学毛庆蕃署理藩司（即署理直隶布政使）到保定悄悄了结此案。保定警察局又派王缙到西关高等学堂谒见该堂监督王景熙，令其协同秘密调查，监督亦令学监查明吴越最近的行动。学监回报："吴越已在一个月以前请假，迄今尚未返校。"王景熙又召来与吴越同室的学生进行询问，该生说："吴越平时静默寡言，只知读书，亦无朋友来往，唯每星期日必进城去看未婚妻，其未婚妻是何姓名，住在何处，均不知道。"根据王景福指认照片，学监报告的行迹和同学的补充，综合起来，袁世凯认定北京前门车站爆炸之事，必系吴越所为。从此，当局认为直隶高等学堂系革命的巢穴，每个学生都有嫌疑，一举一动都受到暗探监视，学堂亦更加对学生严格管束，加紧门禁，不得随便出入。寒假前，毛庆蕃和按察使曾韫及王景熙三人到教室，高座在讲台上，好似三堂会审，对全班学生挨次询问，首先阅汉文试卷，有无不法语气，然后询问姓名、籍贯和社会关系，并视察异常行动和日常表现，又令对校事提出意见，闹得学校师生异常紧张。

时隔不久，袁世凯下令开除了四名与此案无关的学生，对吴入学时的保人清苑候补知县金祖祺用了"心地糊涂，办事颟顸"八个字批语而革职，撤换了学堂监督王景熙的职务，改张鸣珂为监督。

吴越刺五大臣的事迹迅速传遍天下，同盟会的《天讨号》增刊把他的遗著全部发表，追认他为盟友。烈士成仁后，被满清抛尸荒野，幸有志士金某保全尸骸，中华民国成立后，吴越之弟询其遗体以公葬，蔡元培主祭。安徽有义士修吴越路于安庆中心，以兹纪念。吴之未婚妻在保定得悉夫君殉国，慷慨自刎以殉。另按清制，犯人的名字中要加一偏旁部首，以示污辱。吴越名字中的"樾"之"木"即为此，故而由直隶总督袁世凯等人所加，然今日，"樾"字反而体现其精神之光荣，故而后人文中多皆用"樾"字。

1905 年 9 月，北京车站发生的革命党人吴樾刺杀考察宪政五大臣事件给直隶总督袁世凯以很大震动，同时也给他带来了历史的机遇。1906 年 1 月，袁世凯以"吴樾谋刺案"为借口，抽调保定和天津巡警官弁 1000 余

人进京，全面改组北京旧的巡防营，建立以袁世凯主导的巡警机构。事后不久，《京保铁路巡警试办章程》《山海关内外铁路巡警稽查职守章程》《山海关内外铁路总局酌拟中外大员乘坐专车严加防范章程》等先后制定，铁路巡警也得以推广和加强。直隶总督袁世凯因为"吴樾谋刺五大臣"案件，在清末反而进一步攫取了京师和相关铁路的军、警权力。为辛亥革命后迅速夺取胜利果实提供了最大程度的保障。

附录：历史文献《李鸿章判牍》

　　李鸿章（1823—1901），字少荃，安徽合肥人。道光进士。初随曾国藩参理军务。继而受曾国藩委派，招集乡勇，编练淮军，并创议借用洋将，故与外人交接甚多。剿灭太平天国后，调淮军六万，镇压捻军。被誉为中兴名臣。历任两广总督、两湖总督、直隶总督、北洋大臣，掌握清朝军政、外交大权。与各国条约，多出其手。官至太子太傅文华殿大学士，封一等肃毅伯，卒赠侯爵，谥文忠。所撰判牍，文有赋心，剥丝抽茧，入细入微，公允中正。为世人所重。有《李文忠公全集》。

　　《李鸿章判牍》，襟霞阁主编，1935 年上海中央书店印行，作者李鸿章。这个文献为李鸿章任直隶总督等官时所审理案件的集成，其案件内容时间不详，计有判文 47 件、批词 19 件、驳文 2 件，总计 68 件，是有关直隶总督判案的珍贵史料。

一、败人名节之妙判

　　曾衿许愚生相貌丑陋，却喜欢寻花问柳，秽行名传千里。他看到戴子安妻子吴氏美貌，乘戴外出，顿起色心，借故登门求见。见吴氏便跪下拜

首，形同至亲。许愚生见色而魂飞，戴子安回后，闻声而胆落。

[判词]

曾衿许愚生，貌堪掷果，喜为蜂蝶之狂。户外寻花，辄施俳佽之行。秽声久彰于邻里，大名直玷夫子衿。窥吴氏独居，色心顿起。乘戴某他出，恶意相看。借名访戴，实为吞吴。与乃夫无半面缘，居然称弟；见阿嫂竟稽首拜，俨同至亲。寒暄并无一字，恩爱直欲千般。方见色而魂飞，有词未吐；讵闻声而胆落，无洞可钻。外来之真夫，询其胡为而到；留居之内妇，辩白竟自无从。若非邻里证其乍来，几致官府亦疑有染矣！嗟！嗟！见色即慕，淫士之常；无因而至，惟尔所独。证既确凿，杖不冤枉，至行学饬戒，又属分内应得之事矣。

二、小叔盗嫂之妙判

陆思忠年少便色胆包天，见堂兄陆思孝妻美艳绝伦，竟入堂嫂房中，上床欲施强奸。堂嫂以礼自守不从。她以他的帽子为证，当即叩见族长。思忠的父亲以叔小嫂长不可能以幼小威胁长者的理由进行抵赖，纵子乱伦。

[判词]

陆思忠以幼稚之年，已萌色胆，寝堂兄思孝之妻美而艳，竟登床图奸。思孝之妇以礼自守，不肯从。当即叩鸣族长，以帽为凭。思忠自忖乱伦犯律，不轻宥，耸其父衡平，以叔小嫂长万无以幼胁长之理，妄渎图赖。不知人情只别贞淫，强奸岂分长幼。苟失孩提之性，即乳兽亦能聚？况思忠年已逾于弱冠乎？不遇狂风，何由落帽？帽不足据，则其颈亦不足据矣。坐以强奸之罪，姑宽乱伦之条。衡平纵子为非，又复存心袒护，相应并杖。

三、狼咬阿姑之妙判

蒋氏与其夫争闹，姑往劝阻，反被狼咬。

[判词]

此案细经审讯，据黄翁氏自供，因儿媳争斗，身往劝止，被媳蒋氏狼咬一口。此事蒋氏意果在于殴姑，当从妻妾殴夫之祖父母、父母之条。若因意欲殴夫，纷挤之际误伤其姑，则仍当从妻妾殴夫至笃疾之律。盖其殴姑者，过也，非故也。故当科以重罪，故则可从末减。

四、一网打尽之妙判

倪伯鸿好打官司，横行乡里，乡里敢怒不敢言。家里积资累累，仍不肯敛迹。因与杨慧僧争地，向官府禀控，牵连无辜，最后被官府查个水落石出。

[判词]

倪伯鸿即子久，健讼之名声素著，诈欺之手段尤高。闾里为之侧目，官厅任其横行。积资累累，犹不肯敛迹。因与杨慧僧争地挟嫌，一再禀讦，甚至牵连无辜，冀兴大狱。为一网打尽之毒谋，受万人吐骂而不恤，空中楼阁造来岂是真真，平地风潮卷去未免忍忍。庭讯之下，俯首无词，诳詟渎宪之罪，殊难为之宽假。此风断不可长，杖责罚锾以惩。

五、摊派钱漕之妙判

贪官吴公道欠官府漕钱三百余。官府下来访查。吴公道自知违法，一再请求宽限。官府见他情词恳切，命令原县监追回。时经一年，仅完成一半，原县不得已以库钱垫付。官府追查此事，他又借分摊的名义，捏造事

实，诬赖同事，又向官府告发，借以脱身。

[判词]

查吴公道系一积蠹也，所欠钱漕计有三百余。当经前部院查访拿问拟流徒在案。吴公道自知违犯法律，一再请求宽限筹缴。鉴其情词恳切，姑准令原县监追。阅时已逾一载，所完仅及其半。原县以职责所在，未便久悬，不得已而以库银垫解。是吴公道不仅累己，而且累人；不仅累民，而且累官。如此积蠹，正令人叹恨无已。犹不自觉悟，痛自悛改。身在囹圄之中，心存诈欺之计。借上官穷究之名，为同役分摊之举。继恐访后扳赃，有干例禁，则又捏造别词，自居首弊。运筹工于卸责，设陷巧以陷人。唯是所开种种，并无一人肯为佐证。则其虚诳无待推解，况漕钱利弊或发觉于绅衿，或举示于被害。今以问拟流徒之衙役，身在缧绁之中，公然讼言于堂。人其谁信，亦法所不许者也。吴公道似此刁恶，应再加重科责，并令赶速补还库银，是所至要。至其余各役。果有欠缴情事，仰令该县开明，禀候核夺。

六、收取陋规之妙判

方俊才常借青衿之名，惯施欺诈，此次以县官衙役，串通舞弊，控告抚院，借公报私。

[判词]

此案经本部院派员审讯，查得所控贴役等种种名目，或因并无官给工食，而民间私派完公；或因官给工食不敷，而民间私贴以足之。是可目为陋规，而不当谓为赃据。改非县官存心科钦，更非吏役借此侵渔。事本属于从权，罪难绳之以法。方俊才平日借青衿之名，惯施诈取，此时怀嫌隙之私，复淆观听，举动悖谬，一至于此，应发学戒饬。

七、乾没贿赂之妙判

许超然因打官司，很想胜诉，托他的亲属龚春槎为他说情。龚春槎见有利可图，满口答应，并收到许超然许多银两。但他却只收钱，而不去说情，最后官司败诉。许超然愤而向官府告龚春槎诈骗他人钱财。

[判词]

覆审得许超然者，因别案致讼，妄冀胜诉，托其亲属龚春槎为之关说。龚春槎见有利可图，则亦乐予接受，一口担当。先得许超然银两若干，继又得若干。又由许超然之弟翊然过付若干。时日历历，讯之各证人，所答亦均符合。唯由龚春槎妻舅胡瑞林所经付之若干，则屡经提讯，胡瑞林迄未承认，并代为设虚词以卸责。是此案龚春槎之诈财行为，业已完全证实矣。胡瑞林虽坚不吐实，实因碍于妹丈至戚，所谓为亲者讳者是然。龚春槎犹复呶呶置辨者，何钦？此其中亦属有因。查龚春槎舌耕度日，四壁徒存，囊空如洗，甑釜不温。昏夜黄金聊以救急，公堂对簿实亦内渐，况使所供果实，何从筹款抵追，此具所以始终不肯承认也。然过付佐证既已确凿无疑，虽欲为之宽，又乌从而为宽？相应仍照原拟。至许超然贿赂公行亦属罪有应得，即并拟候核夺。

八、持诉恐吓之妙判

何景海曾以一段山木卖给胡莘耕，得了若干元钱，后受人唆使，顿然翻悔。胡莘耕坚决不肯。何景海忽发奇想，巧借胡莘耕贩私事，写成诉状，请鲍瑞麟交给胡莘耕，如不答应，就要诉诸公堂。胡莘耕将计就计，一边设法筹措银两让鲍带走。并要鲍留下讼状。当何景海得到钱后，正暗暗高兴时，胡立即上告官府，最后何景海败诉。

[判词]

何景海以山木一段卖于胡莘耕，得价洋若干元，并有鲍四观做中证。既已成交，自无从变更其说。乃受人唆使，顿翻前议。揆之情理，何景海已属非是，然使胡莘耕允其变更，则事端亦无自发生矣。胡莘耕以既有成约，未便毁弃，迭经友人劝说，坚不肯承。何景海忽发奇想，以为软商无效，转图硬劫，巧借胡莘耕贩私事，撰成诉状，嘱令鲍瑞麟持交胡莘耕阅看，谓不允诺其请者，且将诉汝于理矣。胡莘耕亦明知醉翁之意，别有所在，则亦利其计，而乘虚反用，乃阳示虚弱，一一允许。设法筹措原数，嘱令瑞麟带归，并低声下气，恳求勿为已甚，诉状则请留下。鲍固粗人，未解其意，自忖目的已达，持归亦无用矣。听之。何景海得金大喜，以为胡果易与也。孰料笑口刚开，灾星已降。胡莘耕得状后，立即赴诉，而何遂跟跄到庭矣。审讯此案，甚易明了。何是狡而实浅。胡似怯而实辣。原词具在，过付有人。何纵愦愦，岂有自己签字，而自己推翻之理。苟一凝思，亦当自笑其愚矣。胡之狡谲，何更非其俦匹也。杖而追给，其又何辞？鲍瑞麟持状付赃，不问而可知其为薰恶，并杖以儆。

九、私藏军器之妙判

兵丁邹得胜、林文标等六七人外出迷路，不巧遇到大雨，借宿陈姓旅馆。他们狂饮滥赌，直到天放晴。钱全赌光了，没钱付食宿费，以兵器作抵押。数日之后，他们捏造事实，诬告陈家私藏兵器，使陈家遭难。

[判词]

兵丁邹得胜、林文标、张锦荣、许叔宝、许文奎、赵锦标、季黑虎等信步所至，迷其路途。时则夕阳斜照，倦鸟归巢。邹得胜等徘徊道左，欲觅店栖身。而异地人疏苦无从得其入门之处。正在筹商进止之际，忽有郑功根、张小山其人窥其动静，悉其缘由，乘机进言，愿为向导，乃领入陈姓旅馆中，暂为栖止。孰知大雨滂沱，连朝不止。邹得胜狂饮滥赌，直到放晴，而囊中青蚨已无复存留矣，酒饭之费势无所偿，不得已乃将兵器暂留为质，约期归取。彼陈姓旅馆主人祗知玉佩暂留，传作酒家胜事；讵料银瓶指索，竟为马上粗豪。邹得胜等返禀防官，捏词妄告，以致差兵拘扰。而地保王小六尤复助纣为虐，以私藏军器之名，加诸陈姓。嗟！嗟！营兵既张虎翼，地保复逞狐威，陈固懦弱者，何以堪此。况扰扰之中，鸡犬为之不宁，什物多被捣毁，旅客中更多亡失衣履之物，是何景象？法纪安存？邹得胜等既各持兵器而归，王小六亦索赏而返，陈姓主人痛定思痛，不能加其罪于邹得胜、王小六等者，乃归其咎于畴昔之夜，引邹等留宿之一张小王、郑巧根两人，列举情节，禀控前来。历经审讯，案已明白，彼张小山、郑巧根两人虽为先客，孰料后果。若判以罪，未得谓平。邹得胜等犯法乱纪，仰该营长官以军法从事。地保张小六立即斥革，不准化名再充，款内诸赃，并着令赔偿。

十、抗粮宽宥之妙判

庞士恩因抗欠钱漕，被本地县官查知，屡次审问，谓所欠钱槽已一扫而空，请官府宽宥。

[判词]

庞士恩之始而抗粮也，是谓藐法。藐法者罪不容宽。继而尽完也，是谓畏法，畏法者情属可宥。王者立法不过使民畏之而已，岂必置之死地而后快乎？所请宽宥，准开一面。此判。

十一、夹带私盐之妙判

乡民袁大到淮上探亲，私自夹带盐物回家，被官府查获。

[判词]

袁大探亲淮上，带盐而归。虽曰调和食品，有异贩卖，然而藏私犯夹带之条，入官乃应得之咎。心贪小利，无容告哀，罪仍拟杖，不必称冤。

十二、畏罪远遁之妙判

关根因放火被官府羁押。因狱丁疏忽，关根逃跑，改名换姓躲到萧林家。他时常赌博，有时外出，邻居都知道实情，而外面的人一概不知。后官府捕拿，风声日紧，关根远逃。邻居许巧巧出来告发，萧林也畏罪潜逃。罪犯不在，邻居许巧巧、关福也受牵连。

[判词]

逃犯关根曾于去年因潜自放火，被人察破，禀诉拘讯，事具实在，判刑羁押在案。旋因狱丁疏于防维，致关根乘隙逸去。比经行文严释，迄未获到。关根自逸去后，改易姓名，匿居萧林家。左右邻居咸知为贩卖食物之商人，又乌知其为曾经严缉之逃犯耶？在萧林家有时聚赌，有时外出，越三月后，去久未归，风声所播，人渐疑虑。有许巧巧者，认此题目，遂出而告发。萧林亦畏远飏。拘讯邻居，多言未审实情，不敢妄说。查此案，主要关键必须萧林获解到案始能明白。但萧林漏网吞舟，一时殊难缉获。若于窝主未到以前，遽尔先罪比邻，殊属法之所无。若久羁罪案，未能遽定之众人，而徐待窝王之质讯，更为理之所无。况邻众中有关福者，因素不慊于许巧巧，致亦被控同赌。迭经审问，关福极口呼冤。许巧巧亦游移不定，初言某日眼见同赌，继言系关福之同赌者所告。及询其何人同赌，则未能举出。矛盾若此，更不啻代关福剖白无辜，殆亦平旦未尽泯与。此案被累邻众，姑先交保释放。俟关根、萧林缉获后，再行传案。质讯许巧巧，挟嫌飞诬，亦有不合，当堂戒饬示儆。关根、萧林行是严缉。

十三、老蠹造孽之妙判

衙役花逢春作恶多端，曹明富告发他欺侮良民，夺人田亩，强奸妇女，占人屋基，贪污钱财，人人痛恨。

[判词]

查花逢春久居衙役，作恶多端，声名日大，花样日工。遇事惯会生风，弄钱足以致富，闾里闻其声而畏惧，徒党借其名而敲诈。此次迭接曹明富等禀讦，有谓欺侮良民，擅夺田亩；有谓奸占妇女，充作小星；有谓翻造房屋，占僭邻姓屋基；有谓清查钱漕，从中侵渔国帑。审讯结果，虽未能一一坐实，而其贪饕之性要已尽人侧目。科以流徒，乃应得之辜；幸遇恩赦，斯亦人之福。

十四、殴打人命之妙判

邹长青与吴小石是邻居。有一天，洪梅生在墟场卖东西，吴小石的族人公逸少还了价钱，致使发生口角。洪梅生一时愤怒，拿起扁担殴打公逸。吴小石也在场，见到后大为愤恨，立即夺过扁担，反打洪梅生，伤其头顶。梅生负伤而回。遇到邹长青，告知事情的由来。邹长青大为不平，手持木棍，经刘姓酒店，见吴小石在内饮酒，当即走进店堂，声言要打吴小石，以泄洪梅生之愤。吴小石见此状，躲避酒楼，邹长青与同伴邹四、洪杏生等先后赶上，任意乱打，伤中吴小石要害处，坠楼而死。

[判词]

查例载：同谋共殴人，伤皆致命。如当时身死，则以后下手重者当其重罪。若过后身死，以伤重者坐罪；若原谋共殴，亦有致命伤，又以原谋为首。推详由意，所以严首恶，惩好斗也。此案邹长青以其友人洪梅生与吴公逸买卖起衅，被吴小石所殴，大抱不平，乃率领邹四、洪杏生等出，

而助殴复仇，伤及吴小石左肋，并致命左耳窍连耳轮，及致命右后胁等处。自应照例，以原谋为首。邹长青拟绞监候，邹四、洪杏生等依照余人律，拟各杖一百。

十五、爱母杀妻之妙判

农民戴尧卿因妻子方氏虐待其母亲葛氏，屡次训斥，方氏不听。于是戴尧卿纠集其弟用布带勒死方氏。

[判词]

农人戴尧卿，向习武事。贤妻方氏，伉俪当能和睦，唯方性泼辣异常，素有雌虎之称。对夫虽尚顺从，事姑实为忤逆。戴尧卿时加劝导，并常训诫，方氏面从心违，不肯悛改。一日，方氏欲归家观剧，伊姑葛氏力加阻止，不听，并将手推倒葛氏而去。邻右闻若虚，闻声赶至，瞥见葛氏卧倒在地，当为扶起，送入室内。比戴尧卿自外赶归，得悉情由，即愤愤不平，欲前往岳家殴责伊妻。葛氏以事已过去，竭力阻止。一潮风波始未再起。迨后方氏归来，戴尧卿即将伊训责一番。越日，方氏将饭喂犬，葛氏见而大不谓然，稍加理斥。方氏本怀怒恚，至此益觉不能忍耐，将犬比姑，恶声回詈。适值尧卿返家，见状大怒，猛将方氏踢伤左膝，方氏避登高楼，幸未受有重伤。戴尧卿当时劝慰伊母一番，又复外出做事。不料方氏误会伊姑葛氏挑拨儿子，殴踢微伤，混骂不休。葛氏含忍受之，未敢与较。迨尧卿于黄昏时抵家，始备述所历，并谓如此情形，不愿再生。尧卿仍以好言安慰之，赶至卧室，见方氏披衣未睡，口中依旧剌剌不休，于是触动前情，痛责其非，方氏顶撞撒泼，称欲觅死。立拔头上所带骨簪，自行划伤心胸，作自裁状。尧卿既恶其悍，复恨其奸，火上加油，更不可按捺，即取枕边布带，将方氏推倒在地，意欲将妻勒毙。方氏于间不容发之时，努力格斗。尧卿恐力不能制，当唤胞弟尧生帮助。尧生心甚不愿，劝兄勿为已甚，尧卿随以"我不死伊，伊将死姑"之言相激，尧生无奈，勉进屋内，将方氏左手按住，尧卿则将其右手压住。即将带绕于方氏项脖，勒紧，急脚蹬数下，即奄奄欲绝。尧生当即走开，尧卿犹恐方氏不死，又取墙上所插铁钉，扎入方氏谷道，立即毙命。报验屡审，供识不讳。查律载：凡妻妾因殴骂夫之祖父母、父母，夫擅杀死者，杖一百。注云：亲告乃坐。此其用意，盖恐夫妻不睦，或因他事启衅，迨殴毙之后，捏悄卸责。而父母因溺爱其子之故，亦附会妄供，曲为开脱，故须亲告乃坐。至若悍媳肆虐，平日既驰名于乡党；衰亲被辱，临时又见证于邻人，则罪已应死，情不可宽。引律而断，方足以正伦常，维风化。若此案戴尧卿之妻方氏，归宁则殴跌其姑，喂饭则将人作犬，亦已大背夫人情矣。夫婿迭加劝导，始若马耳东风，置之不理；继且迁怒于姑，斥为挑拨，混骂不休；终且顶撞撒泼，觅死相吓，是悍辣合符狮吼之名。长此因循，何来燕婉之好？此等妇人，实为罪干恶逆。既经葛氏到案确供，且有邻人闻若虚，愿在证人，情非虚饰，即与亲告无异。其夫戴尧卿情切天伦，忿激致毙，实属擅杀。唯该犯于勒紧项脖之后，恐其不死，复取铁钉扎入谷道，立毙其命，情较残忍。若照本律定拟，不足以蔽其辜，应改照擅杀本律上，加等拟徒。伊弟尧生虽曾帮助，但曾加劝阻，并非预先同谋，实与凡人同谋毙命从而加功者，大有区别，应照罪人本犯应死之罪而擅杀者，折责四大板。

十六、逼嫁投河之妙判

蔡兴然的女儿杏娟经媒人介绍，嫁给黄敏古为妻。她孝敬舅姑，敬守妇道，亲族邻里都说她很贤惠。不幸结婚五年，黄敏古病死。杏娟变卖衣饰，将丈夫殡葬。她的婆姑叶氏家贫，想要杏娟改嫁，以得些财礼，与她商量再三，杏娟死也不情愿，想以自己的劳动了此一生，不想再嫁。婆姑

见她坚持如此，也就作罢了。正在这时李弁方死了妻子，想再续弦。叶氏贪图他富有，托媒人说合。李弁方因想察听，还没议定财礼，写立婚书。杏娟知道后，她叹息婆姑的狠心，在丈夫的坟上痛哭一番，就投河而死了。

[判词]

黄蔡氏杏娟，青年丧夫，矢志守节。一力营葬，足对故夫于地下；十指度日，承欢亲姑于堂上。如此古井不波，凡属人类咸当钦迟。乃寡媳恪尽孝道，而阿姑竟起歹心，若黄叶氏者，贪图财礼，逼令改嫁，以致该氏不甘失节，投河身死。查律载：夫丧服满，妻妾情愿守志，而夫家之父母强嫁之者，杖八十。又例载：孀妇自愿守节，而夫家抢夺强嫁，孀妇不甘失节，因而自尽者，照威逼例，发近边充军各等语。是强嫁孀妇拟杖之条，原仅指翁姑强为主婚，本妇并未自尽者而言。至若孀妇柏舟炎志，之死靡他，而翁姑反倚势图财，强欲夺其素志，致令情急殒命者，自应按照自尽拟军之本例科断，不得援引他条，转滋错误。此案黄叶氏不能保全其媳名节，强逼改嫁，致令殒命，则其姑媳恩义已绝，应即予以实遣，不准收赎。李弁方虽非知情谋娶，但黄蔡氏情急捐躯，究系衅因伊起，拟杖八十，枷号一日，以示儆。至黄蔡氏矢志柏舟，捐躯明志，节烈可嘉，提请旌表，以维风化，而慰幽魂。

十七、淫棍奸抢之妙判

蒋四的女儿喜春，楚楚动人，姜剑涯贪其美貌，欲与喜春相好。而喜春受郑乾三之聘，准备近期完婚。剑涯知道婚期将近，先后两次拐喜春潜逃，被官府抓获，分别枷责。将喜春交郑乾三，了结了案子。但姜剑涯一不做二不休，纠合无赖，将郑乾三抓住，用绳子绑索，抢出喜春，辗转而逃。郑乾三向县府告发。

[判词]

查蒋喜春与姜剑涯通奸年久，两次潜逃，败名节，非比良家之妇。此次抢夺，虽无预约之事，实有愿从之心，未便按照抢夺良家妇女律断。姜剑涯应照和诱和情例拟遣。蒋喜春拟杖徒，杖罪得决，徒罪收赎，交与本夫，听其去留。许奎等分别杖责。

十八、乘机抢火之妙判

地棍高荣荣见同乡卜姓家房屋起火，乘火打劫，抢劫资财，被巡勇拘拿到案，判以斩首。

[判词]

查居民失火，本系天灾，房屋财产咸付一炬。闻者酸鼻，见者胆碎，身受者之难堪更难以楮墨形容。当烈焰腾飞之时，房屋固不能不付之劫灰，而衣囊什物尚可搬移，留资一线生机，亦属大不幸中之幸。乃有极恶奸徒，非但不肯救援，反而幸灾乐祸，乘机抢夺，若地棍高荣荣于此次卜姓之灾，恣意取物者，实属蛇蝎为心，比盗尤甚。幸经当场拿获，审讯不讳，拟定斩罪，奉旨核准，合将该犯高荣荣押赴市曹斩首，庶几奸宄伏诛，俾舆情之共快；强徒骈首，昭国法之无私。从此恶人胆落，务宜革面革心；良善安生，永保无灾无咎。特判。

十九、重利盘剥之妙判

蒋惠夫欠陈桐根本洋十两，不到半年竟要三十余两。蒋惠夫无力筹还，便据实向官府告发。

[判词]

借债放债，原属人民通融之办法，无论何人不能时常有赢而无绌。偶或手头拮据，不得已而向人筹借，揆诸朋友有通财之谊，则苟可周急，自

属美事，即酌取子金亦无伤于廉。乃有贪诈之徒，借放债之名，为盘剥之实，加一加二，漫无限制，利上盘利，逞心计算，年终总结，数倍有余。子大于母，指浮于臂。有若陈桐根之放债于蒋惠夫者，以十两之母金，不半年而竟至三十余两。鱼肉小民，宁止恶浮于虎狼，亦且行同于贼盗。忍心害理，殊属骇人听闻。刻薄成家，理无久享。陈桐根曾入黉留舍，奈何未思。姑念尚未取利，情有可原。蒋惠夫着将母金十两分期筹还，所有子金概不准算，庶几予者、受者两得其平。

二十、赖婚妄诉之妙判

秦母带女儿曾因兵灾避难他乡季姓家，秦母与季家曾在寒暄时说，女儿长大后可以配婚季家幼子骏奎，本是口头说说。后来秦女另嫁，季家就控告秦家赖婚。

[判词]

秦季儿女原无婚约，只因时值兵灾，秦母提女避难于乡间，季姓因此豸娟娟，曾言盍配于幼子骏奎为妻。此原属于妇人无稽之闲叙，不能作为正当之定亲。况时过境迁，秦亦返家，女大须嫁，理所当然。适有作伐者，秦母允也。刚缔朱陈之好，忽来责难之言。季姓竟据片面之词诉秦赖婚。须知无聘、无媒，案难成立。罗敷已属他人，使君正可择偶，对簿公堂，徒伤情感，倘再晓渎，杖责不宽。

二十一、伪印收租之妙判

奸民程筱山伪造官印，盗收租谷，其子程介石大义灭亲，抱印向官府自首。

[判词]

奸民程筱山，伪造官印，其当死之罪一；盗收租籽，其当死之罪二。

案经屡审，证供确凿，仅予一辟犹未足以蔽其罪辜。第本部院于此重有慨焉。盖筱山犯案，不出于仇雠之告发，不出于官府之检举，而首先抱印质证于公堂，不稍隐讳者乃为其子介石。昔父为子隐，子为父隐，直在其中，圣教所嘉尚。若其父羊平，而子证之，妄为亲者讳，为尊者讳之义，而诩诩然以讦为直，在法或有辞可借，而言情实无地自容者也。程介石以弱冠之年，人情世故当亦有所闻知，乃以亲生之子证阿父大辟之罪，此乃世道人心之大变。虽属该犯平日之教化无方，模范不正，有以开其不孝之心，而值此圣朝之世，竟有此千古异闻发见，则司教育之责任，要亦未容卸尽矣。请按《大津律》载："有亲族相为容隐之条。凡同居及大功以上亲族，除谋反叛逆外，其余罪犯许其相为容隐，并勿论罪。"夫大功以上，尚许容隐，况亲生子乎？又按《大清律》云："于法得相容隐之人，为之出首，比同罪人自首免罪，其小功缌麻亲出首者，亦得减等。"此固仁之至义之尽之法也。然谓以子证父，比之罪人自首，情形又有不同免罪之条，盖亦未能援引者也。况再按《大清律》云："自首有不尽者，仍以不尽之罪罪之。"今程介石止首筱山私造假印之罪，未首筱山盗及租籽之罪，则筱山侵盗钱粮之罪固自在焉。嗟！嗟！伪印收租，罪实浮于斩首；以子证父，事更反乎伦常。应照所拟，分别处刑。

二十二、子证母奸之妙判

沈爵天道听途说，闻其母亲与沈秾修通奸，不察实情，贸然向官府告发。

[判词]

沈爵天乃一痴强孺子也。中冓之言，不可言也。言之丑也。虽属路人，犹将审慎出之，不敢轻于置吻。乃以亲生之子证其母为犯奸之事，不亦骇人观听，而重世道人心之惧乎？况聚门合族之人而一一讯问，无有能

指证其实，则沈劫修之奸实属未确，母不受罪，则爵天宜加人一等矣。惩之，所以使自悔也。至沈稢修者，若稍明瓜李之嫌，何至犯鼠雀之讼？姑予薄惩，聊以警诫。而今而后，勿再近未亡人之侧也可。

二十三、勾串强诈之妙判

县官吴樾、何涟勾结洋人米若士，驾空强诈华商京都裕丰金珠店银洋六万两案，李鸿章查得真情，亲提原告到庭。

[判词]

查吴樾即吴荫亭，籍隶浙江鄞县，报捐知府衔同知，保举花翎，分发直隶试用。何涟即何鼎寿，又名夏珍，籍隶浙江上虞县，报捐花翎候选同知，保加四品衔。何涟前领浙江候补道朱其昂成本，于京津、上海、广东开设华裕丰汇银票号，与原任江苏粮道英朴在京所开之裕丰金珠店曾有银钱往来。嗣因朱其昂病故，本银提尽，裕丰金珠店即不与交易。其原存华裕丰票号银二万六千两，经裕丰掌柜人段盛藻设法取回。何涟因段盛藻取回存款，致华裕丰益难周转，陆续歇业。遂深恨段盛藻，意图陷害，在京涉讼未结，此光绪六年七月以前事也。适有广东华裕丰未销废票五纸，计银六万两，何涟起意借此讹诈，并欲借洋人之势控追，遂与吴樾商量。吴樾即为其设谋，勾串在津开设裕顺和洋行之俄人米若士，将此废票捏作华裕丰欠裕顺和洋行实在银款，又以裕丰金珠店与华裕丰票号前有往来，指为同一东家。谓华裕丰倒闭，应由丰裕给还。又检出英朴前因两号通融银两，致苏州人张芝芳之信一并交给米若士，令其冒认张芝芳，以为向英朴家索讨凭据，希冀英朴家属与段盛藻见有洋人，畏惧付银，彼此分赃，米若士旋遣英人恒德生于上年十二月持票进京讨要，领有俄领事官韦贝印据。段盛藻未与见面，其铺伙言此系广东华裕丰之票，与裕丰金珠店无涉。恒德生本未知讹诈事情，遂带票回津。本年正月，段盛藻有事来津，借住候补同知郑焕寓内。何涟英告知米若士，复遣恒德生往索段盛藻，仍未见面，旋即回京。行至津郡北门外，即被米若士带同跟人邵姓冒充俄国领事公差，将其拦回。段盛藻情急，赴津海吴道衙门呈控。该关道郑藻如函询俄领事官韦贝，据复，广东华裕丰应付天津裕顺和洋行银六万两，有票为据，须由京号裕丰金珠店掌柜段盛藻付给，请饬段盛藻与洋商会面妥商。该吴道访系华官串诈，随提到何涟、吴樾，并搜获吴樾亲笔信据，究出实情。禀经本部院将吴樾、何涟奏参革审，复在吴樾寓所起获何涟亲笔信件及米若士洋文信件，内有事后米若士应得银一万元凭据，并据吴樾供明，米若士知系废票等语，当经添委通晓洋文洋语之候选道马建忠，提同洋商与领事官会讯，乃俄领事韦贝初则托词延宕，继因吴樾不肯指证米若士知为废票，韦贝即不再讯。其为该领事袒护洋商，已可概见，事关中外交涉，应将米若士等受属诈银，希图分赃一节，另由关道与领事争辩核办。其吴樾、何涟二犯，供证已甚确凿，应即拟结。查例载，凶恶棍徒，屡次生事行凶，无故扰害良人，人所共知，确有实据者，发极边足四千里安置。凡系一时一事，实有情凶势恶者，亦照例拟发等语。此案何涟因挟裕丰金珠店不与通融之嫌，辄敢以废票图诈，数至六万之多，吴樾竟为设谋，勾串洋人，冒认欠项，恐吓强诈。查吴樾亲笔致何涟信内，谓已托洋人安顿妥当，由伊先给洋人盘费，返京追讨，随后用洋官公文向总理衙门控追，嘱何涟务须照伊前信说法，万勿改口。伊当竭力周全，断不使何涟吃亏。并谓洋人事件，总理衙门虽值元旦，亦是要办。令何涟放心。何涟亲笔信致吴樾信内，令吴樾托洋人找一个假芝芳，造一个洋行招牌，要米若士在香港认识洋行，以备总理衙门行查，并谓广东账簿已经做好，不怕总理衙门查账。又言英朴家及段盛藻，非做到十分严紧，不肯付银，务限总理衙门五日多则十日速向英朴家及段盛藻要银等语，虽赃未入手，而历次商谋各节实属驾空扰害，凶恶狂妄，胆大已极。此风断不可长，该两犯皆情无可贷，厥罪维均，应将革员吴樾、何涟俱依棍徒扰害例拟发极边，

足四千里安置。吴樾系到省候补职官，应发黑龙江充当藤差，何涟以商人捐职候选，尚系常犯，应定地解配，杖一百，折责安置，照例刺字。冒充公差之华民邵姓，饬缉获日另结。其余牵涉人证，或因向何涟讨要账目，被何愚弄，或本属无干，即何涟信内所称段盛藻骗银一节，亦无其事，应免提质，以省株连。废票五纸，业经追出，勾销存卷。

二十四、使臣出缺之妙批

出使英、法、意、比的大臣左副都御史薛福成因长年在外国，积受风温，引发旧病，不久病逝。其生前有遗折，请为代替。

[批文]

查已故副都御史薛福成，学识深稳，淹通今古，在故大学士曾国藩幕中多年，深被器赏。平日讲求经世之学，于洋务利弊，尤为洞彻源流。该大臣于出洋之初，染患时症，以使事紧要，扶疾遄行，英国交涉最多。伦敦四面濒海，风雾不时，水土异宜，复增咯血之疾。频年调理，迄未痊愈。东还正值盛暑，感受江海之炎郁，印度台澎洋面之台飓，病益不支。该大臣年未六旬，志力本健，观其趋功之勇，治事之勤，实为今日所罕见。当此洋务需才之际，方期得效尺寸之长，中道摧折，深堪痛惜。所有身后事宜，饬仰办理。上海招商局道员沈能度，就近妥为照料回籍，所请代递遗折，自当另折奏报。

二十五、捐立义庄之妙批

南皮张之洞宗支藩衍，贫穷不能自给的家庭很多。其父张锳想仿宋朝大臣范仲淹的遗规，设立义庄，以帮助宗族。终因力不从心而作罢。张之洞秉承父训，购地兴办义庄，凡族中贫苦之家，老疾孤幼，节妇及丧葬无措，幼学无力，科试无资的人都可从这项家产中领用。

［批词］

查现任湖广总督张之洞，克承先志，捐置田产，共值价银一万五千七百余两，以赡宗支。孝义之风，足励薄俗。定例士民人等捐资赡族，值千金以上者，均请旨建坊。咸丰八年，吏部右侍郎张祥，捐田赡族，经部议以系二品大员，若仅照士民捐田之例，似无区别。奏奉谕准，加恩赏给御书匾额，以示嘉奖。自后，原兵部尚书许庚，现任吏部左侍郎徐用仪，现任福建、台湾巡抚邵友濂，均以捐产赡族。经历任浙江抚从刘秉璋、崧骏先后奏请，蒙恩赏给匾额，钦遵在案。张之洞事同，一律自当援照成案，奏请赏赐御书匾额，以示嘉奖。

二十六、爱惜人才之妙批

海军提督丁汝昌将才难得，轻生无益。拟凡有前敌冲锋尽力攻击者：或被敌舰轰炸沉船，或者器械损坏，或者子弹打尽，或者伤烧太甚，无可挽救，虽然军船沉焚，而船中将士遇救得生的，都准免治罪，仍予论功。

［批文］

查海军交战与陆路不同，一船被毁，大众同沉，及至遇救得生，实非意料，所及万目共睹，断非捏饬逃避者所能借词。即如大东沟一役，管带邓世昌首先冲锋，攻毁敌船。旋因致远船沉没，业已被人救起；而坚执船亡与亡之义，卒以身殉，迹其至诚激发，本无忓诚激功畏罪之心，完节纯忠，无可訾议。但使遇救，果能不死，亦为众所共谅，则为海军留一忠勇可恃之将，所全更多。该提督所请分别拟定章程，系为爱惜人才，整肃军纪起见，自应准如所拟办理，以昭核实，而示劝惩。

二十七、碍难开河之妙批

文安县生员张作良等因西淀居九河的下游，夏天各河水盛涨，淀水无

路可走，为各州县巨害，请求增添桥座，开挖新河。四处签名游说。

[批文]

查开挖新河，有关各州县数百万生民利害，必须统筹全局，合上下游地势舆情一无窒碍，方能定议。该生张作良禀请开河之处，系从任邱十二连桥以南，古佛堂之上下再开桥一座，使水由郑州或由太平桥东之宗家湾，均经苟各庄，东入雄县之五官淀，下达文安之龙潭湾、田家沟、大城之郭堤村、子牙村、导入子牙河。无论工段过长，经费过巨，且将千里堤决破，引注西淀之水，南北横流，与康熙年间奉旨建堤本意大相违背。轻改旧制，贻害滋多。况郑州以北最为崖下。苟各庄以南地又高仰，五官淀之中形如坑腹。烹耳湾以东，文安之南，大城之北，步步登高，地势水性均不相宜。而子牙河口与大城旺只村，逐一测量，相去寻丈。倘将新河开挖，则子牙立见倒漾，西淀与子牙河两水并注，任雄霸保文方各州县，永成泽国。欲除水患而为害滋大。又查古佛堂距七里庄仅止数里，宗家湾距古佛堂亦仅数里。道光初年，绅民请于七里庄开河，经御史张元谟奏请不行，此后迭据绅民陈请，均经议驳。今张作良复兴此议，勘地度势，体察舆情，均有不顺。该处绅耆均称开挖新河，上游州县未见其利，下游州县均受其害，委系窒碍难行。张作良不明地势，以一人臆见，妄语开河，并敢捏写姓名，危言耸听，实属不安本分，应将其文生斥革，交地保管束，以儆效尤。其被函约列名及彼捏写姓名之绅民，均应免究。

二十八、守制百日之妙批

容增祥在外国八年，担任劝童教习，后得到他的父亲容功裕在籍病故的消息，要回国守孝百天，一时没有人接办他的事。

[批词]

查容增祥充当幼童教习，为时最久。洋文洋语，具有规模。风土人

212

情，素所熟悉。兹闻讣丁忧，未能始终其事。现虽由副使容闳暂行摄理，然势难常川驻局，再三思维，实无可接管此事之人。若令垂成之绪，辍于半途，殊属可惜。前准总理衙门咨开丁忧人员，例应守制。惟出洋调遣，事难道远，与寻常差委不同。倘有经手未完事件，应准奏留在洋差遣，候差竣回华，再令补行穿孝守制等语。此指在洋丁忧，未遽奔丧者言。现容增祥业已回籍穿孝，应准候其守制百日后，仍令迅速出洋，办理幼童肄业事务，以资熟手而专责成。

二十九、矢志柏舟之妙批

马氏十八岁嫁给同乡许士行为妻，二十岁守寡。苦守四十年，邑宰请求为节妇题旌。

[批词]

许马氏盛年失偶，矢志未亡。竭菽水以承堂上之欢，菇荼苦而鞠怀中之胤，外侮为弭，大节恪尽，允宜题旌，以风末族。

三十、孝行可风之妙批

孝子黄再香承颜顺志，孝敬父母。父亲远游不返，他经年行乞去寻找；母亲重疾，他彻夜痛哭，其行为为世人楷模。

[批文]

孝子黄再香，生遭贫窭，时际艰辛，勉莱綵以娱情，服鹑衣之百结。父游不返，经年行乞寻踪；母亲累危，彻夜号天减算。此其真挚之情，岂尽学力所致，况无间于人言，宜邀荣于国典。

三十一、截发守贞之妙批

翁静娟年幼即聘与黄氏子为妻，十岁入黄家，五年后其夫病逝，截发

守贞至六十岁。

[批文]

贞女翁静娟，伉俪未谐，汤药旋侍。五载敦事夫之道，童年矢截发之操。依二白以承欢，菇荼匪苦；历六旬而著节，旌典直膺。

三十二、就地正法之妙批

盗窃案一般分别首从办理，而就地正法的章程已先行停止。但在直隶省因盗窃犯多，一时不能废止该章。

[批词]

查本省近年拿获盗犯，如系寻常抢劫，人数无多，并无杀人放火等项情节，悉照定例解勘，分别题咨，听候部覆办理。其迫于饥寒，被人诱胁，情有可原者，更量予末减，用广皇仁，而重民命。唯情重之马贼、海盗、枭匪、游勇，不得不严速惩办，以遏乱萌。诚以此等匪徒，目无法纪，犷悍性成，习惯为盗，动辄啸聚多人，横行村市，倚强肆掠，或骑马持械，中途劫抢，或驾船出海，叠劫巨贼，甚至炮烙事主，强奸妇女，烧毁房屋，拒伤捕人，劫掠官衙饷鞘，凡此种种凶恶，实属罪不容诛。若复辗转迁延，久稽显戮，不特解审在途，羁楚在狱，虑滋事端，而被害商民只见其犯法，不见其伏法，殊不足以平怨愤而儆效尤。且就地正法之犯，必令该地方官详细研究，录取切供，赃证明白，再行饬派本营道府或另委妥员确加复审，果系情真罪当，方始处决，绝无冤滥之虞。直隶幅员辽阔，西北临边，东路滨海，时有马贼、海盗勾结为患。塞外之张独多三厅，广袤千数百里，匪徒横行，肆无忌惮；西南路之深冀正赵顺广大名一带，与东豫犬牙交错，素为枭盗出没之区，迭经派拨练军，分投巡缉拿办，伏莽尚多，盗风未靖。夫重惩强暴，正所以保全良民，培养元气。况畿辅重地，尤宜防患未然。原定就地正法章程，一时碍难停止，约计直隶盗案，照例题咨者居其大半。仅就情重者酌量严办，本属并行不悖。寻常抢劫盗犯应仍循历年奏案，照例解勘，分别题咨。其情重之马贼、海盗、枭匪、游勇，审明就地惩办，以示区别，而绥地方。

三十三、慎选使臣之妙批

要册封藩属，须派经科举有文学特长的人为使臣，李鸿章大不以为然。

[批词]

科目人才虽辈出，不尽娴习于折冲。册封典礼虽至隆，并无辩论之公事。若出使东西洋各国，关系綦重，情形迥异。所有主客强弱之形势，刚柔操纵之机宜，必须历练稍深，权衡得当，庶足以维国体，而固邦交。不必专于文学科目中求之，致有偏而不举之患。

三十四、并非邪教之妙批

天津民间有戒人吸烟、饮酒的在理教，老百姓十有六七相信它。他们大都是有家业的手艺苦力工人，农民商人次之，读书人也有。其教并无头目大小之别，也没有以妖言邪术，诱惑愚民的情事。当时李瑨闻此名称，认为是白莲教的别名，提请密拿。

[批词]

查乾隆四十八年，高宗纯皇帝谕曰：各省地方遇有实系邪教，有违碍字句者，自应严行查办，务绝根株。若止吃斋求福，诵习经卷，与邪教一律办理，则又失之太过，即概予省释等因，钦此。又向来例案，如系劝人为善，并非学习邪教者，不在禁限。查在理教系安分良民，劝人为善。闻其秘制戒吸洋烟膏药，极有效验，非邪教匪徒可比。既无违碍字句，亦无悖谬情状，不致惑众萌乱。至戒烟酒以保身命，与吃斋求福者意义相同，

而戒食洋烟尤于风俗有裨。近来鸦片盛行，人多贪食，遂致萎靡不振，方逐渐设法示禁。今民间自能制方互戒，正可因势利导，所请拿办一节，应毋庸议，致滋纷扰。仍由地方官随时留心查察。倘其中有为匪不法之人，或被访闻，或经告发，立即拿获究惩，庶匪徒不致潜踪，良民亦尤扰累。

三十五、大将星沉之妙批

广东水师提督吴长庆，积劳成疾而病故。他一生从戎，转战千里，忠勇双全。爱兵如子，士兵爱戴，虽历尽千险万苦，也毫无怨言。因积劳而死，壮志未酬。

[批文]

该提督相随最久，忠勇迈伦，平粤匪，剿捻贼，孤军转战，无敌不摧。嗣以江淮一带戒备空虚，复调该军南驻，历任江督，倚若长城。光绪六年，海防戒严，该提督奉帮办山东军务之命，亲率六营，移驻登州。数年之间，迭承恩命，由直隶正定镇总兵，荐擢浙江提督，调补广东水师提督。八年六月，朝鲜内乱，群情汹汹，安危之机，间不容发。该提督拔队渡辽，疾驰赴援。数日间获致乱首，人心始定。旋奉谕旨褒嘉，感激恩施，留驻镇抚，约束严明。朝鲜银贱钱荒，百物昂贵，将弁士卒艰苦万状，毫无怨言。盖不私货财，故缓急能以相谅；不避艰险，故患难乐于相从。其所以致此，于部曲者良非偶然。而该提督劳身焦思，亦遂寝成锢疾矣。平日训练余间，唯以经史自娱，淡泊寡营，雅歌不辍，拟之儒将，庶几无愧。今春奏令，撤带三营内渡，筹办金州海防，朝鲜君民，感诵遗爱不置。方今时事多艰，将才难得，如该提督者可为干城腹心之选，报国丹忱，赍恨入地，鼓鼙思将，悼痛曷胜。

三十六、盗决官堤之妙批

直属河堤向于伏秋大涨水，官府派民夫及官兵一起防守。光绪九年，献县的滹沱新河防护紧要，县令禀经督臣允许，调拨炮船。八月间，南岸村民盗决北堤，并放枪拒敌，以致发生格斗，造成人员伤亡。李鸿章当即派员查办。

[批文]

查滹沱之水，本归子牙河达津。自同治七年，由藁城改道北徙，经深州饶阳，下入古羊河，万不能容。于是横流四溢，献县、河间、肃宁、任丘、雄县、保定、霸州、大城、文安九州县，均被漫淹。下游又无出路，专以文安大洼为壑，受害实太深广。迭经设法勘度，于光绪七年，在献县开挖新河，滹水始由该县复子牙河故道，古羊遂亦断流。是已去其害之甚，而保其利之多者。其新河南岸各村，久居洼下，仍有漫淹之患，并非始自今日。盖地势使然，无万全之策也。至北岸官堤，所以捍卫下游九州县地面，防守不得不严。今秋南岸之民，于七月间扒决北堤，即经该县会同汛委赶紧堵筑，并赴南岸弹压安抚，旋因灾象已成，禀请拨赈。乃八月初七日，大章等村乘该县等赴滏阳河抢险，纠集数百人，鸣锣吹角，执持枪炮，驶船蜂拥而北。一面扒堤，一面拒敌，凶猛异常。北岸守堤之民，不能抵御。因炮船适在他段巡防，遂奔告促令驰救，其时已扒开堤口七道，业有一道过水。炮船弁兵始则正言劝阻，继以空炮恐吓，讵扒堤之众，施放枪炮，抗拒船帮，被其击坏。兵丁亦有受伤，而堤之存亡与下游九州县田庐民命，危在呼吸，情急势迫，不得已开炮抵格。其扒堤拒敌者始各纷纷解散，间有落水伤毙者。据该县王赞元验报，蒋大龙等尸身九躯，分别给领瘗埋。查明未捞获者，孙顺等二躯。又当时拿获附从扒堤之杜月等二十四人，夺获军器火枪刀械多件。查盗决官堤罪名綦重，即今年山东章邱县人盗决齐东县民堤，曾奉旨严拿、惩办。又定例，罪人持杖拒捕，格杀勿论。又乾隆四十六年，有王忝幅因所居河西积水，纠约数十人，潜往河东，盗挖官堤，希图宜泄，经河东之尹尚岳目击，堤势将溃，情急放枪，打伤王忝幅同等身死。钦奉高宗纯皇帝谕旨，王忝幅情罪重

大，非寻常人可比。尹尚岳为保护地方起见，着免罪释放等因，钦遵在案。诚以堤防关系至重，盗决之风，断不可长。况敢聚众数百，明目张胆，执持枪炮，扒堤拒敌，殊属悍不畏法，尤非盗决可比。守堤兵民若坐视纵容，责任何在，且必至溃决扩流，贻害下游九州县之广，更属无此办法，当据该县验落水及伤毙者仅十一人，并无伏尸甚多之事，亦非地方印委办理不善。本届水势过大，实为数十年所未有，各处乡民每因扒堤，至斗伤毙，事前严禁既难尽喻，事后追究更恐拖累。当情形危急之秋，守堤者固不得不出死力以相争，冀保完善。然扒堤者情亦可悯，既据禀报前来，所获附从各犯，从宽保释，未获者悉予免拿，俾安生业。死者之家，并饬优恤，被水各村，当另奏豁粮赋，拨给银米，安集流亡，倍加赈抚。至南岸水患频仍，未忍漠视，特派金道会同史道详细察勘，妥议疏浚补救之方，俟开春择要筹办，冀轻积困。

三十七、建造祠宇之妙批

提督周盛波等，因各军消灭了捻军，士兵死亡很多，事过时平，顿生怀念，因请就保定省城建立昭忠祠，以示纪念。

[批词]

查淮军前在苏州、湖北省城及无锡之惠山等处建立昭忠祠，奏奉谕旨准饬地方官春秋致祭在案。同治年间，剿捻之役，地则近畿，寇复悍突，疾追力战，比于他处，艰瘁尤深。仰蒙朝廷轸念微劳，论功独厚。存者高勋显爵，殁者美谥崇祠，异数各叨，恩荣已极。而从征将士苦战累年，限于阀阅之微，未获馨香之报，溯自防海以后，征调各军拱卫畿疆，仍多淮部。该提督等近寻战迹，感念同仇，现拟就保定省城，购地建造祠宇，凡阵亡伤病文武员弁兵勇，分别正祀附祠，依次列入，殊足妥侑毅魄，激劝方来。所请代奏，应予照准。

三十八、设坛祈雨之妙批

县令以境内久不下雨，耕种艰难，特申请设坛祈雨。

[批词]

阅禀已悉，愀然不乐。时当播种，急望甘霖，而天偏逞虐。逢兹旱魃，三农束手而吁嗟，百姓垂眉而伊郁。设坛致祷，往事有然，齐心竭诚，于今宜悉。古人有一善言，而荧惑退舍；昔贤行一善致，而甘澍如期。何必故袭虚文，所愿诚心悔过，简刑薄罚，洁己爱民，有利必兴，有害必剔，自非省躬刻责，无由感格苍穹。如徒粉饰铺张，何能挽回天意。

三十九、妖僧服异之妙批

方丈身入空门而未能色相俱空，穿着华服，招摇过市，被仇人告发。

[批词]

梵修正果，道行原堪钦迟；服饰逞狂，妖僧例行严禁。方丈某既已参禅，便当栖心淡泊；欲求悟道，胡能再事奢靡。松风村露，时浣布衲披来；水月芦花，不惜芒鞋踏破。何期虽入空门，犹尝尘俗，身披艳服，态习油腔，藕碧莲红，自衿绚丽，诲淫乱俗，法断宽饶。

四十、禁宰耕牛之妙批

耕牛是农民的最好帮手，私宰耕牛属犯法行为，李鸿章依胡令禀请，再作申明禁杀。

[批词]

动物之中，唯牛最灵，亦唯牛为最苦。佐民耕稼，则犁雨锄云；努力挽输，则任重致远。彼既有功于万家，人胡忍心于一割！肉飞血洒，惨目

伤心，就戮而哀鸣，鼓刀而坠泪。观其觳觫，深可悯怜矣。夫百务皆可资生，何必操刀为活！五味尽能适口，奚难舍此一脔？既据禀请，重申禁令，特再遍行申饬。倘有视为具文，教而不改，本部院直柱不移，有言必信，一经告发，立置重典，勿谓忍心射利，三尺可漏也。

四十一、十年漏网之妙批

盗匪王得胜曾经行劫瞿姓家，漏网十年未获，马快忽然报告，王得胜落水而死。原县特据之以上报。

[批词]

查卷瞿姓被劫一案，盗匪王得胜漏网未获，时逾十载，殆已归于无何有之乡矣。然而未经证实，何能妄为开脱。现在虽有马快朱传口供王得胜于前年行劫俞姓，被人追赶，落水淹死等语，但此事谁则见之。遍查卷宗，更无俞姓被劫之事，岂当时未曾禀报耶？该县遽谓已故，殊属未妥。总之，重犯之死生，难以隶役一言，遽信为真。倘王得胜更于他案就获，谁任罔上之愆耶？仰仍照提王得胜到案，以结十载之案。

四十二、丘八猖狂之妙判

某县被盗贼所攻，防兵势力单薄，以至被杀伤。防兵反迁怒于居民不救护，沿途进行抢掠。

[判词]

据申详，阅之殊骇怠。官兵防泛，不剿一盗，反被盗杀伤数名，是其懦弱无能。已难掩饰，犹不自愧悔，反责地方居民之不来救护，竟沿途搬抢，令人闻而发竖。夫民以养兵，兵以卫民，此乃正理。今兵受民之养，不自责不能卫民，而反责民之不能卫兵，倒行逆施，残民以逞，法纪何存？良心何在？仰该县立拿滋事弁兵获解候办。仍遴廉介之弁兵前往驻防，以安民心，真盗务获，毋得稍有亵玩。

四十三、严禁赌博之妙批

有一群游闲的无赖之徒，不务正业，专以赌博为业，成群结党，引诱良家子弟，为害乡里，为禁令赌博，县衙上告李鸿章。

[批词]

农工商贾，各职其事，财用于是乎出，衣食于是乎克。据禀：有等游闲无赖之徒，不循本业，专以赌博为生，每每结党成群，煽诱良家子弟，窝赌斗财，唯图自己饱衣暖食，不顾他人败产倾家。不肖子弟堕其术中，率皆迷而不悟，以至穷饿其父母，冻馁其妻子，亲友厌弃，邻里讥谈。更有穷而为盗，犯法亡身等语，是赌博之害，业既慨乎言之。夫今日之游手，即将来之盗贼。此理至明。倘再有设局诱人，怙恶不悛，准予立刻严拿，从重究办。

四十四、红颜薄命之妙判

越娥乃一漂亮女子，为燕客所幸，只因不见容于大妇，而燕客又不能保护她，致使她自杀身亡。

[判词]

婵娟碎玉，悍巾帼诚云厉阶；阕婉埋香，莽须眉厥维戎首。盖雕梁本隘，鸾栖则雀啼；方露虽奢，蕙沾而蓬叹。酷间余辜，忌奚深怪。若夫幸拥慧姿，有惭情种；问骚雅固无有乎，尔语温柔亦莫知其乡。莺笼深院，携柑之酒翻赊；亚鸟啄方林，护花之铃靡设。遂使愁蛾陨翠，虚留怨叶题红。如哀哀越娥者，吾恨恨燕客也。金屋岂其贮娇，怅矣飘英坠溷；纨扇徒尔工赋，嗟哉向犊操弦。既乏爱情，妒耦比鹣羹以疗膏肓；复昧款曲，啼颜学珍珠而慰寥寂。闵斯长夜之摇魂，实属良人之种孽。河东狮子，薄

221

令石氏老拳，饱之百击；负腹将军，直须朱家铁，入以千年。匪曰虐其金科，庶用妥手瑶魄。

四十五、人道不全之妙判

李光昱天生下体不全，其母非常溺爱，为他娶了媳妇许氏。许氏因为婆婆在世，一直忍耐。然而，内心十分悲伤，枕边泪痕未曾干过。三年后，婆婆去世，许氏请求别嫁，李光昱反诬许氏。

［判词］

李光昱既缺人道，犹复娶亲，名为箕帚之妇，实无枕席之欢。阴阳失配，人伦诚非。所宜婚嫁及时，盛年岂容久负。请求别嫁，情异乎淫奔；毒害同衾，计凶于讼棍。嗟嗟！三年真姑媳，诚可悯矣！数载假夫妻，实何辜焉！既无种子之具，偏怀陷妇之心，岂恃无阳为奇货，而故欲居之为利耶？姑念天生残废，免予笞刑，断令妇翁领回，准其改适。

四十六、一女两字之妙判

许慎庵的女儿曾许配给刘江瀚为妻，后因事悔亲，许慎庵的女儿也愿另嫁，刘江瀚便控告她。

［判词］

审得许慎庵之女珊珊，自幼即凭媒许字于同里刘江瀚为妻。当时刘富许贫，江即以良田十亩为聘，迨后情势变迁，贫富易位。刘父浩臣为仇家所陷，缧绁经年，几遭不测，江瀚情关父子，竭力拯救，斥其资产不足，则恳其岳父许慎庵鬻聘田代费，事赖以结。然富家郎已变为窭人子矣。丈人势利，意欲悔亲；小姐无情，亦思别嫁。刘江瀚方免鼠雀之急，忍听鸳鸯之拆，无可告诉，乃诉诸官。庭讯之下，许慎庵自知理屈，愿以所抚义女于江瀚，以践旧约，而解纠纷。呜呼！鹊巢鸠占，虽故剑兮难获；而弦断胶接，若明镜之再圆。破甑求完，既因婚而成仇敌；洞房无恙，亦当雪涕以开笑颜。应着江瀚再备聘银与其义女完姻，薄杖慎庵以惩反覆。

四十七、活拆夫妻之妙判

邵志高的女儿邵娟慧立字许配给邹浩福，邹浩福没有娶妻先纳妾。拖延多年，娟慧改嫁他人。邵志高以大欲未偿，控告别人活拆夫妻。

[判词]

邵志高有二女，长名秀慧，次名娟慧。娟慧曾受邹浩福之聘，聘银六十两，凭媒交付。阅时未久，邹浩福忽有外遇，不畏人言，竟以金屋相藏，逾年且生一子。志高系一寒儒，自念彼先入室，占有嫡妻身份，以女下嫁，不啻反处于妾妇之地位，阴图悔婚。然尚含忍未发。浩福性狡如蛇，逆知志高不敢他许，则以延宕为上策，迟之既久，卜吉无闻，女年已逾三十矣。志高忍无可忍，乃以女改适邓姓。浩福既悉其事，禀控到官，经人调劝，退还原聘金，另立退婚文约，以寝其事。而浩福不之允，一再以活拆夫妻相禀讦。夫邹邵婚姻虽经赤绳系足，尚未合卺，同心夫妻，亦仅有其名耳。况浩福先赋小星，已处婚姻之变局，日月跳丸，使聘妻竟齿逾三十，待已何宽，对人胡酷！所谓活拆，浩福实躬自犯矣。为父母者，畴不欲子女早为婚嫁，以聊向平之愿？目击此等情形，则掌上明珠不将了角老，又何为情乎？是其悔婚与寻常之背盟抑亦有间矣。迭经亲族调和，志高已允退还原聘之礼，亦可谓不负浩福矣。乃浩福以三旬不娶之妻，犹居为奇货，推其所大欲，则再愆期一二十载，使此明眉皓齿一变而为头童齿豁，岳家所偿之数不愈多乎？不情之罪其又何辞以自解？杖之以存公论。聘还诸邹，妻归于邓，而今而后，娟娟此豸标梅之咏，庶几可以不作乎。

四十八、图产抢嫁之妙判

尤绍基死后，子女尚幼，留下薄产，勉强度日。第二年，儿子又去世

了，其妻尤平氏仍甘心苦守妇道，不想再嫁。绍基的伯兄绍裘图贪财礼，要尤平氏再嫁，尤平氏不甘失节，自杀身死。

[判词]

查尤平氏系尤绍基之妻，结缡仅六载，即悲歌黄鹄。幸有遗产，可资糊口。氏即抚孤守节，矢志柏舟。子女各一，年均幼稚，但膝下依依，亦是解慰。岑寂乃仅越一年，子复染时疾去世，天胡其酷！尤平氏固已不堪其痛苦矣，然犹甘心苦守，古井不波。讵有夫之小功服兄尤绍裘，道学其貌，蛇蝎其心，贪图财礼，竟凭人搬弄，允与李揆一为妻。写立婚书，业已妥帖，所恐尤平氏不肯允从，有碍撮合。乃秘密商定，乘夜从耳门进内，开门将尤平氏拉出，杠抬上马。尤绍裘并转至房内，搜取田地契约，然后出而同行，送至李宅。尤平氏自知被人暗算，身入陷阱，则哭骂不休，致夫能成婚礼。翌日，氏叔业兴闻讯赶到，氏即托令抚女鸣冤，旋即返至舍内，拔剃刀自刎而死。县验明确，讯供无异。查尤平氏盛壮之年，矢靡他之节，抚孤见志，拔刃明心，是固神人之所共钦者。彼尤绍裘虽读诗礼之书，浑同豺虎之恶，见财起意，抢嫁弟媳，田产契约，尤复一卷无遗，致使弱女无依，寡媳自杀。逞凶不法，情实难容，应照律绞监候，奏请定夺。

四十九、首告贷死之妙判

卞老奎的儿子染习下流，屡戒不改，老奎十分痛恨，将儿子赶出家门。儿子无依无靠，迫于饥寒曾多次偷窃他人钱物。后被发配到边远地区充军，但又越狱回家。卞老奎不敢隐瞒，去县府禀告。审讯后被宣判处死。李鸿章则将此案改判。

[判词]

查此案卞老奎儿子卞光良，屡犯窃案，在配又不能安分，殊属玩法。

所拟斩决，本无足惜。但现仅伊父卞老奎首禀，于律既有罪人自首之条，当可谅从末减，卞光良着从宽免死，仍发原配地方，嗣后有如此者，俱照此例行。但因首告而贷死，法外之仁，只可一次。倘再事怙过，不知悛改，依旧脱逃者，虽有父兄首告，亦不准其宽减。庶于情法两臻允洽。

五十、骗取财物之妙判

钱必大与其堂侄兴宝等因生计困难，看见熟人叶厚生有财可取，乃设法以钱包掉换叶的银包。

[判词]

钱必大向系开张药铺，因生意不佳，欲外出另图生活。其堂侄兴宝亦因歇业在家，遂约定同行。中途与绸缎客人朱肇海及笔客蒋三峰相值宿店，彼此通问认识。钱兴宝旋又遇见熟人叶厚生，带银买置绸缎，当以同寓朱肇海系属绸客，冀图代买获利。当即声言贩有绸缎，可以货买。问明寓处而散。回寓后，与伊叔必大商议，亦甚赞同。旋询知朱肇海绸缎业已卖完。彼此道及贫难，遂即起意诓骗，主张用钱包就大小多封藏于小枕头箱内，以图掉换。翌日，将贮钱小枕箱藏于床下，另用毯遮掩，嘱令蒋三峰俟叶厚生到时躲入床下，乘机掉换。既而叶厚生被邀而至，将银二封，共一百两付与钱必大。钱必大诓云：伙计未到，明日看货议价。一面假意殷勤，邀至外间饮茶闲谈，二封银包暂留室内。此一刹那间，蒋三峰已将银封掉换，改放钱包。迨至叶厚生入室携银，并未知觉，约期再会，扬长而去。钱必大等当时即行逃遁，至晚叶厚生查知报官，缉获钱犯等到案。迭经审供不讳。查起意诓骗，系属钱必大伙聚朋谋，用钱包掉换银包，合依诓骗财物，准窃盗论，杖一百，流三千里。钱兴宝、朱肇海、蒋三峰等均合依为从，减一等，各杖一百，徒三年，俱照律免刺。

五十一、籍没遗产之妙判

王应生娶邓氏为妻，两人相亲相爱，不幸王应生死后无子，就立族侄熙玉为嗣。邓氏不甘独宿，于是招丁芝瑞入赘。熙玉仍旧回老家。王应生原存的家产，丁芝瑞拟盗卖。熙玉不甘，向上投诉。

[判词]

查王应生妻邓氏，因夫亡无嗣，乃嗣族侄熙玉为子。母子之间，初甚相安。应生遗产，以熙玉尚幼，仍由邓氏保管。其后，邓氏不甘独宿，招赘丁芝瑞为夫。熙玉由是失爱，仍归本生抚养。丁芝瑞涎应生之遗产，拟图变卖，为熙玉之本生父少云所悉，乃亦以籍没反诉。案经一年，迭由亲族调处，迄未解决。夫王应生之遗产，应由王氏本宗享受。熙玉既入继，则正名定分，舍之又谁人可以得？邓氏而果守节，则保管有权，变卖亦有权。今已改适，则夫妇之名分已绝，与王姓更无关系。微特变卖无权，即保管亦无权矣。邓氏尚不能过分前夫之遗产，况丁芝瑞乎！现在丁芝瑞坚供并未盗卖，姑予免究。但既娶其妻，复图其产，不无太忍，应罚锾示儆。王应生之遗田暂由熙玉之本主父王少云保管。

五十二、择贤择爱之妙判

宗皋九年逾不惑而无子，嗣堂侄艾为子。艾父不禄，思得含饴弄孙，拟抚侄孙璜以后艾。堂兄皋万以子不获辞，愤而与争。

[判词]

宗皋九虽悲同伯道，然春秋未可谓高。蘖长枯杨，珠胎老蚌，斯亦未可逆料。皋万谊属同堂，何忍遽断为必不生育，强欲以子继之乎？夫使皋万曲尽友子，久而情深，继将焉往，乃艳羡其家财，不胜朵颐，悻悻然出词以相怼。则为皋九者，或立贤能，或择亲爱，固法所许也。何能与之争？故皋万为计，亦云左矣。总之，嗣续之议，应俟皋九兰梦无征，再行及。以亲以贤，唯其所命，他人固不得过问也。皋万无端兴讼，薄杖示儆。

五十三、力辟诬奸之妙判

毛锦文调戏奸污廖国贤的妻子徐氏，被廖国贤所知。为泄愤，廖将妻子殴打至死。县令初审他时，判定指奸无据殴妻是实，定廖国贤死罪，而毛锦文反而逃出法网。李鸿章认为此案判决有问题，于是改判。

[判词]

毛锦文贵家子也。父某虽死，余威尚在，邻里咸震慑之。乡有妇曰紫兰者，廖国贤之妻也。虽无倾城之貌，却有待月之心。锦文一见倾心，与之有染。鸳鸯枕上，私开并蒂之莲；和合衾中，时栖双飞之鸟，丑声四播，仅一廖国贤未之知耳。去腊，国贤有事外出，因雨折回，忽见其妻向外望，若候人之状，心疑之而未发。一日，亲见其在室相戏，乃愤不可遏。然自忖以一赤贫汉胡能与豪强相竞，讼不得直即冤无可诉，忍不与较又情所难堪。乃将其发妻徐氏痛殴致死，事闻于本县。初审以毛锦文未在奸所捉获，殴妻是实，指奸无据，宜坐杀妻之条，以正诬奸之罪。爰书一定，锦文危矣。虽然，此未可为据者也。夫所谓指奸者，或与他人有仇而指奸以图快意，或伉俪原不相睦。而指奸以诬其妻，是必无奸，而后可谓之指奸。今廖国贤一穷汉耳，娶妻有年，式好无尤，苟非有伤心刺骨之事，发见其目，岂有以素所恩爱之妇，一旦痛殴致死而无悔者？并又以之诬马牛风不相及之人，揆之于理，窃谓不然。夫廖国贤一则供曰心疑，再则供曰亲见。夫以堂堂七尺须眉，亲遇其妻钻隙情事，天下固有豁达大度，一听其自然而不加非难者乎？事实昭彰，尚谓之指奸，非畏贵族之豪，即受富郎之馈。折狱若斯，良堪浩叹。至廖国贤不手刃其一对野鸳

227

鸯，而仅以发妻泄愤者，此亦有故。盖国贤弱者也，平日间伉俪情深，一旦不能自有其妻，怨之则不敢，止之则不能，不得已乃挞之。其始固未尝有杀妻之心也。殴妻所以泄愤，致死实非本怀。但即使有杀妻之心，亦属杀淫，而不得谓之杀妻。盖其妻本有可杀之道也。杀淫何罪？况出无心乎。总之，国贤之妻徐氏与锦文无染，而国贤借此倾陷，则坐以杀妻之罪，其判允矣。但是后园明月，早现夜合之花；深闺珠玮，稳渡鹊桥之梦。其奸也实。假使国贤能获于奸所，手刃奸夫淫妇，按律亦不坐。诚以诬不奸其妻者谓之诬，诬则有罪；诬奸其妻者则不得谓之诬。既不诬矣，又复何罪？法意显明，固非曲为解释也。毛锦文淫人之妻，酿祸至死，情实可恨姑念其与徐氏系属和奸，得免重律。

五十四、占妻杀命之妙判

高寰麟对手下的人管制极严，每挞使婢，必至濒死。奴婢杏春，屡遭毒打，她不甘屈辱。乘高寰麟外出，与奴婢阿福密商，偕奔他乡，姘成夫妇。高寰麟回家后，得知此情，遂向县府控告。阿福自知不能幸免，于是先发制人，以占妻杀命反控告于官府。案子经过三年，最后才了结。

[判词]

高寰麟有婢曰杏春，小家碧玉，楚楚宜人，因其主屡加辱骂，甚至痛殴屡图奔逸，苦无机缘。适有奴阿福亦恐其主之御下过严，不甘听使唤。二人密谋既定，竟自他去；夜合丝萝，居然夫妇。及高寰麟归家知悉，细加查讯事果确凿，乃以奸拐控县。阿福自忖不敌，乃亦先发制人，反以占妻杀命相加，案经多日，反覆推敲，始得真相。盖奸拐情真，占妻无据。以法论法，福应重究。但阿福、杏春之逃焉，有迫于万不得已之势。其始为救死逃生之想，其后乃生贪淫好色之心，与寻常奸拐者有不同矣。量惩以杖，亦足蔽辜。杏春断令官媒领给，聘给高寰麟。

五十五、放火泄愤之妙判

卓景春因其侄妇马氏不贞洁，适逢火灾，便怀疑是她与奸夫所为。于是禀控到官府。

[判词]

查卓景春有侄柏福，幼失怙恃，抚养成人，迨长，为娶马氏，同枕共居初颇相安。有袁初园者，柏福之友也，从中离间，柏福乃偕妇他徙。异戚情浓，周亲陌路。景春固深滋不怿矣。柏福有意经商，初园复为之伙，而与共处。初园系姣好男子，朱氏悦也。景春闻知愈愤，寻侄及妇复令移归故土，与寡孀相居，此在景春可谓仁至而义尽矣。不料，时越三日，祝融成矣。所居房屋咸付一炬，可怜焦土，事亦属于偶然。景春怵其庐舍之荡然无存，未曾思及此为曲突徙薪之不周，反以奸夫淫妇有意为之，谓其出焚巢破卵之毒谋，为既散复聚之良策，斯亦过矣。然袁初园瓜李之嫌之不别，究属非是，姑杖以儆。

五十六、悍姑虐媳之妙判

章受欠了人家的钱财，几次想卖掉妻子，正在这时董戒三以两担谷子借给他，债务才了结。董戒三之所以借谷子给他，是因章女楚楚动人，意欲娶她为媳。事后经人撮合，章受也一诺无词。董妇因媳贫苦而轻视她，屡加虐待，导致涉讼。

[判词]

董戒三之慨然以二担谷借与章受，了其积年逋欠，保其鸾镜分飞，迹其本心，岂真义举哉？以受有女，楚楚动人，欲得之作媳耳。义之所在，即利之所在，名实双收。董戒三亦可谓工于计划者矣。弱女既配幼男，为之公姑者，悯其贫苦，宜加善视。则受恩深处，章女自必留恋夫家，讵萌

归去之想。乃董妇日久生厌，频加捶楚，姑恶声声，遍传邻里。章虽贫乏，情关父女，宁不痛此一块肉耶？诱归虽有背恩之过，逃杖实出爱女之情。戒三夫妇内省良知，外察清议，劝之以理，动之以情，则秦晋之好，不难复合。计不出此，反以挈拐虚辞，以耸闻听，不亦过欤？本应重惩，姑念亲亲之义，量开一面，戒三当归语其妻曰："彼亦人子也，不得以二担谷易来之故，遽轻视而犬马待之。"

五十七、鸡奸擅杀之妙判

夏敬观见远亲许阿奎家贫，时常周济。不久，夏妻去世。于是要阿奎搬进房子一起住，以破岑寂。不料阿奎饱暖思淫欲，乘夏敬观熟睡的时候，起意图奸。夏敬观从梦中惊觉，转身将阿奎推开，斥骂阿奎。夏无端受此污辱，自认无颜见人，辗转思索，怒不可遏，当即拿起腰刀，乘阿奎不及防备，将阿奎砍死，历经审讯，夏敬观据实陈词，毫不隐讳。

[判词]

据夏敬观供称，身被许阿奎鸡奸，羞愤难忍，起意砍死，委非另有别情。初因事关颜面，恐被人听闻，未经吵扰。旋思身被污厚，无颜见人，遂用刀连砍毙命。是夜仅有二人同屋睡宿，并无别人在场，事出贪夜，杀在顷刻，以致未有证据。若另有启衅别情，总要抵命，宁肯捏奸自污等语，矢供不移。查例载：男子拒奸杀人之案，除事后指奸，并无实据者，仍照谋故斗杀本律定拟外，如当场见证确凿，及死者生供有据，或尸亲供认可凭者，照斗杀律减一等，杖一百，流三千里，奏请定夺等语。诚以奸情暧昧，最易捏饰，恐怀挟夙嫌，蓄意阴谋者，皆得捏奸以戕命；或斗殴杀人，畏惧抵偿者，亦得借奸以避就。故凡事后指奸并无实据者，仍应照谋故斗杀本律定批。此案夏敬观砍死许阿奎，虽据供确因鸡奸而起，并即告知尸亲，各无异言，但尸亲叶氏并未同居。系杀人后经邻人从夏敬观处得悉后，转往送信者，是此事完全出于夏敬观一人之口供，毫无凭据，要难遽信。既无见证，未便宽纵，应照原律问拟，夏敬观依律拟斩监候，照例先行刺字。

五十八、掩鼻而过之妙判

南方人吴斗南，因经商寓居北方，娶妻萧氏，饶有丰韵。军人某一见钟情，暮来朝去，已非一日，给了她不少钱物。吴斗南见有利可图，并不与之计较。后忽翻脸，拟借官力逐去之，于是讼案便成。

[判词]

吴斗南者，恶蠢也，原籍白门，寓居北地。妇萧氏，小家碧玉，饶有丰姿，常作倚门之行，岂畏多露之什。军人某不赋同仇，偏喜猎艳，与妇情浓，留恋朝暮。喜被底之春深，掷缠头而奚惜。彼斗南者，但求糊口，胡顾人言，一顶绿头巾固已甘受而不辞矣。旋因某专擅太过，喧宾夺主，乃思借官力以逐之。禀控前来，迭经审讯，斗南甘心卖妇，并非某某强逼为妻，是斗南应即驱逐出境，勿令西子湖常蒙不洁，使人掩鼻而过之。

五十九、强奸幼女之妙判

黄胖家富有，而微有憨气。娶妻郭氏，不久便死了。其婶有幼婢，年仅七岁。一日，被竹杖划伤阴部。婶婶很泼悍，垂涎他家的财产，但苦于无下手之处。幼婢伤时，她突发奇想，不仅不给她治疗，反将毒药敷涂其上，不数日幼婢下体溃烂，腐臭不可闻，于是驾祸黄胖强奸幼女，告发到官府，妄图陷黄胖处大辟，好侵夺其家产。后经李鸿章识别其诈。

[判词]

此案迭经审讯，黄胖之强奸幼女罪，几百口难辩，众口可以铄金，积毁可以销骨，况官府之审讯者，咸己金同乎？然遍查洗冤录中，淫奸幼女

231

只有验尸，而无验伤。此盖明谓十龄以下之幼女，不奸则已，奸则必死，未有奸而伤，伤而尚可以验也。此案独以奸伤闻，此可疑之点也。黄胖以强壮年华，忽赋悼亡，情难自已，亦属人情。然家中婢女，正自多多，皆舍而不取，独强污此婶氏之幼婢，此又一可疑之点也。黄胖供称家私薄有，寡妇久已觊觎，借此倾陷以遂大欲，其言要非无因。然置人于大辟而谋占其产，其心之毒，无复能及，非加重刑，曷足以肃风化。

六十、悍妇杖侄之妙判

刘仁和的妻子胡氏泼悍颇厉，因族侄小福偶乖其意，便以大棒责打他，打成重伤，造成此案。

[判词]

刘仁和之发妻胡氏四德未娴，三从莫解；万恶千刁，邻里咸为远避；朝喧夜闹，鸡犬亦属不宁。河东一吼，胆落其夫；牝鸡司晨，家胡克振。族侄小福偶乖其意，辄以大棒责之，头颅险碎，血液横飞。禀控前来，验伤非假，堂讯邻证，均谓胡氏不贤，则其泼行可谓内外无间言矣。仁和当时虽已外出，归来即当斥责，而乃一任刁悍，将何以对其堂侄？须眉七尺，而竟委顿若是耶？责之以儆其后。

六十一、抚孤争产之妙判

赵星甫的女儿嫁给张相文的侄子为妻，结婚不久，丈夫暴病而亡。赵女有遗腹子，刚六月。张家财产巨丰，其他人都以抚孤为名，相争不下，以至各禀控于官。

[判词]

抚孤美名也，亦盛德也。然而出之以争，则呱呱者不将危乎？争而决之于讼，则更危之又危矣！张赵氏之遗腹子，方生而母氏谢世，亲族以其有遗产，咸怀觊觎，量恃外祖之亲，相文倚伯父之尊，各持其是，相争莫决。是岂真心保若赤子哉？夫亦借抚孤之名，为图产之计耳。妄亲嗜利，虎视眈眈，心可诛也。各杖不枉。托孤之事，当属之年高德劭之族长剑白，斯为公允。

六十二、轮奸谋命之妙判

吴端林及其弟诱藏钟氏进行轮奸，并勒死小钟氏。

[判词]

吴端林系一商人，开张旅社，生涯颇佳。其弟瑞林，职司账柜，平日亦尚驯良。某日，有钟氏姑嫂两人寄居栈内。吴端林见钟薄有姿首，乘更深夜静，持刀入室，恐吓成奸，其次小姑亦被污辱。乃弟瑞林适经室外，闻知其事，亦进房强奸钟氏姑嫂两人而出，如是者三日。端林以小钟氏时时啼哭，屡外逸逃，恐人知觉反为不妥，遂起意勒死。一更时分，乘小钟氏外出，即带至客房，由弟瑞林捉住两手，用绳套颈勒死，尸用草席包裹掩埋，恐为钟氏所知，拟即远卖，事机不密，被人捕获到案，究出前情不讳。查吴端林、吴瑞林兄弟二人，奸污钟氏姑嫂，而又恐小钟逸出，被人发觉，遂商同以绳勒死，事关轮奸，又复谋命，未便轻予故纵，拟斩立决，以昭炯戒。钟氏着由夫家领回。

六十三、暮窃朝擒之妙判

无赖姚三三偷东西去卖，被失主所获，原赃俱在。讯供难以狡赖，按律拟杖责。

[判词]

无赖姚三三，因赌尽倾其囊。赌债不容久宕，又无法可想，迫而为贼。鱼更三跃之际，潜入赵姓家，窃得衣帽等物而出，衣服质之典铺，得

钱还债；帽一顶，戴以过市，适为赵姓主所见，当场捉住，并搜得原当票一纸，赃真矣，狡赖无从，乃一一吐实。夫戴帽招摇，迹类童稚，如此暮窃朝擒，是尚未得偷儿三昧者。既非惯窃，又无伙党得赃，拟杖，律例允符。赃及当票发交原失主俱领。

六十四、灭门惨剧之妙判

蒋进忠是胡育才的奴才。他与胡育才妻子尤氏有奸，两人合谋杀死胡育才及其子小云、小虎。

[判词]

蒋进忠一奴才耳。烝其主母尤氏，罪已在骈戮之列，乃既逞淫凶，复肆奸杀两人，合谋杀家主胡育才之足，则并手刃其子小云、小虎，以绝根株。此种惨变，世所罕闻。梼杌不足喻其凶，穷奇未能如其毒。虽锉骨扬灰，亦仅偿厥辜之万一者也。迭加覆审，三命实毙于两人，非特无人加助，亦并风息不闻于外。盖以家庭最近之人，下手于夜静更深之际，又以锋芒最利之器，取命于衽席之间。宜其恢恢有系矣。是宜急正典刑，以谢神人之怒；断不容须臾缓死，反干天地之和也。

六十五、弑父奇变之妙判

杨斌洪自幼丧父，母亲龙氏后改嫁寿剑虹，杨斌洪随母而去。寿剑虹待他如己出，并为他娶妻，另立门户，恩深情重，但杨斌洪十分好赌，常向寿剑虹索财。寿剑虹稍稍训斥他，反遭刀劈，未几即死。邻里便向县府报告，验明实情。

[判词]

杨斌洪真人伦中之枭獍也。继父寿剑虹待之一如己出，不思图报，反因索赌钱不予，遽施毒手，此固神人之所共愤，天地之所不容矣。夫弑父既真，何所容其迟疑。杨斌洪应在斋衰三月之列，照服律斩。

六十六、活杀男命之妙判

顾润昌与其侄隆兴因祖产相争，尚没解决，润昌的儿子启宝忽然吐血死亡，于是以活杀男命控告隆兴。

[判词]

查顾润昌之与其侄隆兴，以祖产相争，致成打局。其时润昌之子启宝固不在也。后启宝忽以吐血亡，而润昌遽以活杀男命控隆兴。然询之润昌之父绿星，则谓孙确病亡，并不原于殴打。父子之词各异，亦足以良心之不易欺故，虽子告父证亦不能妄为说谎也。法应反坐，姑念同宗吁息，量拟重杖示儆。顾隆兴擅自殴人，犹子之谊安在？亦应薄杖，以别尊卑。

六十七、劫财伤人之妙判

瞿家被盗，官府缉获盗犯。初审时，供出四人。后承审官草率了事，语多开脱，李鸿章特驳斥之。

[驳词]

瞿姓被盗一家，人赃均由失主拿获，情真事确，已无疑义。盗高四，初审时，供伙党四人，凶器种种，失主供之甚真。高四亦未闻有异言。现在承审者图以抢夺定罪，殊属非是。凡人少而无凶器，方可谓之抢夺，律载甚明。此次瞿姓守门者严兴，耳边刀砍伤痕宛然，苟盗无寸铁，岂于仓茫之中尚能自行砍伤，以为诬盗计耶？此不问而自明者。既持凶器，即不得以抢夺借口，若云绒帽式样，市上通行，遽指谓失主之物，难以服人，词尤骇诧。此帽系当日失主自行认出，盗众亦未闻指驳，今果何所据而知非失主之物，抑岂当日失主亲炙，不及目今问官悬拟之反为确耶？仰速秉公确审，如律缴。

六十八、图奸被杀之妙驳

宋良浩卖布为生，与李志玉素不相识。但李叔治英曾欠他的钱，很久未还。有一日，宋良浩醉后回家，路过李家，敲门进屋烤火。李治英考虑到欠债的事，拒绝开门，谁知宋良浩敲门很急，不得已出去开门。宋良浩进入李志玉家，乘醉烤火。时李志玉的母亲已睡。因宋良浩解衣，欲往炕上睡觉，当即穿衣欲起，宋良浩顿起淫心，将徐氏扑压，扯裂中衣。李志玉情急，扯住宋良浩，正在这时李治英也闻声赶来，喝令绑缚送官。宋良浩詈骂不止，李志玉等遂用皮鞭猛打，伤中要害，延至黎明时分死去，案发至县。

[判词]

查人命重案，必须准情酌理，将启衅致死根由，推勘明确，毫无疑义，方可按律定拟。此案李志玉等共宋良浩身死之处，细核案情，宋良浩路过李宅，只称欲进烤火，本无图奸情形，及李治英潜行开门，宋良浩望见屋内火光，推门入室，徐氏在炕安卧，亦无调奸之迹。且伊子志玉现在室中，即使良浩酒醉迷心，亦何至漫无顾忌，目睹其子在旁，强拉伊母行奸，断非情理。再李治英当良浩叩门之际，既知其酒醉，又虑其索逋，初则闭门相拒，旋又潜自开入，此其用意亦正不可测。其中不无索欠无偿，设局诱人，攒殴伤毙情事。况宋良浩异地孤身，旁无见证，而李志玉等一家骨肉，纵有邻人，安知无串合情事。种种疑窦，俱应详细推勘，究明因何致死，并有无嘱认卸罪情弊，依谋殴本律治罪，以成信谳，勿但据凶犯一面之词，遂信为衅起图奸，声请减等，致令死者含冤，犯法者反逍遥无事也。